中国声音

胡鞍钢　著

東方出版中心

目　录

谈中国创新与中国特色[1]

（*2011* 年 *9* 月 *12* 日）

马克·伦纳德：自 2008 年以来，在经历了国际金融危机之后，中国发生了很多事情。可以请您谈一谈这些年的研究吗？

胡鞍钢：今天非常欢迎你们再次来访，[2] 我准备了一些材料送给你们参看。

首先是我在《中外对话网站》（中英文）上发表的一些英文文章。在过去几年，我主要关注绿色发展、绿色工业革命等问题。

第二个是我在 2010 年 7 月在英国牛津大学所作的关于后危机时代中国如何应对国际金融危机的演讲（英文稿）。这个内容是建立在我之前大量的研究数据和评估基础之上的，我认为中国的经验可以成为 G20 会议上一个最大的成功案例。国际金融危机之下欧洲、日本、美国都受到了重创，中国却在应对金融危机的过程中取得了很大的成功。同样的世界大考试，这 20 个国家却有不同的表现（成绩），因此我在其中讨论了许多重要的宏观经济指标，比如 GDP 增长率、通货膨胀率、失业率、财政赤字占 GDP 的比重等，我相信这些材料可以提供回答“中国为什么会成功”这一问题的答案，也可以帮助国际社会更好地了解中国应对危机

---

1 本文系 2011 年 9 月 12 日胡鞍钢教授和欧洲对外关系委员会主席马克·伦纳德（Mark Leonard）的访谈记录稿，黄瑜同学协助翻译整理，作者又作了中文修改。

2 2008 年马克·伦纳德（Mark Leonard）曾第一次来访问作者，在《中国想什么》（*What does China think?* Fourth Estate, 18 Feb 2008）一书中他还专门介绍了我的观点。该书的重要结论是：“不了解中国，就无法了解世界政治！”作者花了 3 年时间，大量走访中国各界代表人物。作者表述了中国的知识分子怎么看中国，中国的知识分子怎么看世界。

时是如何迅速反应和及时作出决策的。

第三个材料是我7月去巴西参加国际会议时所作的演讲提纲（英文稿），主要讨论的是中国如何应对中等收入陷阱。2007年世界银行在《东亚复兴》一书中提出了“中等收入陷阱”这一概念，2008年底我到广东调研，广东省委书记汪洋邀请我作讲座时，我对这一问题作了详细介绍和分析，希望广东在中国率先转型，突破和跨越“中等收入陷阱”。在那之后我发表了一系列的《国情报告》，帮助领导人更好地理解我们现在所面临的挑战的背景，这不仅仅来自国际金融危机，也来自我们在发展阶段上所遇到的中等收入陷阱。中国正处在从低收入进入中等收入的阶段，经济发展主要依靠要素驱动，表现为要素高投入、空间低集聚、出口贸易低附加值、自然资源高消耗与环境高污染[1]。因此中国要改变这种经济发展模式，国家十二五规划提出的基本思路就是中国针对如何跳出中等收入陷阱，进入上中等收入和高收入阶段的一个典型范例。

第四份材料是我的几本书。一本是《国情研究与教书育人》（清华大学出版社，2011），是我的一生概括性、总结性的书。我这一生主要做了两件事情：一是研究现代中国；二是教书育人；我是将这两者相互结合的。这本书是我过去30年经验的总结，尤其是近十年。这里也列出了我的主要著作目录，以及从1998年以来我自己发表的和合作发表的《国情报告》（共计302期），其中只有52%是公开发表，还有近一半没有公开发表。现在另外一家出版社打算系列出版我的《国情报告》，作为重要文献。

另外一本是《中国2020：一个新型超级大国》（以下简称《中国

1 胡鞍钢：《中等收入陷阱逼近中国》，《经济观察》2011年第6期。

2020》)。[1] 美国布鲁金斯学会董事会主席约翰·桑顿、李成给予我的这本书很积极的评价，[2] 认为这本书体现了我在过去20余年中，在国家发展战略方面的积极参与，也反映了知识分子及智库机构在中国对内对外政策制定过程中所扮演的角色正变得越来越重要。这本书实际上是我对中国社会经济与人口发展进行预测二十余年经验的一个反映，研究范围涵盖了包括人口、生态、教育、公共卫生、环境保护、反腐败以及国际关系等诸多方面。

另一本书，《人间正道》，这不仅仅是我的书，而是由我和王绍光、周建明、韩毓海四个学者合著的，由韩毓海执笔。[3] 我是经济学家，王绍光是政治学家，周建明是国际关系与社会学的专家，韩毓海则是北京大学研究现当代中国哲学文化的著名学者，实际上黄平（中国社会科学院美国研究所所长）也参加了讨论。我们来自不同的学科（经济学、政治学、社会学、国际关系和人文科学），对"中国道路和中国共产党"这一重大主题进行广泛深入的讨论，甚至不同观点的争论和交流。这本书一上市就受到了读者，尤其是年轻一代和政府官员的关注，但是实际上它是"计划外"的产物。为了庆祝建党90周年，全国各地进行了计划内的重点图书和出版物的安排，这本书本来在计划之外。但是今年2月12—13日，我们在清华大学召开"百年中国道路研讨会"，决定由韩毓海提出一个书稿的十类问题稿，请各位准备要点，后来又经历了数次讨论，并在此基础之上决定由韩毓海执笔，很快完成初稿，其他各位多次

---

1 Hu Angang, *China in 2020: A New Type of Superpower*, Brookings Press, 2011.

2 李成:《"中国前景乐观论"和"中国崛起例外论"——对胡鞍钢〈2020中国：一个新型超级大国〉的评论》,《学术界》2011年第4期。

3 胡鞍钢、王绍光、周建明、韩毓海著，韩毓海执笔:《人间正道》，中国人民大学出版社2011年版。

修改并最后定稿。尽管这本书上的内容没有在学术期刊上发表，但可以说它是集我们的长期思考和各方研究之大成，反映了我们的新观点、新看法。

马克·伦纳德：可以谈谈这本书的主要观点是什么吗？

胡鞍钢：我认为我们所要表达的核心观点是：中国共产党和中国道路是真正的“人间正道”，这也是本书的书名和主题。正是这个十分独特的人间正道，才使中国巨变，还引起世界巨变。同时我们也想就此来表达中国学术界的学术自觉，中国理论界的理论自觉，中国思想界的思想自觉。我们从中国自己、从中国道路、从中国优势、从中国特点来倡导并实践学术自觉、理论自觉、思想自觉。鼓励和倡导不仅仅是领导，包括学者和普通民众也应该建立这种自觉。因此，在这本书中，我们明确提出超越普世价值，也就是“三个超越”：发展超越中国传统文明；发展超越马克思的理论；发展超越西方道路。我们也明确提出了“三个自信”：（中国）道路自信；（中国）体制自信；（中国）文化自信。

马克·伦纳德：关于“中国道路”目前是不是仍然存在争论？

胡鞍钢：现在不是争论，而是一个深入探讨的过程。我们在讨论中国为什么会成功，我们希望从政治、经济、文化、社会等各个方面进行讨论。中国目前仍然面临着很多挑战，所以我们既要前瞻性地思考这些挑战到底是什么？同时也要思考如何积极地应对这些挑战？换而言之，和其他国家相比，以国际金融危机为例，我们担心的不是这个挑战本身，我们所关心的是采用怎样的思路和方法，如何应对和解决这些问题？

实际上，我研究的重心就在于如何帮助中国找到一条更好的道路去应对内外部环境的变化；如何找到一条更好的道路以帮助这个最大的发展中国家在工业化、城镇化、信息化、农业现代化的过程中进行不断创新；如何找到一条更好的道路以应对环境破坏、自然资源紧缺、气候异常变化、自然灾害频繁、转变经济增长方式等挑战。对此，我的应对思路是很明晰的。从1750年以来世界先后经历了三次工业革命：第一次工业革命即蒸汽机革命，以煤炭作为主要能源，英国是第一次工业革命的发源地和主导国；第二次工业革命即铁路、电力革命，以石油、天然气等为主要能源，美国是第二次工业革命的主导国；第三次工业革命即信息革命，美国等西方国家仍然是主导国，中国为跟随国。进入21世纪，世界面临最大的挑战是全球气候变化及其影响，最大的机遇就是绿色能源革命，我认为也就是第四次工业革命，这次工业革命不同于前三次工业革命的关键之处，就在于从根本上改变自1750年以来经济与碳排放同时增长的传统发展模式，使经济增长与碳排放“脱钩”，进而出现经济增长但碳排放量下降。

关于这个问题，我们希望出另外一本书，以绿色发展为核心主题。2012年6月巴西里约热内卢全球可持续发展峰会即将召开，绿色发展就是其讨论的重要议题，我们希望能够提供一些不同的视角，带来超越传统经济学的创新思路。在环境经济学中，传统的经济发展与环境之间的关系可以描述为环境库兹涅茨曲线，即当一个国家经济发展水平较低的时候，环境污染的程度较轻，但是随着人均收入的增加，环境污染由低趋高，环境恶化程度随经济的增长而加剧；当经济发展达到一定水平后，通常人均收入和人均GDP达到较高水平，也就是说，到达某个临界点或称“拐点”以后，随着人均收入的进一步增加，环境污染又由高趋低，其环境恶化的程度逐渐减缓，环境质量逐渐得到改善，总体呈现出“倒U形曲线”。而我们现在希望，中国通过绿色现代化之路，创新一条“隧道”，能够“隧穿”环境库兹涅茨曲线，在相对较低人均收入水平条件下，尽早达到温室气体排放的峰值，之后尽早实现经济增长和温室气体排放的“脱钩”，不仅创造自身的可持续发展，也为全人类作出更大的贡献，走出绿色创新之路。

中国一直是前两次工业革命的“边缘化者”，因而大大落伍于西方国家，即使是在第三次工业革命中，中国也只是落伍者或追赶者。中国应当成为第四次工业革命的领导者、创新者和推动者。目前全球正处在这场新的工业革命和绿色创新的孕育期和准备期，为此，中国必须抢占未来发展战略的制高点，前瞻性地制定新兴战略产业发展规划和安排产业与地区发展布局，以便大规模地推动绿色能源、绿色交通、绿色建筑、绿色城市等新技术革命，成为全球创新者、先行者。

马克·伦纳德：我记得您写过一篇文章关于通向哥本哈根之路的全球减排路线图，[1]我对此印象很深。我的问题是，你怎么看待目前中国的发展情况？你认为中国现在处在库兹涅茨曲线的哪个点上？

胡鞍钢：我认为，自1990年起，中国就在如何控制污染、控制化石类能源消费等方面作出了成功的尝试。

首先需要承认的是，“十五”计划时期在环境污染的控制方面是不

1　胡鞍钢：《通向哥本哈根之路的全球减排路线图》，2009年4月6日，《中外对话》，http://www.chinadialogue.net/article/show/single/ch/2892-A-new-approach-at-Copenhagen-1-。

成功的。“九五”期间我国经济可以保持比较高的增长（8.6%），同时，能源消费总量是下降的，特别是煤炭消费绝对数下降，污染排放物也明显下降，反映了经济增长方式的转变。但是到了“十五”期间，我们称之为经济增长方式的“逆转”，就是经济增长率略有提高（9.7%），但是煤炭、石油、能源消费总量大幅度增长，很显然，尤其是煤炭消费的高增长（10.7%），导致我们的污染排放进一步高增长。这是2005年10月时我们对“十五”计划作出后期评估的分析。

相比之下，“十一五”时期经济增长方式得到初步转变，资源利用效率显著提高，污染排放大幅度下降，表现为单位GDP能耗、主要污染物排放量的下降等。根据我们的研究，如果从2006年的“十一五”规划算起，经过“十二五”、“十三五”，直到“十四五”规划时期，中国将用十五年至二十年的时间，也就是说最晚在2025年之前，中国将到达碳排放的顶峰，开始实现经济增长与碳排放“脱钩”。

要实现这一“脱钩”目标，首先，我们需要避免中国经济的过高增长，将增长率控制在7%—8%的适当区间之内。尤其需要控制能源消费总量增长率，将其控制在年增长率3%—4%的区间内。第二，我们需要调整产业结构，继续降低农业比重，降低工业比重，大幅度提高服务业的比重。在这一点上，北京是一个最成功的例子。北京是全国单位GDP能耗最低的地区，而之所以有这样的成就是因为北京服务业所占GDP比重已经达到75%以上。服务业比重的提升对于增加就业也有很积极的意义。据统计，从2003年至2009年，北京新增就业岗位已经超过500万，是全国乃至全世界增长最快的地区。这表明绿色发展就是创造就业的发展。

马克·伦纳德：您认为这些新增的就业岗位主要是由私营企业产生的，还是由政府或国有企业、部门产生的？

胡鞍钢：我认为都有。但大多数还是由私营经济创造的，还吸引了大量的流动人口。历史上没有任何国家拥有像北京一样成功的经验，2010年北京外来人口已经超过700万，占总人口比重达到36%。

马克·伦纳德：关于重庆市、广东省都有很多的讨论。你认为他们也同样面临节能减排的问题吗？

胡鞍钢：是的。无论是广东还是重庆，都需要十分关注这一问题。这意味着，如何将经济增长率从10%以上下调至7%—8%。广东和北京现在都已经做到了这一点，重庆目前还是增长率很高，这需要一步步地去改变。

不同的城市有不同的情况，不同的产业结构、资本结构、科技基础等。北京现在成功发展了更多的高科技产业、知识密集型服务业，其他省市也希望找到一个更好的办法。我有一个学生在北京发改委工作，专门负责能源问题。据统计，北京市万元GDP能耗值全国最低，是全国唯一连续5年完成年度目标的省级地区。全市万元GDP能耗由2005年的0.792吨标准煤下降到2010年的0.582吨标准煤左右，全市二氧化碳排放强度下降29%左右。这些都充分体现了北京如何运用高质量能源，不断降低经济发展成本，尤其是生态成本。这就是绿色发展的要旨，我们也希望推动绿色发展在全国各地创新和推广。

马克·伦纳德：能请您谈一谈关于绿色GDP的研究？

胡鞍钢：传统国民经济核算体系的计算方法并不考虑环境因素对于

GDP 的影响，只做加法不做减法。所以我们想要找到一个更好的办法来衡量真实 GDP。我的一位在职博士生为此写了一篇博士论文，[1] 即如何降低山东省的经济增长成本，而不仅仅是单一考虑 GDP 的增长。他以山东为例，提出了一些可行的方案来实现这一目标，这非常有意义。我们鼓励做这样的案例研究，不仅仅是理论层面的，而是从实际、从不同地区的特征出发，帮助更多的地方政府更好地制定政策，节能减排，降低经济成本，特别是生态成本，提高经济增长的质量。

马克·伦纳德：如果我们往前推，在过去至少十年时间内，关于中国未来前进方向的指导理念发生了巨大的改变。从江泽民离开起，政府的关注点开始转向不平等问题、社会矛盾，重新考虑转变经济增长方式，您认为这会是一个持续的趋势吗？您是否可以阐述一下您对于中国未来发展的理念的看法？中国未来的发展方向是否会随着领导人的换届而发生改变？

胡鞍钢：2005 年，在我们为“十一五”规划的提出做背景研究之时，我们明确提出了中国经历了的发展观变化的三个阶段，即以毛泽东为首的第一代领导人发展观，以邓小平、江泽民为代表的第二代和第三代领导人发展观，以及以胡锦涛为代表的第四代领导人发展观。如果你回看过去 60 多年，你会发现每隔 25—30 年，中国的发展观就会产生一次转变。这个转变不是由于领导人的权力更替，而是随着时代背景的变化，即经济、社会、中国与世界的关系等多种因素的变化而变化。[2] 我认

1 才利民：《山东省经济增长与成本的经验研究（1978—2008）》，申请清华大学管理学博士学位论文，指导教师胡鞍钢，2011 年 9 月。

2 清华大学国情研究中心，胡鞍钢、王亚华执笔：《国情与发展》，清华大学出版社 2005 年版。

为这种变化实质上是对于“发展”这一观念的更深层次的理解，是对发展目标的重新界定，亦即如何处理新时期的“十大关系”。

我认为新老领导人的交替无论是对于共产党内部还是对于整体社会而言都是和谐稳定的，关键问题在于国家制度的建设。而现在领导人的新老交替制度也已经逐步呈现出“三化”——制度化、规范化和程序化。2002 年我对此作过研究，还主编了《国家制度建设》一书。2007 年，这本书第二版中，我们通过追踪国家经济和政治形势的发展，不断拓展和深化了关于国家制度建设这一主题的研究。很多的外国专家学者在讨论这一问题时，常常是猜测、猜测、再猜测，他们并不真正了解中国的政治制度和中国的决策运行机制。而我认为，关键在于如何一步一步实现国家制度建设和转型，如何促使国家领导人，尤其是新上任的领导人更有效、更多、更好地学习和了解中国实际情况，如何通过国家制度建设实现全社会福利最大化，保证党和政府代表并实现最广大人民的根本利益。中国的问题从来都是十分复杂的，并不是非黑即白，因此要理解中国的政策和制度，就需要更多地理解中国智慧、中国哲学和中国思想。

马克·伦纳德：您是中国最早关注国家能力建设的学者。90 年代您和王绍光对中国的国家能力问题进行了研究，提出了如何在市场经济转变和现代化赶超过程中，加强中央政府的主导作用。[1] 而我今天注意到，在您的谈话中您开始更多地强调中央政府应该重视社会福利、重视刺激国内需求等问题，更多地关注需求方的变化而不仅仅是供给方。这或许

1　王绍光、胡鞍钢：《国家能力报告》，辽宁人民出版社 1993 年版；Wang Shaoguang，Hu Angang. The Chinese Economy in Crisis：State Capacity and Tax Reform. New York，M. E. Sharpe，1999。

不是一个很绝对的从新左派向右派转变的过程，但它至少反映了您对于中国经济应该如何发展，中央政府应该如何发挥作用的看法的变化。您为什么会发生这样的转变？

胡鞍钢：20 世纪 90 年代，国际背景是很复杂的，苏联和南斯拉夫等东欧国家相继解体，这促使中国必须思考什么才是中国真正的道路，中国不能走苏联改革的道路，我们必须独立给出这一问题的答案。许多学者不了解当时的国际背景，而我和王绍光正是在对于国际背景与国内背景的综合考察之下提出了一些建议，认为国家能力对一国工业化进程产生着深刻影响，提高国家能力特别是提高国家汲取财政能力有助于推动国家摆脱贫困，实现经济起飞。也就是说，要实施分税制改革，才能提高中央政府的财政能力。但是，另一方面，在公共财政支出方面，又要适当下放财权，提高地方财政支出的自主性。中国财政体制并不是一成不变的，需要不断地平衡中央与地方的财政关系，这是一个循环往复的试错调整适应过程，即便在“十二五”规划的制定中，我也再次提出了如何解决这一问题，即不仅仅将目光局限在中央财政或是地方财政，而是更多地考虑公共财政支出的种类和方式，建立一个中央集权与地方分权的混合的、均衡的、全面的体制，而不仅仅是简单的中央集权或地方分权体制。

不同的学者对此有不同的观点，我更愿意持一个平衡的态度。我的思想受到了毛泽东的很大影响，1956 年毛泽东曾发表了一个《论十大关系》的讲话。[1]1995 年，我出版了《中国走向 21 世纪的十大关系》

1　毛泽东在《论十大关系》中初步总结了我国社会主义建设的经验，提出了探索适合我国国情的社会主义建设道路的任务。十大关系是：重工业和轻工业、农业的关系问题；沿海工业和内地工业的关系问题；经济建设和国防建设的关系问题；国家、生产单位和生产者个人的关系问题；中央和地方的关系问题；汉族与少数民族的关系问题；党和非党的关系问题；革命和反革命的关系问题；是非关系问题；中国和外国的关系问题。毛泽东：《论十大关系》，1956 年 4 月 25 日，《毛泽东文集》第 7 卷，人民出版社 1999 年版，第 23—49 页。

一书。[1]在研究“十二五”规划的背景时，2010年我发表了一篇文章《论新时期的“十大关系”》。[2]我重新考虑这些重大关系，很多情况又和15年前不一样了。因为中国的大背景已经改变了，90年代时我们还在担心中国是否会像前苏联、前南斯拉夫有解体的危险，因此我们强调的是提高国家能力、加强中央政治权威、集中中央财力；而现在我们更多地强调和鼓励地方政府职能的转变，强调保护地方“好的积极性”，但绝不迁就和允许地方“盲目的积极性”，把地方的积极性引导到科学发展的轨道上，使得地方政府在转变经济发展方式、提供公共产品和公共服务等方面承担更多的责任，促进地方政府从GDP增长竞赛转向公共服务竞赛。

我认为，1994年的分税制改革是非常成功的。它建立了符合中国国情的现代税收、财政体制，充分调动了中央和地方两个积极性，中央与地方的财政都呈现了“双增长”，一方面地方政府承担了更多的地方事务和地方公共产品，有较高的自主权，特别是省级政府，除了国防与外交之外，它们比一般国家的地区政府具有更大的职权和责任。因为我们许多省份的人口就相当于大国的人口，像广东省的人口就超过1亿人，相当于世界第12大人口国家。另一方面，分税制实施后，中央财力不断提高，也大大地增加了对地方的转移支付，既有利于发挥中央政府对全国经济的宏观调控作用，也有利于均衡各地区的财力。对此，我们有

1　1995年作者所提出的“十大关系”是指：中央和地方关系；发达地区与欠发达地区关系；农业与工业关系；城市与乡村关系；经济增长与经济稳定关系；人口与发展关系；环境与发展关系；国有经济与非国有经济关系；发展与反腐败关系；中国与外国关系。胡鞍钢：《胡鞍钢集：中国走向21世纪的十大关系》，黑龙江教育出版社1995年版。

2　2010年作者所提出的“十大关系”是指：改革、发展与稳定的关系；增长速度与发展方式的关系；城市与农村的关系；地区之间的关系；经济建设与社会建设的关系；人与自然的关系；政府与市场的关系；中央与地方的关系；物质建设与文化建设的关系；中国与世界的关系。胡鞍钢：《论新时期的“十大关系”》，《清华大学学报（哲学社会科学版）》2010年第2期。

专项的研究，通过转移支付之后，地区人均收入差异系数减少了近一半。这都是分税制改革的“长期红利”，体现了这一改革是典型的“前人种树，后人乘凉”。

不同地方有不同的历史和现状，如何协调中央与地方关系，这始终是一个很大的挑战。江泽民、朱镕基等领导人在90年代初期对于这一问题制度化的建设作出了许多思考和贡献。现在我们不再需要大的翻天覆地的变革，只需要逐步地适应、不断地改善这一体制。

马克·伦纳德：在过去几年时间里，中国发生改变的范围和速度都令人惊讶。从人口状况，到面临的社会挑战，到制度建设等方面都在发生着改变，而且这些变化正在以更加迅猛的速度发展着。如果是在以前，中央政府很有可能会担心甚至害怕这种变化，没有信心作出积极的应对。然而在今天，我们看到中国对此处理得非常好，能够抓住时机，适应环境的变化随时作出政策的调整。您认为这是什么原因呢？是因为领导人变化了吗？

胡鞍钢：我认为很重要的原因在于中国政府十分重视地方调研。最近我们正在研究中央政治局常委如何对地方进行调研与政策制定之间的关系。我认为我们可以找到四个很好的例子，反映这一政治决策机制的“中国特色”。第一个很好的例子是中国应对国际金融危机；第二个是我参与其中的一个例子，即中国如何应对汶川特大地震，如何进行世界最大规模的灾后重建；第三个是中国如何设计“十二五”规划；第四个是中国如何在世界人口的最多国家中实行医疗体制改革。

以国际金融危机调研为例，比如2008年至2010年，中央高层针对金融危机总共进行了三次大规模的密集调研，2008年7月，全面摸底经济情况及危机对我国的影响程度；2009 年 4 月，集中调研 14 个省市区的企业，了解经济运行情况；2009 年 6 月，一个月内在全国 15 个省密集调研经济形势。与此同时，领导人还多次对个别地区进行了分期小规模调研。又比如，“十二五”规划制定期间，李长春及相关政府部门官员多次就如何发展文化产业，如何创新文化体制进行了地方调研。

根据我们的初步统计，第十七届中央政治局常委会都频繁地参与过深入的地方调研，从 2007 年 10 月至 2010 年 8 月，在各地方调研 386 次，平均每位常委为 43 次，其中温家宝总理最高，为 84 次。而且这种情况不仅仅发生在这一届的领导人中，从邓小平开始，中央领导人就不断地深入各地调研，如第十五届中央政治局常委会七位常委共计调研 237 次，人均 34 次；第十六届中央政治局常委共计调研 352 次，人均 39 次。[1] 他们通过调研可以掌握大量的一手资料，这对于认识中国国情和了解人民需求是十分必要的，尤其对于了解普通民众的需求是非常重要的。

我想作一个国际比较。20 年前，我在美国耶鲁大学经济学系做博士后，当时刚上任的克林顿总统请他的夫人希拉里主持美国医改，邀请了美国最好的经济学家、公共卫生专家，提出改革方案。但是 20 年过去了，美国多次医改方案流产，到目前还没有实行。而中国在过去几年中进行了世界最大规模的医疗体制改革，发生了巨变。美国医疗体制改革流产，而中国医疗体制改革成功，有很多人不理解这其中的原因。我认

---

1 胡鞍钢:《一个好的中央政治局常委会及其机制设计——以中共第十六届为例》，《国情报告》2007 年第 39 期，2007 年 11 月 19 日。

为，这其中一个很重要的原因在于中国领导人在地方调研方面的突出表现。这是中国的原创性决策机制，在世界各国中几乎是唯一的（除了越南之外）。

毛泽东曾说："没有调查，没有发言权。"[1]一方面，前期大量细致、全面的调研工作为政策的制定提供了翔实的一手资料与扎实的现实基础；另一方面，政策制定过后的调研工作也实现了对政策实施效果的考核，促进了政策的及时调整与改进。

中央领导人不仅对地方进行调研，也有很多出国访问、调研的经历。比如说吴邦国去欧洲访问，不仅仅是为了巩固中国与欧洲的关系，也是对核电作一些调研。没有任何一个国家像中国领导人作出如此频繁的出国访问，走出去，主动学习，开放学习，创新学习，这既是中国特色的调查研究机制，也是中国不断成功的重要经验。

马克·伦纳德：非常感谢您。下个春季我打算带一些欧盟政治官员来北京，让他们更多地了解中国的现状与发展，学习中国政策制定的经验。希望到时候还能向您请教。

胡鞍钢：这没有问题，我们需要交流，还可以分享经验。

1 毛泽东：《反对本本主义》，1930 年 5 月，《毛泽东选集》第 1 卷，人民出版社 1991 年版，第 109 页。

中国发展之路[1]

(*2011* 年 *9* 月 *12* 日)

川治丰成：我们最近在筹备一本新书，名为《了解中国》。中国是一个很大的国家，社会生活有许许多多不同的方面。大多数普通日本民众都认为中国实在是太复杂了，难以真正了解。而我们出这本书的目的就是将中国文化的核心、精华从大量的资料中提炼出来，以呈现给日本民众一个真实而简练的中国形象。您作为中国最知名的学者，很希望能够向您请教，也希望您能够提供给我们一些关于中国基本问题的专业的答案。

我从十年前开始阅读您的书，您对于现代中国的处境与其所面临的诸多问题，如制度建设、经济发展、环境危机等都有很多独到的感受和论述，您所关注的也都是中国社会发展最基本、最核心的问题。正是通过阅读您的文章，我才形成了对于中国的一个基本的整体印象。所以我想请问，在您发表了这么多学术成果之后，您对于现代中国有没有产生一些新思想、新见解？您现在所关注的核心领域是什么？

胡鞍钢：最近，我即将完成一部新书《国情与发展：中国之路》，它主要论述的是从1949年起至2010年这个时间段内的中国。在这本书中，我主要想要解决几个问题：首先是，是否真的存在“中国之路”；其次，

---

1 本文系2011年9月12日胡鞍钢教授会见日本讲谈社现代新书出版部川治丰成、东京大学都市教养学部人文社会系教授宫台真司、大泽真幸的访谈记录稿，黄瑜同学协助翻译整理，作者又作了中文修改。

如果真的有“中国之路”，那么它的真正含义是什么，它的思想来源是什么，它的历史根源是什么，它又是由哪些要素来驱动的；最后一个问题是，什么才是“中国之路”的未来方向，以及怎样才能到达。这些问题也可以成为我最近研究的一个概括和总结。

事实上，“中国之路”这个概念不是我原创的。早在 1940 年，毛泽东《论新民主主义》一文就提出了“中国之路”的建国构想，它既不同于欧美的资本主义工业化道路，也不同于苏联的社会主义工业化道路，在当时这个道路叫作新民主主义社会之路。到 1949 年党的七届二中全会，毛泽东基于对中国国情的分析在会议上作了一个经典的报告，提出了他的建国构想，也就是我们所说的不同于欧美、苏联模式的第三条道路。正是基于这个建国构想，也集合了周恩来所领导的共同纲领起草小组的智慧，特别是小组的绝大多数成员都是非共产党人士，完成和通过了新民主主义社会的共同纲领，这也是毛泽东的一个伟大创新。1956 年，毛泽东在《论十大关系》中提出“以苏（联）为（借）鉴，根据中国国情走自己的路”。[1] 也就是我们所说的社会主义道路。

1982 年，邓小平又一次阐述了这个概念。在党的十二大报告中，邓小平正式提出“中国之路”，即“我们的现代化建设，必须从中国的实际出发。无论是革命还是建设，都要注意学习和借鉴外国经验。但是，照抄照搬别国经验、别国模式，从来不能得到成功。这方面我们有过不少教训。把马克思主义的普遍真理同我国的具体实际结合起来，走自己的道路，建设有中国特色的社会主义，这就是我们总结长期历史经验得

1　毛泽东：《论十大关系》（1956 年 4 月 25 日），《毛泽东文集》第 7 卷，人民出版社 1999 年版，第 23 页。

出的基本结论”。可以看出，邓小平在改革初期更加明确了“中国之路”，这个路就是以经济建设为中心的现代化之路，进一步讲就是社会主义的现代化之路，更完整的表述就是“中国特色的社会主义现代化之路”。

我认为在邓小平的这次讲话中，他指出了“中国之路”三个重要的特点，或者说三个基本要素：现代化要素、社会主义要素和中国特色。这三个要素同时也是中国可以多加利用的三大优势。2011 年，我完成了《中国 2020：一个新型超级大国》（以下简称《中国 2020》）[1] 这本书。在这本书里，我对于邓小平提出的三个基本要素给出了更为清晰的解释。

首先，现代化因素是指，中国和其他如日本、韩国在内的发达国家一样，都要经历一个工业化、城镇化、信息化以及整个国家的现代化进程。从本质上来看，中国作为现代化的后来者、落后者，她的现代化过程是一个不断追赶发达国家的过程，包括经济追赶、教育追赶、科技追赶、信息通讯技术（ICT）追赶等。十年前，我就提出中国要全面追赶超越美国。现在我们回顾过去十年，中国是十分成功的。这种成功主要源于两个方面：一方面，美国经济增长速度逐渐放缓，尤其在全球金融危机的冲击之下，美国经济从正增长到负增长，体现了美国的逐渐衰落；另一方面，中国保持了 10% 以上的经济年增长率，中美之间的差距正在不断缩小，中国主要的指标居世界位次不断跃升，某些指标甚至超越美国。经济总量（指按汇率法的 GDP 计算）由 2000 年的世界第六位上升至 2010 年的第二位；中国与美国 GDP 的相对差距由 2000 年的 8. 26

1　Hu Angang, *China in 2020: A New Type of Superpower*, Brookings Press, 2011.

倍缩小至2009年的2.83倍；根据安格斯·麦迪森提供的按1990年国际美元值计算，2008年美国GDP（PPP）为中国的1.065倍，2009年美国经济负增长，中国正增长，则超过美国；根据世界银行提供的数据，中国与美国GDP（PPP）的相对差距由2000年的3.34倍缩小为2009年的1.55倍。所以，我认为十年前我的估计似乎过于保守了。

第二个因素是社会主义因素，这指的是要实现共同发展、共同分享、共同富裕，发挥社会主义制度和政治优势。如你所知，中国目前正面临着巨大的地区差距和城乡差距问题，贫富差距不断扩大。中国希望让所有人，富人和穷人共同享受社会主义成果，实现共同富裕社会。胡锦涛总书记在“七一”讲话中强调：“人民当家作主是社会主义民主政治的本质和核心。因此，我们要坚定不移走中国特色社会主义民主政治发展道路，不断推进社会主义民主政治制度化、规范化和程序化。”只有不断增加社会主义因素才能凝聚十几亿人民，动员社会各种力量，在政治上实现国家统一强大、长治久安。

第三个因素是中国文化因素，即对构建中国特色理想社会有重大创新，如小康社会、和谐社会、共同富裕社会、学习型社会、健康社会、安居乐业社会。这些反映了中国传统哲学中的理想世界，我们将它称为“大同世界”，它与“共产主义社会”是不尽相同的。不仅如此，中国还提出了要坚持“和平发展”的道路。历史上其他国家，如日本、德国、美国、前苏联等在它们的发展历史中都从来没有提出过“和平发展”这一理念，而中国坚持这一理念，要打破传统的扩张的发展路径，对全球产生积极的影响，这其中包括和平、发展、合作。

这是我提到的“中国之路”的三大要素。这三大要素同时也是中国在发展过程中可以加以利用的三大优势。首先，中国要不断增加现代化因素，最大限度地扩大生产、创造财富，最大程度地利用现代知识、科技、教育和信息要素，实现资源的集聚效应，追赶超越发达国家。其次，要不断增加社会主义要素，这一优势在汶川地震救灾过程中有很好的体现。汶川地震发生后，中国政府提出了对口支援的创新制度，确立了21个东部、中部的省市，直接对口支援四川19个极重灾害县（市），这个政策很成功，也体现了中国“一方有难，八方支援”的传统思想，现在是“一方有难，多方支援”。最后一个，中国的文化优势，中国有着五千年的悠久历史，有着深厚的历史资源，也就是我们所说的文化传统。这种文化并不一定是现代化的障碍和包袱，如果我们能够把它现代化、能够基于历史的基础不断创新的话，它很可能成为我们现代化的一个重要动力和资源。最好的一个例子就是2008年奥运会开幕式，它很好地将中国传统文化与高科技相结合，体现了中国传统文化的包容性，同时也证明中国需要为人类文明的多样化作出更多的贡献。

川治丰成：非常谢谢您的介绍。我一直对意识形态方面的问题很感兴趣。如您所知，马克斯·韦伯认为，西方现代资本主义起源于新教伦理，宗教的影响是造成现代东西方文化发展差距的重要原因。毫无疑问，中国的传统文化与西方十分不同。早在15年前，日本教授就教导我们说：资本主义文化与中国传统文化是截然不同、矛盾冲突的两种文化，所以中国不可能成为资本主义社会。那么，在中国的发展历程中，您如何看待这两种文化的冲突？

胡鞍钢：这是一个很有意思的问题。不同的人对于中国之路、中国现状有不同的解释。我是试图从内部对其解释，不仅仅是从学术研究的角度，我也从政治家，如毛泽东、邓小平，包括胡锦涛总书记那里了解到很多信息和知识，然后我试图将它们整合起来，用以理解真正的中国。“中国之路”的概念不同于“中国模式”，它不是一个绝对、固定、僵化的概念，而是一条不断探索之路、学习之路、创新之路，“中国特色社会主义的现代化之路”这一定义是很符合目前中国发展情况的。所以我不愿意用西方文化、西方哲学思想或西方社会科学思想，甚至西方模式去给“中国之路”下一个定义。实际上“中国之路”就是我所提到的三个基本要素共同成长、相互融合、相互影响的有机构成体，是国家发展生命周期“迅速成长期”的基本动力。值得一提的是，今年9月，习近平出席中央党校开学典礼发表讲话时也强调，领导干部学习历史，要学习中国历史，了解和懂得自古以来中国人民创造的灿烂历史文化，继承中华民族在漫长历史发展进程中形成的优良传统，从中汲取思想精华，结合新的实践不断发扬光大。这也进一步证明了中国历史和中国传统文化在中国发展过程中的重要地位。我认为，中国虽然面临着西方文化形态、意识形态的不断冲击，但中国会始终坚持自己的发展模式和传统文化。不仅如此，“中国之路”不只具有中国意义，也具有世界性意义。

举一个例子，最近我们正在研究中央政治局常委如何对地方进行调研。我们发现，世界上没有任何一个国家的领导人像中国一样对地方进行频繁的调研。常委每年对各个地区，包括西藏在内进行至少100次调研，这一举措可以大大减少中央和地方之间的信息交流障碍。而在这其中，总理对地方调研是最频繁的，其次是国家主席。因此，国家政策的制定不是依照教科书上一板一眼的理论，而是依照实际调研成果，依照我们的历史经验。30年前，没有任何专家预言到中国会发生如此巨大的改变，这实际上印证了诺贝尔经济学奖得主、斯坦福大学教授迈克尔·

斯彭斯所说的：我们大多数人的共识实际上很有可能是错误的。因此，我们始终明确中国之路的主要思想来源是中国传统文化，是中国共产党的历史经验和教训。

川治丰成：您在您的文章中曾提出了一个非常有意思的观点："一个中国，两个社会，四个世界。"在这其中，我对于制度安排尤其感兴趣。如您所说，中国社会的基本特征就是"一个中国，两种体制"，在城市和乡村存在两种不同的制度安排。那么您认为这种制度安排在未来会继续存在吗，还是会逐渐消失？

胡鞍钢：最近，我们正在作一个新的研究，即中国经济社会体制从二元结构向四元结构的转型。[1]中国的特殊国情使中国走出了不同于其他国家的演变道路：从 1949 年至 1977 年传统农业社会解体后，计划经济体制下的城乡二元经济社会结构不断分割和强化；1978 年至 1991 年农村改革和农村工业化迅速发展，所伴随的二元经济社会结构开始解体并逐步转向三元经济社会结构，即农业部门、乡镇企业部门、城镇正规部门；进入 90 年代，中国经济社会结构的重大变化是从三元结构逐渐转变到四元结构，特别是在城市地区出现了高速增长的非正规经济，超大规模的非正规就业，成为我国经济的重要组成部分。非正规经济大体包括两个方面：一是个体经济、私营经济，这包括在国家统计局的就业统计范围内；二是农民工等流动人口。所谓四元经济社会结构也就是指农业部门、乡镇企业部门、城镇正规部门与城镇非正规部门。所以说，中

1　胡鞍钢、马伟：《现代中国经济社会转型：从二元结构到四元结构（1949—2009）》，后发表在《清华大学学报（哲学社会科学版）》2012 年第 1 期。

国迅速从二元经济社会结构转型为四元经济社会结构，这是一个不断实现中国工业化与城市化的重大转型的历史过程和社会变迁，无论是从人口规模，还是从转变方式，都是世界现代历史上所未有过的。

未来中国经济社会结构发展趋势也将继续沿着中国特有的历史逻辑演变。它的基本方向就是城乡一体化、城市内部一体化、农村内部一体化，即经济社会一体化、趋同化和现代化。为了顺应这些发展趋势，从“十一五”起国家就开始形成了相互关联、相互促进的“四化”的基本思路，即农业现代化、农村工业化、农民工市民化、城乡居民基本公共服务均等化。这其中尤为重要的是处在不同结构中的人口基本公共服务的均等化，这就要求实现教育公平、就业公平、健康公平、社会公平、社会保障、基本住房保障等，推动城乡之间、城市内部、农村内部一体化，推进农业现代化、农村工业化、农民工市民化和城乡居民基本公共服务均等化。

近年来，农村剩余劳动力向城市转移的规模越来越大，农业劳动力大幅度下降。这本身是一个好消息，农民工进城不但促进了城镇经济的发展与繁荣，还给居民消费、农业生产带来了极大的促进作用，实际上反映了我国的城市化进程。但另一方面，大批农民工进城也为城市带来了挑战，尤其是农民工与城市正规就业居民之间在收入、社会身份、自身素质、社会保险、公共服务、社会权利、子女就学等诸多方面一直存在着较大的差距。如何缩小这种差距成为中国在实现工业化、城市化、现代化过程中需要解决的一大问题。

现在，我们鼓励不同的地区采取不同的发展模式与措施，进行制度创新，但我们的最终目的仍然是实现公共服务的均等化，不断增加和强化社会主义因素，才能最终缩小地区差距、城乡差距、贫富差距，真正实现“共同富裕”的社会主义现代化目标。

川治丰成：请问您怎样理解社会主义和民主之间的关系？因为在日本、美国等国家，由于资本主义经济导致贫富差距的不断扩大，社会结构处于极度不稳定的状态之中，真正的民主也就难以实现和保障。中国提出要建设一个民主国家，您认为这需要一种怎样的社会制度或者系统保障呢？

胡鞍钢：西方的“主流”学者、“主流”媒体往往将中国视为缺乏民主的威权（authority）体制国家，视中国为“一党专政”加“自由市场经济”。但实际上，中国的民主与日本、美国所提出的是不一样的。

以“十二五”规划为例，制定五年规划是中国政府最重要的公共决策过程，也是实行民主集中制实践的最好案例。在“十二五”规划制定之前，中国政府就对前一个五年规划进行了中期评估，进行他方和自我评价，及时发现突出问题，为制定下一个五年规划作铺垫。在此基础之上，中国政府进行了基础调查、信息搜集、课题研究以及纳入规划重大项目的论证等一系列前期工作。2008 年底至 2009 年初，国家发改委提出了包含 8 大领域 39 个题目的“十二五”规划前期重大问题，向全社会公开招标，加上直接委托研究，发改委系统内部研究，选题大约有数百个之多，参与专家数千人、研究人员达上万人，共形成几百万字的研究报告。根据前期研究成果，国家发改委起草了基本思路意见稿，向党中央、国务院汇报，这是一次从民主到集中的过程。

此后，中央政治局常委和其他委员分赴各地进行专题调研。全国人大、全国政协、各民主党派分赴全国各地就“十二五”规划编制进行专题调研，为“十二五”规划编制提供咨询。由于“十二五”规划与人民群众的利益是息息相关的，因此在国家发改委门户网站还专门开辟了建言献策专栏，公开征集公民意见等。这期间，我们收到了超过60 000份的普通民众提案，多数关注在“民生问题”上，亦即教育、医疗、住房、社会保障等与他们的生活密不可分的方面。通过多次反复的民主集中过程，使得五年规划既反映了国家战略意图，又充分表达了人民群众的利益诉求；既反映了中央的战略决策，也充分体现了地方的个性发展需求。

“十二五”规划的制定时间长达两年半，制定五年规划的过程也在不断制度化、规范化和程序化，这为制定一个成功的发展规划奠定了重要的制度基础。

我将中国制定五年规划的过程与日本议会选举制度的改革作了一个对比。我发现，“十二五”规划的制定过程中至少有80家研究机构与智库参与其中，提供建议与意见，而日本参与政治制度改革的专家学者数量相对很少。这就意味着，中国的民主与日本、西方的民主是很不一样的。

不同国家有不同的历史文化背景，也有不同的制度和体制，因而就会有不同的民主形式和内容。世界上有200多个国家和地区，从来就不会有一个适用于所有国家的民主模式和标准。“中国特色”的民主是民主集中制，它的体现就是政策民主、协商民主，关注的是如何建立民主的决策机制，而非像日本、西方更多关注的是选举过程的民主。所以我们不愿意讨论“民主”这个抽象的概念该如何定义与衡量，我们更愿意聚焦在一些具体的事例之上，评价中国政府在决策过程中是否做到了民主。

川治丰成：西方国家之所以说中国不够民主，是因为中国没有建立一个美国式的民主选举制度。但是，还有一些其他的指标可以用来衡量政治体制是否民主。在某些指标上，中国实际上超越了西方国家，这也意味着从某些角度来看，中国比西方国家更加民主。

胡鞍钢：如果你用西方的标准来衡量中国的民主程度，中国仍然是不民主的。但是如果你用中国的标准来衡量，中国正在变得越来越民主。这也就是为什么中国能够在应对金融危机、应对汶川地震的过程中取得巨大的成功。我直接参与到了汶川灾后重建的过程中，这就是一个基于具体案例的成功的民主决策的过程。

川治丰成：我注意到，您的著作所讨论的问题主要集中在经济方面。近十年伴随着经济发展，也涌现出了许多新的社会问题，如环境问题、金融危机、反恐怖等。这其中一个非常重要的问题是由于经济发展不平衡所引起的贫富差距、社会危机。我的问题是，中国将如何应对这些方面的挑战？

胡鞍钢：最近我们一直在研究一个非常重要的问题，即“中等收入陷阱”。如你所知，中国正处在从低收入进入中等收入的阶段，经济发展主要依靠要素驱动。在这种情况下，我们发现，自 2004 年以来，中国出现了很明显的经济集聚现象。如同经济资源向东部沿海集中一样，在每个省区内部也存在着类似的经济集聚现象，在经济集聚区域和经济分散区域也会形成与全国相类似的东中西经济发展差异。不仅是经济资源集聚，教育资源、医疗卫生资源等也都出现了集聚现象，使得地区之间差异不断扩大。中国的这一情况与 2006 年世界银行《平等与发展》报告中所描述的世界情况是一致的。

面对这种情况，中国政府主要是从两个方面加以应对。其一是积极利用政府政策进行调控。过去十多年，中国政府在内地经济发展战略的政策制定上取得了十分显著的成效。1999 年，中国的西部大开发战略正式出台，大力支持西部地区开发建设；2003 年提出“振兴东北老工业基地”，使得东北三省在工业结构调整、资源型城市可持续发展建设、基础设施建设、社会保障体系建设等方面都有了稳步推进；2006 年又提出“中部崛起”战略，大力促进中部地区崛起，加快形成东中西互动、优势互补、相互促进、共同发展的区域发展新格局。在这些政策中，政府尤其重视对于基础设施的建设，加强对农村基础设施的投入，例如农田基本建设、建设乡村道路、乡村自来水网、公用通讯设施等，不断改善农村生产、生活，为农民创造更多的就业机会。

另一方面，中国积极利用市场机制的调节作用。自 1985 年中央 1 号文件打开了农民进城务工的大门，城镇化发展速度加快，反过来又有力带动农村人口向城市（镇）转移，愈是经济增长快的地区，吸收农民工就愈多。根据人口普查数据显示，北京、上海、广东人口上升，其中主要是外来务工人员数量增多。由此可见，市场的调节作用是主要的，人们总往有利润、能挣钱的地方走。大量农村劳动力进城不仅能够促进我国经济持续高速增长，也有助于缩小城乡差距，并有望逐步从根本解决长期以来城乡隔绝和对立的不公平、不公正的局面。

所以，我认为下一个 20 年中国社会的主要议题之一就是如何建设共同富裕社会。这涉及三个方面：如何缩小城乡差距、如何缩小地区差距以及如何缩小贫富差距。正是这三大要素构成了衡量中国是否步入共同富裕社会的重要指标。而要缩小这三大差距，就需要通过加大公共财政投入和财政转移支付力度。中国政府转移支付力度在近五年大幅提升，既有直接转移支付手段，也有间接转移支付手段。例如在黑龙江，农民购买高质量的种子，或者购买农业机械设施，都可以得到政府的补贴，鼓励提高农业生产率，解放更多的农村劳动力。又比如，农民将其承包的土地转让或租赁出去，使土地的所有权得以流动和转让，也就是使土地这一资源也得以经由市场来配置，这样不仅增加了农民收入，也提高了土地的利用效益。除此之外，随着农村交通基础设施的改善，更多的城市人口涌向农村，享受田野的新鲜空气。农村经济发展也不再仅仅依靠单一的传统农业收入，农民收入一半以上来自非农业，如农业企业经营、发展旅游产业等。

值得一提的是，这些年，中国的人力资本已经有了很明显的提升。昨天，我陪同美国来的专家去造访一位普通的中国民众，她告诉我们，她的爷爷奶奶生活在海淀区，是典型的农民，只念过几年小学。她的父母亲，包括叔叔伯伯，也都只有初中文化。但是她自己现在在念大学，今后还将出国深造。这种情况在中国是十分普遍的，我把它称为“家庭转移支付”，即父母支持他们的孩子出去念书、工作，孩子学有所成后反过来供养他们的父母、祖父母。从人口质量角度看，中国已经成功走出穷国办教育的阶段，初步实现从人口大国向人力资源大国的转变。1982 年中国 15 岁以上人口平均受教育年限为 4.5 年，到目前平均受教育年限已经接近 9 年了。

川治丰成：中国的人力资本提升这么快很让人震惊。一部分人接受了教育，他们很成功，居住在城市的核心区域；但是我们知道中国也有很大一部分穷人，居住在农村或者城市的边缘地带，生活窘迫。因此有人说，对于目前的中国而言最为重要的问题就是如何解决平等问题。甚至有人提出说，如果资本主义能够在中国发展，可以提高这些人的收入水平，或许可以改善他们的生存状况。请问您怎样看待这一问题?

胡鞍钢: 这就是我为什么一再强调社会主义因素对于中国之路很重要。对于中国而言，社会主义不是教科书、学术论文或者政府喊出的口号，而是已经变成了现实社会、人民群众真正的需求，尤其是对于低收入者、农民、偏远地区居民以及退休者。据统计，过去四年，企业养老金总额上涨了四成，年增长率超过10%，超过了GDP的年增长率。这还没有将政府和事业单位的养老金总额纳入统计范围。这反映出人们对于社会主义有很强烈的需求，真正的社会主义存在于医疗卫生体制改革、提高社会保障覆盖率等方面。中国不仅仅是要介绍社会主义，更是要发展、强化社会主义，社会主义所能做的恰恰是资本主义社会无法实现的。

川治丰成: 多数西方国家目前正面临着劳动力人口下降这一问题。据我了解，香港的就业不足率为1.03%，而中国内地在五年内也将面临劳动力短缺这一问题。请问您怎样看待这一问题?这会影响到未来中国经济的发展吗?

胡鞍钢: 这是一个很大的问题。近些年，中国劳动年龄人口占总人口比重确实在不断下降，2010年中国少年儿童，即0到14岁人口占总人口比重的16.6%，显著低于2000年的数值，而且今后还将继续下降；2010年我国60岁以上人口达到1.77亿，2015年之前将突破2亿人。根据我们的研究，劳动年龄人口与非劳动年龄人口的比率将在近年达到峰值，此后出现下降。但是，雇佣人口与非雇佣人口的比率却不会下降，而会继续上升。这是因为，中国女性雇佣人口比率在不断上升，已经达到45%左右，同一比率日本为30%—35%，印度仅为20%左右。年轻一代的中国人结婚生子后，会选择雇佣保姆，或将孩子交由父母抚养，本身并不会脱离工作岗位。

另一方面，我们鼓励延长国人的退休年龄。中国现行退休年龄还是依据新中国成立之初的预期寿命制定的，女性 50 岁，女干部 55 岁，男性 60 岁，实际退休年龄还要更低。而中国人口平均预期寿命，已从 1950 年的 49 岁提高到目前的 73. 5 岁左右，增加了二十多岁。其中北京人口平均预期寿命达 81 岁，上海接近 82 岁。这也就意味着，有许多人在他们五十多岁的时候，身体健康，但过早地脱离了工作岗位。这就导致老人退休后平均接受社会抚养的年限提高，社会负担加重。因此，为了改变这种现状，政府鼓励人们适当延长退休年龄，如果从事私人企业生产，就没有退休年龄限制；对于大学教授等有知识才干的人，就可以延长退休年龄。事实上，随着健康、教育水平提高，老年人口中仍蕴含着巨大人力资本，若能善加利用，不仅不会成为负担，反而会为社会创造财富。老年人口更适合从事脑力劳动或轻体力劳动，同时，中国产业结构正在转变，服务业比重日益提高，这也为老年人口参与经济活动提供了条件。这些都反映了中国在退休制度、养老金制度等方面所作的调整，以更好地应对劳动力下降所带来的压力。

另一方面，如前所述，中国人力资本不断提升。中国人口平均受教育年限从 1949 年的 1 年，提高到 1978 年的 4 年，2010 年达到 9 年。根据我们的保守估计，到 2030 年，将达到 12 年至 13 年。这也就意味着，中国高等教育进入普及化阶段，这将极大地改变中国的人力资本结构，甚至改变中国的未来。

川治丰成：日本目前面临着很严重的养老金空洞化现象：经济增长速度放缓使得用于养老的财政收入增长缓慢，加上人口迅速老龄化所带来的养老支出扩大和收入增长下降，养老金入不敷出导致了养老金财政危机。而中国拥有更多的人口，这也就意味着中国将承担更大的养老金的负担。而且，一部分低收入者没有能力购买养老保险，使得全面覆盖的养老保险制度更加难以执行。您认为中国有可能落实完善的养老保险制度吗?

胡鞍钢：二十五六年前，我第一次研究中国人口对于经济和社会的影响，研究人口与发展问题。我认为中国要发展，需要应对三大挑战：第一个就是我们称之为吃饭的问题，就是如何为十五六亿人口提供基本的食物保证。我们知道，在1994年有一场争论，就是莱斯特·布朗，他是美国世界观察研究所的学者，他提出“谁来养活中国?”这一问题。当时我也是作为中国学者中第一个对他这个问题作出回应的，我就提出来，肯定还是中国人自己养活自己，而且我们不仅能够通过农业的发展养活自己，将来我们还可以通过发展劳动密集型的农产品，进而供养全世界人口，或者说提供更多的农产品出口。事实上，从2006年起中国已经能够做到这一点。中国目前粮食产量居世界第一，蔬菜产量居世界第一，这证明中国在这一点上是很成功的。

第二个问题就是就业问题，也就是说，中国劳动力人口，我们算了一下，包括劳动力就业人口、失业人口和现役军人三部分，占全球劳动力人口的比重大约是26%，远高于中国总人口占全球、全世界总人口的比重，总人口比重大体占全世界的21%。这是因为我们人口的年龄结构相对比较年轻，所以说在过去20年，从1982年算起中国的劳动年龄人口（15—64岁）占总人口比重上升了将近10个百分点，因此就业压力相当突出。但是，我们也应当看到中国过去20多年发展的历程，可以说中国是世界上发展速度最快的，同时又是创造就业岗位最多的国家，我们当时的就业人数只有4亿多，现在已经变成7.8亿了。

第三个问题就是养老问题，老年人口迅速上升，我们预计到2030年，年龄在60岁以上的人口数量将超过2个亿，到2040年将超过4个亿，这是因为人均预期寿命的提高。那么在这种情况下，中国亟须有效地去建立社会保障制度，建立养老保险体制。因此中国的人口问题，也就是说，人口的三大高峰，决定了中国三大人口问题，也就决定了我国政府，或者说历届政府的基本任务。

中国在未来时期，也就是从2020年到2040年，将遇到我们所说的“相继来临、相互叠加”的人口高峰，我们称之为“人口三大高峰”。也就是说，在2020年左右，中国劳动年龄人口达到最高峰；第二个，就是在2030年，中国总人口将达到最高峰；第三个就是2040年中国老年人口将达到最高峰。但是，我们认为，如果雇佣人员与非雇佣人员之比可以达到1.2，甚至1.3，那么我们就可以很好地解决人口问题，因为中国平均劳动力产量始终是在不断提高的，劳动力产量足够供养非劳动人口，如儿童、老人。而这一比率在日本是低于1的，这也就意味着非雇佣人口的数量超过了雇佣人口。所以说，不同国家有不同的人口结构，怎样鼓励人们创造更多的就业机会，怎样鼓励人们更好地工作，这不仅仅是社会问题，也是经济问题，甚至是心理问题、价值观问题。

川治丰成：在您的书中，您曾经提到官僚体制改革，包括国有企业垄断等问题。在日本，这是一个很严重的社会问题。所以我想请问您，中国是否有一些很好的经验去应对这些问题？

胡鞍钢：最近，中共中央政治局委员、中组部部长李源潮发表了一个非常重要的讲话，提出领导干部要深入基层，向基层学习，从基层实践中汲取营养，保护和激发基层改革创新的活力。

应该说，共产党在这方面一直有很优良的传统，始终同人民群众保持紧密联系，这也使我们党赢得了人民群众的热情支持和信任。即便是现在，清华大学的学生毕业后如果想进入政府机关工作，也需要有至少两年的基层工作经验。我也有一些学生去重庆挂职锻炼，去农村做调研工作，与农民同吃同住，深入了解民情。所以说，我们的思想、政策不是直接来源于教科书，而是来源于实践经验，来源于人民群众。这也正是毛主席所提倡的：干中学，学中干。

除此之外，中国还创新了人事管理制度。比如说，担任一定职务的公务员，为了公正履行职务，不得在亲属比较集中的原籍地、出生地、成长地任职。这种地域回避就是中国探索管理经验的极好案例。

川治丰成：我想问一个比较大的问题。正如您之前提到的，随着中国的发展，中国的经济力量、政治力量不断扩大，中国的眼界也越来越宽广。这不禁让人想起在第一次世界大战和第二次世界大战后的美国，其力量不断增长，而欧洲大陆的其他国家发展则相对停滞，最终美国占据领导地位，成了超级大国。中国作为东方巨国，如今在世界占据着越来越重要的地位，在很多方面提供给美国、欧洲和其他国家很多支持，中国努力维护着与世界其他国家和谐共处的关系。而我的问题是，您认为中国在未来将会在国际上扮演什么样的角色，比如政治领导、经济领导、世界稳定安全的维护者？还是中国有其他的定位？

胡鞍钢：根据我们最新的报告，预计到2030年，中国GDP总量将是美国的2倍至2.2倍。我们这一估计主要是通过三种途径，其一是按照市场汇率法计算，考虑到中国居民消费价格指数（CPI）上涨、人民币升值和美元贬值三大因素；其二是按照安格斯·麦迪森所提供的数据，用购买力平价（PPP）法的1990年国际美元值计算；其三是按照世界银行提供的购买力平价（PPP）法的国际美元值进行估算得出的大致结果。如果人民币升值幅度较大的话，甚至有可能达到2.5倍。

我们报告的第二个结论是：中国需要在国际事务、国际政治等方面承担更多的责任。所以我们倡导的理念是：共同利益、共同挑战、共同繁荣。这里的共同繁荣、共同富裕指的是南北共同富裕，我并没有提东西共同富裕。这是因为根据国际货币基金组织（IMF）的定义，GDP年增长率超过3%就可以称为快速增长。非洲大多数国家目前已经进入了这一阶段，所以我相信，在下一个20年，中国将会带动这些国家在贸易、投资、经济、科技创新等方面的增长，进一步履行大国的国际责任。同时，我们也不希望和美国、日本、欧洲等发达国家产生任何冲突或矛盾，无论是贸易上的还是政治上的，这些国家是我们重要的贸易合作伙伴，也是共同应对国际事务的搭档，我们很希望各国可以和谐相处，创造一个良好的国际环境。

川治丰成：这是一个相当复杂的问题。一方面，我们非常高兴中国愿意在国际社会中承担更多责任，担当更多领导角色。另一方面，正如中国传统的说法“一把手”、“二把手”，世界同样需要一个国家来领导。目前，就经济发展水平而言，美国是一把手。但中国的飞速发展威胁到了美国的这一地位，我个人很难想象随着未来中国的进一步发展，美国试图保护其在国际上的领导地位，中美之间是否会发生一些争执和冲突。

我也曾经与美国朋友聊到中美关系问题，他认为：中国与美国有共同利益，因此中国是美国很重要的合作伙伴。但是中国不一定能成为美国的朋友，因为中国和美国的价值观是很不一样的，而要成为好朋友要能够共享价值观。请问您怎样看待中美关系未来的走向？

胡鞍钢：自奥巴马入主白宫后，胡锦涛主席总共与他会面了九次。不仅有面对面的交流，还通过电话等形式进行积极的交流沟通。习近平副主席掌管外交事务后，也多次与美国官员会晤。可以看出，中国政府在处理这一关系的过程中采取了非常理性和积极的态度。应当说，中美关系是当代国际关系中最为复杂、敏感而又重要的大国关系，双方有着经济贸易、反恐、防止核扩散合作等一系列共同利益，也存在着社会制度不同、台湾问题困扰、人权和安全观念相悖等不可回避的“结构性矛盾”。作为同在世界上有重要影响的大国，中美双方和则两利，斗则俱伤。目前中国在对于这一问题的处理上已经越来越制度化、规范化。所以我们不担心中美之争，我们真正关注的是应该采取一种怎样的方针政策去处理这种矛盾。

早在毛泽东时代，中国就提出了和平共处五项原则，毛泽东当时指出：“为了和平和建设的利益，我们愿意和世界上一切国家，包括美国在内，建立友好关系。我们相信，这一点，总有一天会要做到的。”[1]1982 年 8 月，从争取和平、延缓战争和寻求建立更为均衡的对外

1　中华人民共和国外交部、中央文献研究室编：《毛泽东外交文选》，中央文献出版社、世界知识出版社 1994 年版，第 246 页。

关系的需要出发，邓小平提出了新时期我国基本的外交政策。他指出：中国对外政策的纲领，第一是反对霸权主义，第二是维护世界和平，第三是加强同第三世界的团结和合作。[1]1986 年 3 月，六届全国人大四次会议在《关于第七个五年计划的报告》中第一次把中国的外交政策概括为“独立自主的和平外交政策”，至此，外交方针政策的调整基本完成。当今时代，任何国家实现本国目标的过程都是国际互动的过程。中国要集中精力，实现共同富裕，离不开一个有利的国际环境和良好的周边环境。为此，我们需要把本民族的复兴同世界的和平发展协调起来，也需要国际社会对我国国内目标和外交政策有更多的理解、支持和响应。“高举和平、发展、合作的旗帜，坚持独立自主的和平外交政策，走和平发展的道路，永远不称霸”，这是中国面向世界所作的庄严承诺。

此外，值得一提的是，中国哲学中有一个很重要的观点：和而不同。这个意思是说两国可以共处，但应该维持各国特点，不尽相同。我认为，中美关系中的矛盾和斗争始终只是两国相处中的一部分，如果说毛泽东和邓小平认为中美矛盾与合作的比例是三七分，或者四六分，那么我认为现在是二八分。这是因为，从 2005 年开始，中国和美国已经成为拉动世界经济增长的两大引擎；预计到 2020 年，GDP 总量中国是世界第一，美国是世界第二，这两个国家 GDP 总和将占世界 GDP 总量的 50% 以上。如果两国是矛盾大于合作，那么将会对世界经济和世界发展产生极其消极的影响。在相互依存度日益加强的当今世界，中国既没有条件也没有愿望去取代美国而成为世界唯一领袖，中国需要同美国合

---

1 《邓小平文选》第 2 卷，人民出版社 1994 年版，第 415—417 页。

作，从而有效应对在经济、政治、能源及环境问题上的全球挑战。

川治丰成：几乎所有的人都认为全球经济的发展需要一个国家的领导。19世纪是英国承担了这一领导地位，20世纪是美国，许多社会科学专家预言说，21世纪中国将领导世界经济发展。我认为，一个国家若要成为其他国家的领导者，不仅仅需要有雄厚的经济基础，还应当有优秀的政治体制，尤其要有能够凝聚人心的普遍价值。比如说西方的自由民主观，虽然近些年遭到了许多的批判和质疑，但它却吸引了世界上的很多人去为它努力奋斗。所以我的问题是，如果中国要成为全球领导者，中国是不是也有一些类似的普遍价值呢？

胡鞍钢：在我的《中国2020》中，我提出了对于“超级大国”这一概念的新的解释。我认为中国不应当成为一个具有霸权和支配意志的超级大国，中国的崛起是和平崛起，是绿色崛起。

我认为我们的观点是很清晰的。首先，经历了长达一个世纪外国列强的侵略与凌辱，中国一直秉承着“己所不欲，勿施于人”的中国传统思想。中国既不会追求霸权外交，也不会将自己的思想强加于人。中国的崛起并不试图与西方国家展开意识形态斗争。中国的目标只是出口更多的产品和服务，而不是输出意识形态或革命。

其次，中国必须努力实现“节能环保的绿色发展”，而不是完全采用西方以环境与能源为代价的工业发展模式。西方在工业化进程中消耗了大量的不可持续的资源，而中国将从中吸取教训，以更加高效节能的方式推进工业发展。

第三，中国领导人在国内发展方面仍然会继续强调解决贫富分化问题、医疗改革体系的不完善、能源的低效性以及生态问题。这种立足于国内的以人为本的政策会让中国远离好战的外交政策。

第四，人力资源的发展是中国崛起的关键因素。基于这个原因，中国的超级大国地位最终取决于“从知识封闭的国家向知识开放的国家的转变，以及从科学技术落后的国家向全球领先的创新国家的转变”。知识经济的时代应该是合作而非竞争的时代，中国的崛起对世界其他国家来说是机遇而非威胁。

在我的教学过程中，我接触了很多外国留学生，尤其是发展中国家的学生。我发现尽管价值观不尽相同，他们对中国都抱有很友好的态度。在我的课堂上，中国作为一个很好的样板，供人了解和学习。比如上个学年开学之初（3 月初），我发现学校正准备修建一栋新的大楼（指清华大学新校史馆），我告诉我的外国留学生：你们要多加注意这个建筑。等到学期结束时（7 月中旬），这个大楼的基本外观屋架已经建成了。我告诉外国学生：这就是中国速度。所有的人都对中国的发展感到惊奇，但只有你真正地来到中国，搜集一手资料，你才有可能真正了解中国。因此我认为，中国无意向世界输出价值观，但中国与其他国家可以成为朋友，分享彼此的观点。中国始终坚持更好地融入国际社会，不强制干预其他国家的价值和发展模式。我相信，总有一天，中国会赢得包括美国在内的其他国家的尊重和认同。

川治丰成：非常感谢您百忙之中抽出时间与我们交流，与您的谈话很愉快。同时我也很嫉妒您，因为您对于中国未来发展抱有非常乐观的态度。希望日后还有机会能够向您请教，也希望您能抽空到日本去访问。

迈向共同富裕[1]

（*2011* 年 *9* 月 *21* 日）

岚涛： 我对于您的《2030 中国》[2] 这本书很感兴趣。请问您主要是从政治角度来阐述您的观点的吗？

胡鞍钢： 不仅仅是这样。这本书大致可以分为几个部分。第一章是导论，明确提出了中国梦就是共同富裕和大同世界，同时中国正处在"天时、地利、人和"的有利时期，有能力实现中国梦。第二章是展望 2030 年世界，对于国际发展趋势作出了一个预测分析，包括经济、贸易、投资、创新等方面。这实际是我第一次对于世界发展前景作出明确的预测，我的分析是基于对南方国家与北方国家的划分，而不是传统的东西之分。第三章则提出 2030 年中国将成为世界经济强国。第四章提出 2030 年中国将成为世界创新强国。第五章则提出 2030 年中国将成为高人类福祉之国。这不仅仅包括经济增长，还包括人均收入提高、教育发展水平提高、预期寿命提高、人民生活幸福度提高等。第六章则是论证 2030 年中国将是共同富裕之国，这包括如何缩小三大差距，即城乡差距、区域差距、收入差距，以及如何实现基本公共服务均等化，使得人人享有基本社会保障。第七章描述 2030 年中国将是绿色中国，这一结论主要是建立在我们对于林业、水利、环境污染等方面的研究基础之

---

1 本文系胡鞍钢教授 2011 年 9 月 21 日与芬兰驻华大使岚涛（Lars Backstorm）、芬兰驻华二等秘书米高（Mikko Karppinen）的访谈记录稿，黄瑜同学协助翻译整理，作者又作了中文修改。

2 清华大学国情研究中心，胡鞍钢、鄢一龙、魏星执笔：《2030 中国：迈向共同富裕》，中国人民大学出版社 2011 年 9 月版。

上的，提出中国将如何应对气候危机，实现碳排放脱钩，建成环境友好型、低灾害风险型社会。最后一章为全书总结。

在你们到来之前，我正与斯普林格出版社代表商谈，我们计划将此书翻译成英文，并尽快在今年年底出版发行。事实上，世界银行也计划在今年年底发表一篇报告，即中国2030年发展研究报告，主要关注中国如何迈向高收入国家，而我们则提出2030年的中国是迈向共同富裕和大同世界。“大同世界”这一概念是建立在中国传统文化基础之上的，有着很深的中国哲学的意味。现在，我把这本书送给你们。

岚涛：非常感谢您。我很感兴趣的是，在发展的过程中，会遇到许多的问题和阻碍，我们将其称为“The bombs on the road”（路上的炸弹）。这其中，一个非常普遍的就是借贷问题，这既包括民间个人借贷，也包括公共借贷、政府借贷。地方政府常常因为借钱过多，而不得不承担很高的债务风险。您认为中国在发展过程中也会存在这样的问题吗？

胡鞍钢：如你所知，国家统计局最近发布了许多数据，这其中不仅仅包括中央政府、中央财政，也包含了许多地方政府的数据。就我所知，以重庆为例，地方政府确实向银行借了许多钱，但这些钱绝大多数被用于基础设施建设，例如廉租房、高速公路、高速铁路。这实际是依照中国历史的经验。1984年，中国接受世界银行贷款建设高速公路，到1988年，中国第一条高速公路建成。这开创了中国通过国际金融借贷完成基础设施建设的先河。至去年年底，中国已建成超过7.4万公里的高速公路。这是什么概念呢？美国现在是7.5万公里高速公路网了。到2020年，我们保守估计中国的高速公路中国家高速公路网是8.5万公里，如果考虑到地方自建的高速公路，它大体是11万公里，就大大超过美国。而到2030年，这一数字就很难预测了。因为根据国家所制订的计划，到2030年，中国高速公路网将覆盖人口超过25万以上的城市，而实际上地方政府所建的高速公路将覆盖至10万—15万人口的城市。

岚涛：您认为地方政府这么做会带来什么问题吗？

胡鞍钢：我并不认为这会构成很严重的问题。尽管地方政府在这个过程中产生了很多借款，但由于这些借款最终被投入到了基础设施建设领域中，而基础设施的建设将进一步刺激地方经济增长、效益增长。所以地方政府最后将有能力偿还这些贷款。

以清华大学为例，2003年由香港慈善家伍舜德捐资2 000万元修建公共管理学院大楼，到2005年建成。如果我们依靠银行贷款去建设这栋大楼，我们至少可建设两倍甚至三倍的面积，形成不动产。学校如此，地方政府也如此。因此，我们并不担心地方政府借贷本身，我们关注的是借款是不是真正被用于基础设施建设，还是简单地作为工作人员津贴补助发放了。

岚涛：一些专家学者认为中国也许发展扩展得太快了。政府投入了许多人力、物力、财力去建设基础设施，但实际上可能并没有那么大的需求量。例如他们认为中国有太多的高速公路，但并没有足够多的车去使用这些路。对此您怎么看？

胡鞍钢：我认为这个问题不能片面、静止地去看待它。比如八达岭高速，1998年通车的时候只有很少的车会选择走这条路，但如今它已成为北京周边最繁忙的高速公路之一，并有效带动了沿线经济的发展。另外一个例子是我自己的经历。十年前，我从甘肃兰州去往天水，路上根本没有什么车。而今年5月天定高速公路通车，大大缩短了行车时间，交通也变得更加繁忙了。所以不要一味地去相信所谓“专家”的言论，无论是高速公路还是地方乡村道路，都是基础设施建设的一部分。基础设施建设能够更好地帮助内陆地区、农村地区、少数民族地区发展农副产品、工矿企业产品以及沿线旅游业等相关产业，推动这些地区的经济增长与人民生活水平的提高。

岚涛：我记得曾经有一个研究中国问题的专家，他已经72岁高龄了。他的观点非常具有批判性，他认为中国一直在修建完善各种道路，而并没有考察究竟有多少人需要这些道路。

胡鞍钢：这些年，我的研究领域不仅仅局限于中国国情研究，我也发表了一些与交通、基础设施建设有关的研究成果。[1]我们基于大量的面板数据，对交通基础设施、对中国经济增长的影响进行了专业的分析。在这其中一个非常重要的结论，是我们研究过去十年，中国西部地区经济为什么会保持快速增长。我们发现，过去十年，这些地区的基础设施建设，包括高速公路交通基础设施建设、电网电路改造、信息通信设备建设等对于地方经济的净增长贡献了至少1.6个百分点。这反映了基础设施建设对于推动地方经济增长是十分重要且必要的。因此，我们总结了推动中国经济发展的五大引擎：工业化、城市化、基础设施现代化、信息化和经济发展国际化。这五大因素很好地解释了中国为什么能够保

1　清华大学国情研究中心，胡鞍钢、刘生龙：《交通基础设施与经济增长：中国区域差距的视角》，《中国工业经济》2010年第4期。

持高速发展，不仅仅是在过去的三十年，也包括了未来的二十年。

如果我们考虑基础设施建设的机会成本，我们还将发现，一项基础设施建设如果晚十年，其成本将是原先估计成本的两倍甚至三倍。对此，我进行了很多的案例研究。例如北京通往天津的京津塘高速公路，1988 年动工，它是中国第一条跨省市的高速公路。而现在，如果国家要在这两地间建一条同样的高速公路，则需要花费相较之前五倍乃至六倍的费用。

所以说，尽信书不如无书，不要只听所谓“专家”的片面的说辞，只有深入地方，考察和了解当地实际情况，你才能得出自己的结论。

岚涛：我还想问一个问题是：您认为中国什么时候才会转变成为一个真正的消费社会？我想这是很多西方人十分关心的问题，即中国什么时候才能不再大规模地出口产品，而成为进口大国，消费大国？这要花费多长时间？

胡鞍钢：这是一个很好的问题，也是很多人关心的问题。在我的书中，我不仅仅从多种角度预测了中国将赶上和超越美国，我同时也讨论了从消费的角度中国如何追赶超越美国。根据我们的预测和现价汇率计算，到 2030 年，中国国内消费总额将达到近 50 万亿美元。如果我们考察中国相对美国的赶超系数，则将从 2020 年的 77.7% 上升至 2030 年的 175.2%，为两倍至三倍。

岚涛：那么消费占 GDP 的比重呢？

胡鞍钢：消费占 GDP 的比重将从目前的低于 40% 提高至约 50%，占到了 GDP 总量的一半甚至以上。这反映了中国如何通过拉动消费，而非仅仅拉动投资，促进经济增长。到2020年，中国将取代美国成为世界上最大的消费市场，到2030年，中国的消费额将为美国的1.75—1.89倍。以中国的汽车市场为例，五年之前，没有任何人预测到中国会成为全球最大的汽车生产国和消费国。如果你当时提出这个观点，大家会认为你是异想天开。

岚涛：那么您怎样看待中国的环境问题呢？我记得在全世界污染最严重的20个城市中，中国占了16个。这是真实的情况吗？到2030年中国的环境会发生怎样的变化？

胡鞍钢：你有没有读过“十二五”规划纲要？

岚涛：部分读过，并不完整。

胡鞍钢：我认为，“十二五”规划对于中国如何应对环境问题制定了一个非常专业详尽的方案。“十二五”规划首次以“绿色发展”为主题，专篇论述“建设资源节约型、环境友好型社会”，明确提出：面对日趋强化的资源环境约束，必须增强危机意识，树立绿色、低碳发展理念，以节能减排为重点，健全激励与约束机制，加快构建资源节约、环境友好的生产方式和消费模式，增强可持续发展能力，提高生态文明水平。

正是在“十二五”规划中，国家首次规划，在未来20年，构建我国“两屏三带”的生态安全大战略格局。在农牧业分界线、三大阶梯的过渡地带等，以三北防护林带、东北森林带、南方丘陵山地带、青藏高原生态屏障、黄土高原-川滇生态屏障为屏障，以大江大河水系为骨架，以各重点生态功能区为依托，实施限制开发或禁止开发，构建我国生态安全大战略格局。对于这些地域的划分并不是根据 GDP 等经济增长指标，而是根据森林覆盖率、森林蓄积量、湿地面积、水土流失面积等生态指标进行划分的。这体现了国家在充分搜集数据的基础之上，运用科学研究方法对绿色发展进行规划与设计。

我们预计，到 2030 年，我国的国土空间格局将更加清晰，生态系统将更加稳定。林地保有量将增加到 312 万平方公里，草原面积占陆地国土面积的比例保持在 40% 以上，河流、湖泊、湿地面积有所增加，生态退化国土面积比例大幅度缩小，全国生态安全屏障体系基本建成。同时，今后可用于工业化城镇化开发及其他方面建设的面积只有 28 万平方公里左右，约占全国陆地国土总面积的 3%，我们将通过走空间节约集约的发展道路，提高单位面积城市空间创造的生产总值，城市建成区人口密度也将明显提高。

岚涛：您是否也研究了空气污染、水污染等问题？这些情况会不会得到改善呢？如果会，政府势必将投入大规模的人财物力去治理这些污染，修复生态环境。对此您是否有一个精确的计算，大概要花费多少钱才能完成治理？

胡鞍钢：我并没有一个十分精确的数字估计，因为不同的地区有不同的标准和实际情况。但是，总体来说，我们就是要走绿色现代化之路，发展绿色经济，调整产业结构，发展绿色产业，投资绿色能源，促进绿色消费。事实上，在过去五年，煤炭消耗量占能源消费比重已经开始下降，但是二氧化碳排放量仍然在不断上升。我们希望在未来 20 年时间内，逐步实现经济增长与化石能源消耗、煤炭消耗、二氧化碳排放、水资源消耗脱钩，与污染物排放脱钩。

岚涛：现在二氧化碳排放量到达顶峰了吗？

胡鞍钢：还没有。目前只是二氧化碳排放量的增长率有所下降，预计到2020年左右，二氧化碳排放量将到达顶峰。我们为中国绿色现代化设计了"三步走"战略：第一步主要是减缓二氧化碳排放，适应气候变化。这就要求在"十二五"期间大大减少排放量；在"十三五"期间，排放量趋于稳定且达到高峰。第二步是这一阶段过后，进入二氧化碳减排阶段，到2030年，二氧化碳排放量大幅度下降，力争达到2005年水平。第三步则是到2050年，二氧化碳排放量继续大幅度下降，与世界同步，达到1990年水平的一半。到那时，中国也就基本实现绿色现代化，二氧化碳排放达到发达国家水平，真正对人类作出了绿色贡献。

可以看到，中国政府在"十二五"规划中明确了绿色发展的激励约束机制，加强了地方政府、社会组织等各机构单位的约束力度。将深化资源型产品价格和环保收费改革作为五年规划改革攻坚的方向。要求强化节能减排目标责任考核，合理控制能源消费总量，把绿色发展贯穿经济活动的各个环节。

岚涛：我很赞赏中国的这种设想。但是更多的汽车也就意味着更多的碳排放，需要更多的化石能源，也会造成更多的污染。

胡鞍钢：是的，这看起来似乎是矛盾的。中国的汽车保有量目前已经突破一亿辆大关，并且还将不断增长。为了应对这一情况，中国政府提出重点开发绿色汽车。为使得汽车更加节能环保，政府还对汽车从生产、销售到废品回收的整个过程都制定了详细的要求，对环境、生产技术、安全等方面制定了严格的约束标准。这就要求所有的汽车制造商、生产厂商都需要更多的创新，利用科技降低汽车污染排放量，提高能源使用效率。这也反映了中国政府如何处理、平衡发展汽车产业和降低碳排放之间的关系。

举个例子，2009 年，国务院决定实施成品油税费改革。应该说这一改革是非常成功的，2009 年尽管中国的汽车销售量增长了 45% 以上，但是总体的汽油消费量却下降了。这也就意味着，对于民众而言，我拥有一辆汽车，但是我降低了它的使用频次。日常生活中我通过自行车、公共交通等代步，只有在周末、节假日时才使用自家汽车。成品油税费改革开创了“绿色税收”、“绿色改革”之先河，从实施效果上看，短期增加了税收收入，长期促进了经济发展模式转型。这是中国应对全球气候变化，履行节能减排责任所采取的积极举措的最好范例。

岚涛：我还有另外一个问题。一些人认为，中国 20 世纪的人口问题是数量问题，而 21 世纪才可能面临更为严重的问题，就是未富先老。请问您对于这个问题有什么看法呢？

胡鞍钢：我认为对于这一问题，我们要辩证地看待。中国是世界第一人口大国，中国经济的主要驱动因素之一就是“人口红利”。但迅速的人口转变特点决定了中国“人口红利期”来得相当早，持续时间相对短。根据专业的数据统计，2000 年之后中国进入人口红利高峰期，2010 年至 2015 年之间劳动年龄人口占总人口比重达到最高点，而后开始下降。到 2030 年劳动人口占总人口的比重将由高峰时的 74.5% 下降到 69.3%，到 2050 年这一数字将进一步降至 62%。因此，中国进入老龄化和少子化时期，这是中国将面临的重大挑战。

但是，也应看到，在人口红利效应逐步减少的同时，教育、人才和科技领域的迅速发展，将会为中国带来新的附加值更高的红利形式，即人力资源红利、科技创新红利等。

首先，随着教育的发展和平均受教育年限的提高，中国人力资源总量占世界的比重将持续上升。

其次，根据数据统计显示，劳动年龄人口与非劳动年龄人口的比率将在近年达到峰值，此后出现下降。但是，就业人口与非就业人口的比值却不会下降，而会继续上升。这其中一个重要原因是政府放宽了对退休年龄的限制。过去中国推行的退休年龄制度为女性 50 岁，女干部 55 岁，男性 60 岁，实际退休年龄还要更低。而这些年中国人口平均预期寿命已经大幅度提升，他们仍可以继续在岗位上工作，为社会创造财富。因此，政府鼓励人们适当延长退休年龄，如果从事私人企业生产，就没有退休年龄限制；对于大学教授等有知识才干的人，也可以延长退休年龄。就业人口占总人口比率提高，将在一定程度上抵消人口老龄化的负面影响。

同时，城镇就业和非农业就业比重持续上升，将形成新的转移就业红利。2009 年中国农村就业人员约为 4.7 亿人，随着他们从低劳动生产率部门转移到高劳动生产率部门，转移后的劳动生产率将提高 2 倍至 5 倍，将极大地促进生产力的发展和经济的增长。

岚涛：那么您是否注意到当前社会贫富差距日益拉大，地区发展不平衡这一问题呢？您认为到 2030 年，这一现象会发生变化吗？穷人会仍然很穷吗？

胡鞍钢：对于这一问题，我们的研究是基于 1980—2010 年 31 个地区人均 GDP 不变价格来进行计算的。我们发现，各省（市、区）人均

GDP 相对差异系数从 80 年代的 0.9 下降至 90 年代初的 0.6。此后又开始逐渐上升，直至 2004 年重新开始下降。根据我们的预测，地区间人均 GDP 的相对差异系数将继续下降。在 2020 年下降至 0.4，在 2030 年下降至 0.37。到 2030 年，中国人均 GDP 地区差距大体与美国在 2000 年时的地区差距接近。而如果我们根据其他指标如教育、医疗、人类发展指数（HDI）等进行计算，这一系数还将进一步缩小。

中国作为一个大国，三十几个省市区就如同三十几个国家一般，广东目前的总人口已经超过了一个亿，称得上是世界上第十二大“人口大国”了。所以中国的情况是十分复杂的，地区间的差距要逐步地缩小。

岚涛：那么，中国的中产阶级大概有多少人呢？

胡鞍钢：这得看你如何定义“中产阶级”这一概念。

岚涛：一些人认为，如果你从事教师、医生或者工程师这些职业，你就是中产阶级。

胡鞍钢：不，这样的定义是错误的。对于“中产阶级”的定义不应该基于你从事何种职业。根据亚行报告，日均消费 2 美元以上就可以被称作中产阶级。这个是根据购买力平价现价法计算的，排除了汇率波动等造成的影响。

岚涛：您认为这个定义是合理的吗？日均消费 2 美元真的可以称作是中产阶级吗？

胡鞍钢：实际上，我并不想去界定“中产阶级”的概念。这是一个非常模糊的概念，不同的国家对此有不同的标准，中国不同地域之间的物价水平也不一样。所以你很难用数字去界定这样一个概念。

根据我们的计算，无论是采取市场汇率法，世界银行的购买力平价现价法，还是基于麦迪逊的购买力平价的不变价法，到 2030 年，中国人均 GDP 相当于美国的一半左右，这意味着中国进入高收入阶段。

岚涛：我阅读了一些资料，您预计到 2030 年中国的人均 GDP 将达到 3 万多美元，是这样吗？

胡鞍钢：按现价计算，到 2030 年我国人均 GDP 将达到 4 万多美元，进入发达国家行列，大大超出了邓小平定下的本世纪中叶所要达到的目标。邓小平当时的设想是：到 21 世纪中叶，达到人均 4 000 美元，进入中等发达国家行列。所以说，我们一般不用绝对值，而采用相对值。将美国设定为 100，我们通过计算中国相对美国的追赶系数来衡量中美之间的差距。也就是说，到 2030 年，中国人均 GDP 相对美国的追赶系数在 55 左右。考虑到人民币升值等实际情况，通过以上三种方法得出的结论都是趋向于一致的。

岚涛：所以人民币升值对于中国的消费者而言是好消息，对吗？这意味着同样多的钱他们可以买到更多的商品？

胡鞍钢：中国很有可能在 2012 年或 2013 年就取代美国，成为世界第一大进口国。保守估计，2011—2014 年，中国累计进口额将达到 10 万亿美元以上。仅就今年而言，进口额就较去年增长了约 25%，今后几年也将保持 15% 以上的增长率。这些均反映出今后中国进口规模迅速扩大，对全球市场的贡献也越来越大，将为全球创造巨大规模的市场需求与就业需求。这表明，中国迅速由“世界工厂”转向“世界市场”，由“中国出口”转向“中国购买”。

同时，今年也是非常有代表性意义的一年，中国的制造业工业产值超过美国，打破了美国已经长达 120 年时间的领先地位。目前，中国制造业工业总产值约占世界总量的五分之一。在一些领域，如手机制造，中国的生产量已经占到了 70% 以上。

岚涛：这真是里程碑式的进步。但是随着你们进口越来越多的产品，中国本土企业也就需要积极创新，提高产品的科技含量。那些科技含量较低的企业将被迫转移到其他地方。

胡鞍钢：一方面，随着中国经济的发展，世界 500 强企业中已经有超过 480 家企业在中国设立了分公司或代表处，积极开拓中国市场。另一方面，中国自身拥有超过 1 400 万家本土企业。随着中国进一步地对外开放，市场竞争也会越来越激烈。每一天都会有一些企业倒闭，被淘汰，但是每一天也有一些新的企业注册、诞生。我认为企业的出生率是大大高于其死亡率的。没有任何一个国家，包括美国在内，拥有像中国这样多的本土企业。这也反映出，中国如此激烈的市场竞争环境迫使企业必须进行创新。

岚涛：所以到 2030 年，中国会有超过 1 亿家本土企业？

胡鞍钢：我想，没有人能够准确地预测这一数字。这也是为什么中国的经济管理学院那么火爆，即使 MBA、EMPA 等课程的价格高昂，依然有很多人愿意出钱、花时间去读。企业的管理者们都希望更多地了解这个竞争市场、了解他们的竞争对手。

岚涛：在中国经济发展的过程中，您是否觉得存在一些政治方面的阻碍呢？比如腐败？

胡鞍钢：我的另外一本书《人间正道》对这个问题进行了讨论。

20世纪80年代的时候，邓小平曾经提出一个理想的政治体制的三个标准。第一是中国是否成功追赶发达国家。这是为什么在我的书中计算了中国相对美国的追赶系数，从这些系数中，我们可以看出，中国的追赶是十分成功的。

第二是中国是否创造出更高效、更民主的决策机制。我的书对这一问题也作出了回答。3年前始于美国的全球性金融危机，欧洲、日本、美国都受到了重创，中国却在应对金融危机的过程中取得了很大的成功。同样的世界大考试，G20国家却有不同的表现。以GDP为例，2009年中国GDP增长率为9.3%，美国等其他西方国家却是负增长。在应对危机的过程中，中国体现出十分高效的国家决策能力，中国不是危机发生国，而是危机影响国，还赶在美国之前出台政策，作出了适应性的调整，从而带动了全球的投资新政。

第三是中国是否培养更多更优秀的人才。根据我们的报告，到2030年，接受过高等教育的人口将达到3亿人，各类专业技术人员达到1.2亿人，研究与试验发展折合全时人员达到400万人年，科学家和工程师达到350万人年。中国研发人员占世界总量比重将达到35%，相当于美国、欧盟和日本的总和。

中国取得的这些发展都很好地印证了邓小平30多年前（1980年）所提出的三大标准。所以即便我们现在仍存在许多的问题，我们对于自身的政治体制仍然是充满信心的。我们将通过渐进式的政治体制改革不断优化，吸取前苏联和其他东欧国家的经验教训。所以我相信，中国不仅仅是在过去30年保持了经济的快速增长，在未来的10年、20年甚至30年也仍将如此。根据我们的预测，以1978年为基数，按不变价格计算中国GDP，到2030年相当于1978年的87.4倍，人均GDP相当于65.2倍。我相信没有任何一个国家可以在短短52年（1978—2030年）的时间里做到这一点。

岚涛：那么，您认为有什么问题会阻碍中国的发展吗？

胡鞍钢：我们当然有很多问题，但是办法总比困难多；机遇与挑战并存，但是机遇总比挑战多。仅以这次全球金融危机为例，中国与美国之间的GDP差距（汇率法）迅速缩小，由2006年的4.94倍缩小至2009年的2.95倍；中国与日本之间的GDP差距也迅速缩小，由2006年的1.6倍缩小至2008年的1.1倍，2009年中国实际上已经超过了日本。若按照购买力平价方法计算，根据麦迪逊提供的最新数据，2008年美国的GDP仅比中国高出6.5%，由于美国经济增长率2009年为-2.6%,2010年为2.9%，而中国均超过9%，再考虑到使用购买力平价方法的时候，增长率按照7.7%的方法计算，那么2009年中国GDP已经超过了美国。所以全球金融危机对于中国来说既是危机，同时也是机遇。我们甚至可以说，中国的发展需要更多的危机、更多的挑战。

你作为驻华大使，要向本国政府传递上述专业的信息，而不是那些非专业的新闻。

2030年的绿色中国[1]

(*2011*年*9*月*23*日)

安西娅：胡教授您好，很高兴能有这样的机会和您交流。今天您发布了您的新书《2030中国：迈向共同富裕》[2]，阐述了您对于2030年中国发展情况的看法和理解。我们对于其中有关气候变化和可持续发展的方面很感兴趣，希望借这个机会与您探讨一下，您认为2030年中国在可持续发展建设方面将达到什么样的程度？

胡鞍钢：我也很高兴有机会和你们见面并探讨这一主题。在这本书中，我提到2030年的中国，在迈向共同富裕的同时，也在向着理想中国传统文化中的“大同世界”乃至“世界大同”稳步前进。在这样一个社会中，不仅有和平、富裕、和谐等一些传统文化中的美好愿景，也包括一些现代社会的热点，其中便有绿色发展和气候变化这一主题。

我在这本书中也特别提到了“绿色中国”这一主题，并且把它作为单独一章进行研究，足以见得我们对于绿色发展的重视。而绿色发展分为几个重要方面：

第一个方面是森林资源。中国在过去的二十年中迅速从一个森林

---

1 本文系胡鞍钢教授2011年9月23日会见澳大利亚能源与气候部气候战略首席顾问（Chief Adviser）安西娅·哈里斯（Anthea Harris）和战略和市场局局长理查德·费伦梯（Richard de Ferranti）的访谈记录稿，马英钧同学协助翻译整理，作者又作了修改。

2 清华大学国情研究中心，胡鞍钢、鄢一龙、魏星执笔：《2030中国：迈向共同富裕》，中国人民大学出版社2011年版。

"赤字"国家转变为一个森林"盈余"国家。我拥有1948年至2030年的相关数据，从森林面积、覆盖率、森林蓄积量以及二氧化碳吸收能力等方面都可以证明中国的森林事业正在快速发展。过去十年我一直在给国家林业局提供政策建议和评估报告，我将当前中国绿色发展"新政"归结为两个阶段。第一个阶段是从1998年开始，由时任总理朱镕基同志负责并发动；而另一阶段则从2008年开始，当时中国正在应对世界金融危机，由温家宝总理负责，都取得了很好的效果。

第二个方面是水利建设和水资源。中国的水资源消耗量一直在增长，但在过去十年，尤其在农业用水方面已经达到了顶峰并开始回落。占总用水量的比例也由最初的90%下降到现在的60%左右。所以在未来，我们有理由期待中国的用水总量在绝对数值上出现下降。因此通过水资源高效集约利用，尤其是对于城市工业用水的控制，我们可以提前实现经济增长和水资源消耗的脱钩。

第三个方面是空气质量。国家在"十一五"期间已经明确提出，空气污染物绝对量至少应该有8%—10%的减少。我认为未来的20年中，主要空气污染物（硫化物、化学耗氧量等）指标在绝对数值上会出现明显下降。同样出现和水资源部分类似的脱钩。

第四个方面是生态安全。基于国家发改委去年的《全国主体功能区规划》，其中非常重要的亮点就是生态安全问题。中国"两屏三带"的生态安全战略格局构建便是最有力的佐证。中国正在积极保持并扩大提供生态资产、生态服务和生态安全的绿色空间，包括林地、草地、河流湖泊和湿地的保有量和总面积都要有所增加。这反映了中国已经从以高昂生态代价换取经济发展的模式中走出来，而采取了更加可持续、更加绿色的发展模式。

安西娅：您刚才提到了中国有很多的保护生态环境的建设项目（指“两屏三带”——译者注），那么它们主要是以国家公园的形式存在和运行吗?

胡鞍钢：并不是这样，事实上中国的国家公园大约只占国土面积总量的4%，但自然保护区却占到生态资源总量的大约14%，如果将森林和草地也算在内，总量可能会达到40%左右。但自然保护区并不以经济营利为主要目的，它们的核心任务是保护当地的生态环境。这和国家公园的情况有所不同。生态区的建设也有助于我们更好地发展生态友好型社会。占全国3%国土的城市化工业化区域创造了大约90%的GDP和税收。因此发展好生态环境，可以有助于人与自然和谐相处，构建科学的国土空间格局。

我们继续刚才的问题，我认为第五个方面是绿色能源的开发利用。以购买力平价计算，中国能源利用效率不断提高，大大快于世界平均水平。自2000年起，中国的单位GDP能耗已经与美国趋同。中国迅速地完成了能源粗放利用到集约利用的转变。未来20年，中国有望继续保持能源消费的低增长，单位GDP能耗将长期低于美国，而能源利用效率将领先于美国。同时我认为2030年中国将成为世界上最大的绿色能源投资国，去年中国在这方面的投入已经超过美国，今年有可能达到美国的两倍，同时中国也会成为最大的绿色能源生产国、消费国、出口国以及相关设备的生产国和出口国。

第六个方面是如何应对气候变化。我的观点是中国一旦达到碳排放的峰值——我认为中国会在“十一五”到“十四五”这二十年中碳排放不断增加，在2020年，最迟不超过2025年左右达到碳排放峰值——这同时要取决于中央政府和地方政府的沟通和合作。这一点已经在之前的

"十一五"的研究中得到证实。比如在经济增长指标这一方面，中央政府设定了年均7.5%的目标，但绝大多数省份是增长超过了这一中央目标。而在节能减排方面中央提出要削减20%，实际上有很多省低于这个数值，据统计，"十一五"期间完成节能减排任务的省份有28个。所以我相信（今后）也会一样。因此得出了大约需要四个五年计划（从"十一五"至"十四五"）中国达到其碳排放的顶峰。如果我们采用平价购买力指数进行计算，到2030年，中国将实现碳排放绝对数值的减少。这无疑是一个好消息。

但问题的核心仍在于中国何时能够尽快达到碳排放峰值。在这里我提出中国需要从黑色现代化转变为绿色现代化，即实现从世界最大"黑猫"到世界最大"绿猫"的转变。在这本书里，我借用了邓小平同志的"三步走"来描述中国的绿色现代化过程。第一步从2006年到2020年，这一阶段主要任务是减少二氧化碳排放，同时要使经济年均增长率保持在7%—8%左右。这一点也很重要，很多分析都显示，一旦中国的年均经济增长率达到两位数，中国的能源消耗会显著增加，因此二氧化碳排放量也会增加。第二步从2020年到2030年，这一阶段则以大幅度减排为主。如果政策得当，我个人希望，到2030年，中国的碳排放可以达到2005年的水平。第三步从2030年到2050年，中国的二氧化碳排放量继续下降，达到1990年水平的一半。

在接下来的五年时间，中国的产业结构比重将发生重大变化，中国将从一个工业主导的国家转变为一个服务业主导的国家。我们可以好好利用这一机会减少工业占GDP的比重。我们以北京为例，上世纪90年代中期，北京仍是一个典型的工业城市，制造业占经济的比重很高。但现在，服务业占到北京经济总量的75%，这一比例已经和纽约、东京等世界大城市一致。而上海这一比例也占到了56%。因此如何增加服务业占经济总量的比重这一问题是接下来一段时间的研究重点。而服务业也会增加大量的就业岗位。同样以北京为例，2003年到2009年，北京净增加的就业岗位大约在500万。因此服务业也是一个劳动密集型和就业密集型产业。

安西娅：您提到了就业问题，在澳大利亚，尽管工业比重没有像中国这么大，但人们在工厂，特别是规模较大的工厂关停时，仍会产生对于就业的忧虑。虽然长期以来我们的工业比重逐渐减少，但是因此失业率也有一定的上升，我想请问在中国这一关系是否也十分敏感，处在制造业的工人，是否会相信服务业比重的增加会带来新的就业机会呢？

胡鞍钢：我想通过一个横向的比较来回答这个问题。我们来看三个城市，北京、上海和天津。北京相比于其他两座城市，无论在能源使用率、碳排放强度还是就业率上都更具有效率。自从2002年，我便开始建议中国政府采取新措施从可持续发展转变为绿色发展。而在“十二五”规划中，绿色发展已经被明确提出。我认为，绿色经济、绿色能源、绿色发展和绿色工业应该成为中国政府参与“绿色工业革命”的几个主要着力点。我认为这是继蒸汽机革命、电气革命和信息革命之后的第四次工业革命。而这一点也得到了中国政府的认同。

安西娅：您认为中国工业在2030年占全国经济的比重将达到多少呢？

胡鞍钢：根据我们的研究资料，我预计2030年中国的工业比重将占GDP总量的三分之一；工业就业人口将在2030年占总就业人口的31%

左右；而知识密集型产业和高技术产业占GDP的比重将能够达到35%左右。中国政府采取了非常明确的政策来进行产业结构调整。我们也认为这些政策会起到相应的作用。最近，中国政府发布了七个“战略新兴产业”。预计到2020年，这七大产业将占到经济总量的15%左右，形成四个支柱产业（节能环保、新一代信息技术、生物医药产业以及高端装备制造业）和三个先导产业（新能源、新材料和新能源汽车）。我将这称为“绿色大跃进”。当然我希望结果和之前的完全不一样。（笑）在这里我只是提供一些背景情况。这反映了中国如何在世界的绿色工业革命中扮演好自己的角色，同时扮演好一个领导者的角色。中国政府对此也表现出很强的政治意愿，李克强副总理直接分管这七大战略产业，也反映了中央对于它们的重视。

安西娅：对于贵国政府在绿色发展方面的决心和政策，我们由衷地感到高兴，这对于澳大利亚来说也十分重要，而且碳排放指标也是在所有关于气候变化模型中最核心的一项数据。我们很高兴看到中国能在2020年到2025年左右达到碳排放峰值。但是一些澳大利亚的研究模型则显示中国的碳排放（在2025年之后）还将继续增长。当然他们没有像您一样细致分析了中国政府本身的意愿。但是我们也都知道，仅有美好的意愿，正如我们的政府有时提出的那样，往往是不够的。你认为中国政府会采取哪些具体的措施，在这么短的时间内来完成它所设立的各项目标，如碳排放、产业结构调整等方面的政策预期呢？

胡鞍钢：我认为政府的政策思路是很清晰的。第一个便是政府将“十二五”规划的经济增长预期下调到7%左右，而不是盲目追求高速增长，这一点非常重要。它奠定了一个适度增长的基调。第二个是提升服务业占 GDP 的比重至少 4 个百分点。两年前在我对“十二五”规划的政策建议时仅有 3 个百分点，而如今调整为 4 个百分点，这反映了政府不仅希望通过大力发展服务业来减少能源消耗和碳排放，也体现了增加就业的要求。第三个是提升可再生能源的使用率，从目前的 11% 到达 2015 年的 14% 和 2020 年的 20%。但是我们的政策目标则是在 2020 年达到 15%。我认为（将 2020 年认为能达到 20%——译者注）原因在于欧盟在 2020 年要达到两个“百分之二十”，一个是 20% 的可再生能源使用率，另一个则是 20% 的碳排放量减少。而中国需要追赶世界先进水平，比如欧盟。如果中国政府具有强烈的意愿，那么落实效果一般都会很好。第三个则是政府建立起一套完整的统计数据体系。不仅是能源消耗，碳排放量等数据也应该包括在内；不仅以年鉴形式发布，还要以半年甚至季度为周期发布相关数据。从“十一五”中我们发现，很多指标被称为“合同指标”，即中央政府和地方政府在政策落实方面达成“合同”，这样的行政效率很高。同时政府下决心关闭了一大批高污染的工业和过剩产能。因此我认为中国在这方面不是用一只手，而是用两只手在抓，即政府的手和市场的手。而现在，这种“政策合同”被更广泛地应用于节能减排方面。自从 2006 年开始，这种模式便有了大幅度的增长，我们有充分的数据资料支持，例如在这个五年计划中，清华大学自己也必须减少一半的能源消耗量。而减排的过程则基于市场机制这一只手，绝大多数合同是同企业签订的，也包括外国在华企业、合资企业等。而另一只手，就是政府方面，所有的公共机构（医院、大学等）都必须减少 20% 至 30% 的能源消耗。现在国家也对新建建筑以及旧建筑翻新的能源消耗有了严格的规定。因此我认为中国政府在应对能耗问题时不仅是有一种武器，而是十八般兵器俱全，甚至包括“核武器”（核电）（笑）。这也反映了中国在节能减排方面的决心。

安西娅：您认为什么因素最有可能导致这些目标最终无法实现，或者说您认为什么因素是对于达到这些减排目标最大的威胁?

胡鞍钢：由于“十五”计划中减排目标没有达到，导致国务院下定决心坚决地调整中国经济发展的模式。这也成了贯彻后续政策的一个突破口。我们也能利用一些指数来测量不同地区、不同部门、不同产业的减排情况。今天上午我刚刚读到我同事的一篇报告，这篇报告不仅从全国角度，也从不同产业、不同地区等多个角度分析总结，最终评估出我们“十一五”计划中的目标是成功实现了。即使有很多问题，但是我们一直说办法总比困难多。五年前没有任何人会相信中国能够实现这些目标。2006 年温家宝总理公开明确提出，如果（减排）目标没有实现，那么他就要首先负责任。但现实是我们成功达到了目标。而且中国正在建立一整套制度体系以巩固现阶段取得的成果，其中便包括“十二五”期间我们要建立碳排放交易机制。这一切都是很迅速的。因此中国一直在使用政府和市场两只手来达到政策目标。

同时对于中国来讲，能够吸收和借鉴国际先进的、能源节约的技术、设备和体系也十分重要。中国在结合这些国际经验的同时也做到了将它们本土化以适应国内需求。比如以华锐公司为例，它成立于 2006 年，主要生产风电设备等服务，但在 2008 年，仅仅过去两年时间，它已经是全球第七大相关产品供应商。2009 年则跃居第三，2010 年成为第二，而今年他们则计划成为全球最大的供应商。因此我们有理由相信，中国很快会成为一个新能源技术和装备的出口国，而中国相对较低的制造成本将有力地支持这一发展。我目前直接给北京市政府的“绿色北京”提供政策建议。其中一项是控制北京市的总体能源消耗，而另一项则延续自 2008 年奥运会以来的绿色北京行动。从 2010 年至 2012 年，我们利用 16 个量化指标，并设立了预期政策目标，例如每日公共交通使用率，能够从 25% 达到 45%，但去年这一数字已经超过 50%，这与市政府对于公共交通系统大力的补贴是分不开的。

中国不仅从国家角度，更从地方层面上鼓励绿色创新。绿色中国正在迅速从口号变为现实。去年我前往北大荒调研，和当地负责同志谈及要把北大荒建设成绿色北大荒。北大荒是全世界最大的国有农场，农业是它一张最显著的名片。而我提了三点，第一是绿色农业，第二是绿色食品工业，第三是绿色小城镇。而今年我再前往北大荒，发现所有人都在谈论绿色建设。这让我非常吃惊，去年我仅仅在北大荒待了一周时间，和当地官员的座谈也非常简短。他们问到我究竟什么是绿色时，我说这并没有标准答案，你们应该根据自己的情况创新。然而今年北大荒的一切让我难以相信。这便是一个典型的中国模式。

北京也类似，自从 2001 年北京取得奥运会主办权之后，北京便提出要建设三个奥运，其中一个便是“绿色奥运”。在奥运会结束之后，“绿色奥运”变为“绿色北京”。绿色概念从奥运村扩大到全北京市。如果你现在到北京的乡村，你可以看到村级公路上拥有太阳能路灯，这同样令人非常吃惊。

安西娅：这一切的确非常令人鼓舞，我们（澳大利亚）和中国相比只有十七般兵器，“核武器”不在我们的武备库里，（笑）当然我们的政府也意识到新能源和减排的重要性。政府已经坚持了数十年（在节能减排上），并且认为我们的比较优势正应该建立在此基础上。上一个月政府提出了一揽子政策计划，称之为“清洁能源的未来”。但是澳大利亚和中国的一个核心区别在于澳大利亚推进这些节能减排政策目标的工具主要是利用市场机制和供求关系等。政府监管当然会有，但相对比较次要，请问您对于这一不同的看法。

胡鞍钢：你这个问题问得非常好，但还如我说的那样，“两只手总比一只手好”。我认为，在环境保护、减少温室气体排放方面，政府应该是第一只手，之后才是市场机制之手的跟进，因此我们的五年计划才很重要。“十一五”规划中已经明确提出了节约能源目标，而“十二五”规划更进一步，不仅设立节能要求，增加减少排放的目标，还包括一系列的机制建立。

我也在思考在未来五年中，中国还将如何建立跟进的制度机制，以达到设立的政策预期目标。我自己也参与了由环保部牵头组织的很多讨论。如你所知，中国的节能减排涉及很多个部门，如何使这些不同的部门合作也是讨论的问题之一。我们为“十二五”规划设计了 24 个量化衡量指标，其中三分之一属于绿色发展方面的指标。而这八个指标分别由八个不同的部委来负责落实，例如节能和减排工作是由国家发改委负责，节约用水由水利部负责等。而另一方面则由中央和地方省级政府达成一致，这主要是节能减排方面的。我们在省级政府建立了一套相应的问责制度。各省的省长负首要责任，而分管副省长负第二责任，发改委主任则负第三责任，逐级类推。而且要做到信息的迅速发布，每年、每半年乃至每季度都要发布相关数据，以监督、促进和落实。这一点非常明确。我认为重要的不仅仅是设立目标，更重要的是建立一套完整的制度机制加以保证。

我对于中国绿色发展的总结是：第一，政府有着强烈的政治意愿实现绿色发展。第二，国务院启动各种特别项目以推进发展。第三，中央和地方达成一致，共同推进这一目标的实现。同时我们建立了统计信息直报系统，第一手的资料会直接汇报到国家级别的机构里进行汇总。这些变化仅仅在几年之内就完成了。快捷的信息网络建立使得信息更加透明和准确。我们从“十一五”规划中学到了很多，比如去年，半年报告显示，有近20个省没有达到他们预期的目标，因此国务院迅速召开了会议，召集各省省长商讨对策。最后导致了很多省份采用强制办法达到节能目标，这也遭到了很多批评。因此我们在新的“十二五”规划当中，加入了每半年每季度报告的制度，以避免上一个五年计划中出现的临近计划到期才发现问题，然后匆忙补救造成的不良后果。因此我认为实践是检验这十八般武器的最好方法。而中国政府迅速的应对能力和强大的执行力也让我对中国的绿色发展充满了信心。

2030年中国与世界：共同富裕与大同世界[1]

（*2011*年*10*月*13*日）

雷默：首先要祝贺您出版新书《2030中国》[2]，我昨天读完了该书的英文稿，我也有很多想法，第一个就是虽然我们有非常美好的设想，而从全世界来讲，经济和政治的进程和结果显得越来越可怕，所以我们应该考虑怎么办呢？

胡鞍钢：好，如果可能的话，你可以对我们那本书作一点评论的东西。

雷默：当然可以。

胡鞍钢：我是首次用南北国家这一概念，进行历史的、现实的、未来的世界分析。虽然我们当前是说讨论到2030年，这也是首次，今后我们还要做到2040年和2050年，然后过10年我们再往后推。因为你如果看清了这个南北变化，也就更有助于我们去理解中国，反过头来也就更有助于要求中国作出更多的贡献。我觉得这本书，凝聚了我们最重要的一些观点，此外我认为，我们在这里有两个关键词，一个就是共同富裕，这对中国社会是非常重要的，而且世界银行马上也要出这个报告，它是关注中国如何迈向高收入国家，我认为中国成为高收入国家没有什

1 本文系胡鞍钢教授2011年10月13日与美国著名中国问题专家、“北京共识”提出者乔舒亚·库珀·雷默（Joshua Cooper Ramo）的座谈记录稿，马英钧同学录音整理，作者作了修改。

2 清华大学国情研究中心，胡鞍钢、鄢一龙、魏星执笔：《2030中国：迈向共同富裕》，中国人民大学出版社2011年版。

么太大的问题，关键是能不能实现共同富裕。第二个就是大同世界，我们由于作了这个南北国家的讨论，最后我们认为中国和世界最终还是要走向大同世界。

雷默：您在这里说的大同社会，包括大同世界，基本上是什么意思？因为从我的理解来看，大同就是代表中国传统文化，但是对我们西方人来说，大同社会这个概念还是有点模糊。

胡鞍钢：这就需要靠你来帮我翻译了（笑），它不光是英文的改写，而是要能够把我们的想法说明得比较清楚和准确。

我在这本书的最后这一章讲的这个共同富裕社会，就是共同强大、共同创新，然后共同富裕，共同建设美好的家园，就是建设绿色中国，基本上是这个含义。这个对中国而言应该是比较清楚的，这也是继我《中国2020：一个新型超级大国》那本英文书，又往前的进一步拓展。

那么，大同世界是什么意思？在这里面我们强调了走向大同世界有四个重要趋势，而不是中国要独自成为大同世界。第一个是大发展，主要是南方国家大发展。第二个是南北国家大趋同，叫从大趋异变成大趋同，在我们这本书作了详细的讨论。我觉得这是一个非常重要的创新，也就是说过去两个世纪南北国家是大趋异，在21世纪开始趋同，而中国对此作出了重要的贡献。第三个是大逆转，就是南北的格局逆转，这一点书中说得很清楚，南北经济比重从五五开到七三开，贸易结构从六四开变成七三开，这就势必使世界更加均衡、更加平等。最后一个是大变革，就是包括经济变革等各方面的变革。我们说这个大同世界，最终表述了中国与世界各国同舟共济、同呼吸共命运，是一个共同体的核心思想，提到了“中国贡献论”，即表明在21世纪，中国应当对人类、对实现大同世界作出较大贡献的态度。

雷默：那您认为美国能在这方面作什么贡献呢？

胡鞍钢：我想美国当然是有贡献的了，现在的问题只不过是美国还能不能再继续作出更大的贡献，譬如像创新的贡献，应对气候变化的贡献，对全球经济、贸易的贡献。所以我觉得，大同世界我不能说是“北京共识”，但至少是我们中国学者的一个看法。这是我们的创新点，共同富裕对中国人而言，这是等于重申了邓小平的战略设想，而且是阐述怎么体现这个设想。大同世界是我们在考虑了中国的实际情况、分析了南北这个趋势之后，得出的一个新结论。

雷默：您指大同世界是全世界的发展趋势。

胡鞍钢：对，这是一个趋势。我没说中国要改造世界，但是它是一个世界大趋势。我天天看新闻，但是从新闻中看不出这个世界趋势，我们是通过分析历史的趋势再来看新闻，这就出现了所谓的2008年的金融危机。那么也就是说从G7到G8，再到G20，都是在2008年出现金融危机，这是有新闻报道的。但是真正的趋势是由于世界大势所致，这就是我这几个结论所阐述的。

雷默：我很好奇您说的那个大同世界怎么管理？

胡鞍钢：我认为管理的话，确实存在问题，而这本书的最后的一个结论就是大变革。

雷默：对，大变革是什么意思？

胡鞍钢：这个大变革的含义，我更多的是说几个方面的变革，首先是发展方式的变革，其次是经济结构，包括就业结构、能源结构的这些大变革。

雷默：还是用市场经济。

胡鞍钢：那当然，大变革也包括全球的绿色工业革命，绿色能源革命，全球治理机制的变革，那么也就是要使南方国家成为主角，发挥更大的积极的作用，这样世界各国才能均衡发展，就更加公正、更加合理。

从中国的角度来看，这是我们的一个很重要的观点，就是要积极推动更加公平、更加公正的国际经济秩序、政治秩序，要在推动保护地球环境，应对全球气候变化，也包括绿色工业革命中作出重要的贡献。我在这里引用了毛泽东的一段话，那是1935年10月，他刚刚抵达陕北革命根据地时，当时也是中国革命战争最困难的时期，还是第二次世界大战爆发之前的时期，他有一个诗句，叫“太平世界，环球同此凉热”。这也就是说他所向往的这个世界是“太平世界”，而这个太平世界，是“环球同此凉热”。就是指全球化，也就是我们可以共同生存、共同发展、共命运这么一个概念。

我们在这里（指《2030中国》一书）就提出来，追求大同世界的基本共识，有三个要点：第一，共同利益、共同命运；第二，共同挑战、共同合作；第三，共同繁荣、共同富裕。可能美国的学者会有不同的观点。但是我们中国学者的共识是这样的，如果是这样的话，其实我对21世纪的发展趋势更加乐观，要远比对20世纪的下半叶，更比对20世纪的上半叶乐观，因为20世纪的上半叶发生了两场世界大战，一场经济大危机，20世纪下半叶伊始，经历了黄金时代，紧接着就是所谓的我们说的石油危机，多次的石油危机，包括冷战危机，冷战解体之后，世界就开始朝着比较好的方向发展，从而也引发了中国、印度等国家的兴起，也为21世纪大变革、大发展、大逆转、大趋同奠定了更多的有利条件。因此我们在此书中预言，从1990年到2030年是世界的第三次发展的黄金时期，之前的两次分别是：1870年到1913年的43年时间，1950年到1973年的23年时间。中国学者看到了世界的这个大趋势，我们就是要顺历史之潮流，因为顺则兴，逆则亡，就是这么一个情况。这是我们的中国观，即共同富裕；我们的世界观，即大同世界。

雷默：那您怎么看我们现在的危机？

胡鞍钢：我觉得这都是历史长河中的曲折而已。

雷默：那么，怎么办？

胡鞍钢：1929年的资本主义大危机，导致全球危机，后来有所谓的新政来拯救这个危机，加上第二次世界大战又刺激了需求，才迎来了特别短暂的战后的黄金时期。但是那个时候，这个黄金时期的发动者、分享者、推动者，占人类总人口不到20%，这一次不一样了，这一次我可以说，70%甚至80%的人口会参与进来。因此你看，这一次危机，为什么经济这么快地从全球负增长变成正增长，即便还会出现问题，全球经济增长也会在3%以上，就是因为中国、印度这些南方国家融入到了全世界。我用一句话来概括，正是中国和印度挽救了资本主义国家，南方国家挽救了北方国家。因为无论从经济总量还是从贸易总量来看，现在已经和那个之前格局完全不一样了，和 1929 年的更是不一样，和 1950 年的也是不一样。我还是比较主张经济决定论。

雷默：这点我很同意。

胡鞍钢：因为经济这种潮流比人们想象的要快，谁会想到俄罗斯和我们的贸易量这么大，而且俄罗斯从 600 多亿美元现在达到 800 多亿美元，弄不好就达到 900 亿美元，很快将达到 1 000 亿美元，2020 年会达到 2 000 亿美元，这些都显示着中国推动的世界潮流无所不在。如果要是完全没有中国的大发展，或者说南方国家的大发展，这次资本主义金融危机就要持续很长时间，你是不是这么看？其实从 2008 年起，我就已经这么判断，这一场危机绝对不同于 1929 年大危机，他们（西方学者）都说这一次是 1929 年的危机重演，但是他们忘记了世界发展主体已经发生了很大变化，现在正是验证了我那个时候的看法。

雷默：所以您觉得金融危机就是一个发达国家的危机。

胡鞍钢：金融危机可以说是北方国家的发展模式的危机。

雷默：对，当然是这样。

胡鞍钢：它表面看起来是金融危机。我认为资本主义要优于前资本主义，这是我的看法，但是它避免不了危机，它本身就会制造危机，这就是说既包括 1929 年的危机，还包括之前的危机，以及 2008 年这样的危机。危机涉及宏观调控等各方面，但是本质上是两个世纪以来的资本主义危机。那么这就马上提出一个命题，就是南方国家以后的发展，是不是要按照资本主义和北方国家的模式，如果南方国家全盘照搬的话，不仅会引发金融危机、经济危机、货币危机、债务危机等，还会引发更大的危机即生态危机。因此，从我们的角度来看，确实中国在创造新的发展模式。

我们今天上午还在讨论，资本主义的发展模式基本上是“黑猫模式”：高的消耗、高的排放、高的污染，以换取经济增长。导致我们只能“事后诸葛亮”，说200年之后我们才发现碳排放导致气候异常变化，这是因为所谓的知识和信息的不对称性、不完全性导致的。那么马上就有一个问题，当中国、印度这么大的人口规模崛起以后，是不是要照抄照搬资本主义模式，重蹈覆辙。这是完全不可能的。由于资本主义国家在危机的过程之中，它也作出了调整，才有了1987年提出的可持续发展，1992年里约热内卢会议的世界共识，即可持续发展，我把它称为资本主义的修正主义，是对原有模式的修正。现在我们提出是绿色发展，它实际上是一个创新的模式，就是要使得南方国家的发展，要从根本上不同于北方国家。

雷默：但是现在有人说资本主义，无论是在美国或者是在其他发达国家，最大的问题就是价值观的问题，不是经济的问题。

胡鞍钢：所以说，中国不但要追赶美国，而且最终还要超越美国，不只是在于GDP，更是在于它的发展模式。因此，我觉得讨论“北京共识”，本质上就是中国必须要找到一条新的道路，不是要拷贝美国的道路，而是要超越美国这条道路，而且要创造出一条新的道路。这条道路尽管我们还不清楚是怎样的，但是我们已经清楚的是，我们一定要走出自己的道路。

雷默：当然，这是我们现在要研究的，那现在您怎么看？

胡鞍钢：我在这部书的后面有一个结论，也是在书中最后的结论，美国建国200多年来，能够做到的，中国花几十年或者不足100年的时间能够做到，你有Ipad，我马上也会有Ipad；还有一句话，美国200多年来做不到的，中国今后也能够做到。好了，我给你加一个注，美国这200年来没做到的，尽管它最发达，失业问题、谋杀问题还有医疗保险问题一直都没有很好地解决，对不对，这是美国劳工部的数据，不是我的数据，而中国必须得做到。

我当然得站在邓小平的立场上，那么中国必须做到，这个做到我就称为是共同富裕社会，如果中国做到了，就会为4/5的南方国家指明了方向，这不是我的话，是邓小平的话，这也是为了实现世界几十亿人的大同世界。因此中国不仅是要构建共同富裕社会和新的模式，其实也是为南方国家提供一个成功的经验，也包括失败的教训。

雷默：您的大同世界是比较乐观的？

胡鞍钢：我觉得100年前孙中山就提出来了。

雷默：但还是比较乐观的。

胡鞍钢：但是孙中山的建国方略中所有的都实现了。你要知道1919年他写了一本书，什么样的书，在1919年，而且是用英文写的，最后译成中文。他写建国方略的时候，中国的GDP占世界总量已经降到8.8%这样的比例，而后持续下降，到1950年只有不足5%。但是今天，我们这一比重已经接近18%，因此中国不管是革命家，包括孙中山、毛泽东、邓小平，还是我们这样的学者，都有特别长远的历史的观念，而不在于说我们经历了抗日战争、解放战争，包括 1942 年的大饥荒；也不在于我们有“大跃进”和“文革”等动荡时期，其实这些对于中国历史都是带有曲折性的。因此很多人都说我乐观，其实我想了一想，我们这个乐观程度还远不及孙中山。当然孙中山写那本书的时候，他是周游了世界，他对美国很熟悉，主要是周游了欧洲，然后他就去写这本书，是想吸引更多的外资到中国。你想想，1919 年中国是什么情形，现在的中国是什么情形，也就是说，我对世界的前途是乐观的，我们相信毛泽东的观点。

雷默：是什么观点？

胡鞍钢：他认为，人民、只有人民才是创造世界历史的动力，这个人民不仅是中国人民。

雷默：是全世界的，全世界的人民。

胡鞍钢：提出观点还不只是要有专家计算经济增长模型等，其实最重要的还要有哲学思想。毛泽东的这个观点非常重要，我在书中引用毛泽东的话之后，写道：“既包括中国人民也包括世界人民，他们才是既创造中国的历史，又创造世界历史的真正英雄，这是我们的辩证唯物史观，也是我们看待世界、看待中国的基本立场、基本观点。”这是我的观点，我只能让他们下一代人去检验，2050 年时去检验，我跟学生说得很清楚，胡老师不会活到 2050 年，但是你们可以活到，到时你们再拿这本书看看胡老师当时是怎样说的。

雷默：看看是不是准确。

胡鞍钢：你知道为什么呢，我不仅相信人民，我还相信后代，就是后代人要比我们聪明，后代人要比我们更有能力，后代人比我们更有办法。看看现在的年轻人，他们的经历比我们当时丰富，精力也充沛得多。邓小平早在1978年就提出来这个观点了。我相信邓小平的观点，就是相信后代，因此在我这本书还是刚才那一页就说到，1949年中国人口是5.4亿人，毛泽东敢说我们从此站立起来了；1978年9.6亿人，中国人民一起改革开放；2001年中国人口超过12亿，要一起建设小康社会；2030年中国人口14亿，共同富裕起来了；2050年就是他们那些年轻人的天下，14亿人一起全面现代化起来，那时的中国会多厉害？这是我的一个看法。这是世界的主流，是时代的潮流。

我说句实在话，看了你提出的“北京共识”的时候，我都感到惭愧，应该由我们写出这些东西来，而你却非常有前瞻性。因此我们是后努力，我很快会把这本书（英文版）在今年年底正式出版，现在大部分英文已经翻译差不多了，你有什么建议，给我们评论，替我们介绍，甚至也可以批判我的这个思想。

雷默：对，我非常愿意这么做。您刚才说的是特别乐观，但是我听您说的，因为我相信后代。当然可以相信后代，但是我们今天的政策对今后是有影响的，现在我最怕的是我们的金融和经济的危机，已经成为政治的危机，特别是在西方发达国家。

胡鞍钢：这就不是中国的危机了。

雷默：当然不是你们的危机，但是也影响你们的大同世界概念。

胡鞍钢：那个对于中国的影响都不是决定性的，特别是这次金融危机，你想2009年，全世界经济负增长，美国也负增长，但是中国居然达到近10%的增长。

雷默：但是我们应该认真考虑2008年的金融危机是从哪里来的，基本上是什么原因。

胡鞍钢：直接原因就是美国向全世界出口它自己的危机。

雷默：那么您还是完全相信资本主义自身的危机论？

胡鞍钢：可以这么说，但是我要强调的是资本主义优越于前资本主义，这是我的结论。现在我也没说我们是成熟社会主义，或者说是什么样的主义，但是作为南方国家，我们必须找到一种模式、一种体制、一种道路要优于资本主义，我想不论是毛泽东，还是邓小平，还是现在的胡锦涛，都是在探索过程之中，如果这个模式找到了的话，我们才能够实现所谓的大同世界。什么叫大同世界，人与人和谐，人与自然和谐，国家与国家和谐。

而这些目标是需要具体化的，我想作几个预测：第一，21世纪不会再爆发世界大战。第二，我敢说21世纪不会再发生1929年的大萧条，2008年就是一个最好的例证。第三句话我再敢说，21世纪不会发生冷战，更不会形成冷战体系。因此我觉得毛泽东还是特别伟大的，他就是讲前途是光明的，但是道路是曲折的。你知道吧，在他看来，曲折是支流，前途光明是主流，因此人类总是要追求进步，总是要发展，总是要前进的，这是一个很重要的历史观、世界观。我觉得最重要的就是不要忽视，占世界总人口将近80%或者说超过80%的南方国家的潜力，这是非常重要的。

雷默：恐怕您的想法都是依靠经济的因素，但是政治的影响力越来越大。我这里有一个问题，就是说现在我们全世界的政治经济的概念，都是代表工业化的时代，工业革命，而一个信息化的时代跟工业化的时代，是完全不一样的。

胡鞍钢：我同意，我也是这么看的。

雷默：所以我自己的感觉是，我们以前有的那些概念，自从20世纪末期以后，（我们的发展）都不适合我们现在的每个国家的国情，所以我觉得这是我们下一步比较急需考虑的问题，我同意建立一个大同世界，一个大同社会，是一个很美丽的社会，这是我们的目的，这就是为什么我要问您怎么管理您的大同社会，有什么模式。

胡鞍钢：其实我又回到毛泽东的想法，思想方法，他特别追求一个我们所说的长远的目标，但是同时，他不仅是理想主义者，他也是一个现实主义者，怎么把这两者结合是需要考虑的，如果过于现实主义了，没有理想主义，那么我们往哪去。

雷默：但是您应该知道，我觉得虽然毛主席是很聪明的一个人，不仅说是很聪明，而且他是个天才，但是他的经济分析是依靠马克思主义的。我觉得马克思主义，适合社会工业化的时代，但是您看西方文献分析马克思主义的基本经济的理论，您可以很快认识到，他的想法就不适合现代社会了。

胡鞍钢：我想在某种意义上，无论是对中国的认识，还是对于世界的认识，都不是简单基于耳闻的，而是基于我们现实的情况，以及未来可能的趋势，这也是我们尽可能将这个分析做得非常专业化的原因。但是与此同时，它实际上也有我们将理想主义和现实主义相结合的因素在。

雷默：当然您的了解比我的了解深刻得多。没有革命的话，就没有这样的大同社会，但是一个社会要完成资本的原始累积，这个过程中国怎么完成？

胡鞍钢：从中国的关键词来看，1949 年之前就是革命。谁能革命，谁革了命谁就成功了。1949 年之后，关键词是建设，就是社会主义建设。到了 1978 年之后关键词就变成了改革开放，但是从基本思路来看，其实并没有完全变，它本质上还是希望能够找到一条中国道路，不管是毛、邓、江，还是现在的领导人，以及未来的领导人都是这样希望的。但是这条道路，你看到没有，革命道路不同于苏联，建设道路不同于苏联，好了，后来的改革开放的道路也不同于西方，这是我要回答你的。不管你从什么样的角度去分析“北京共识”，总而言之，中国肯定要走自己的道路。

雷默：对对，这是当然的，但是我还有一个问题，就是说有一些比较基本的政治和社会管理的问题，中国有，我们美国也有，现在我正在考虑的是，怎么解决这些比较极端的政治问题，因为您没有办法解决这些政治的问题，您就没有办法建设这么美丽的经济大同。

胡鞍钢：在我看来，美国宪法已经存在 200 多年了，可以说中国的宪法是新生的宪法，1954 年，当时毛泽东不仅借鉴了美国的宪法，也包括苏联的宪法，还包括什么曹锟的宪法、孙中山的临时宪法等一系列国内外宪法，因此我们的宪法通过是在 1954 年，真正现行的宪法是 1982

年的。反过来我可以不可以这么说，就是美国这个宪法，本身就是一个问题。就是当你没有多少竞争国家的时候，美国宪法是最好的，那时也是这么证明的。但现在在全世界230个国家和地区中来看，你的宪法是先进的吗，你的宪法是具有竞争力的吗？

雷默：我认为没有。

胡鞍钢：对，实际上在我看来，我不用说资本主义、社会主义，或者说马克思主义这些概念。具体到一个国家的宪法来看，我认为美国的制度老化了。如果没有中国的竞争，没有印度的崛起，没有亚洲国家的兴起，美国永远是先进的。我觉得美国人没有意识到这一点，因为美国从来都是先进的，他就会认为自己总是“NO. 1”（第一）。

雷默：对，这是我们心理的最基本的自我定位。

胡鞍钢：我认为这是一个心理障碍。因此它既是一个政治问题，更是一个文化问题、心理问题。我不客气地说，美国就是属于毛泽东所说的“骄傲自满，必然使人落后”，这是毛泽东的原话。一个人是如此，一个国家更是如此。像《纽约时报》的汤姆森·弗里德曼，他写了很多文章，都是开始在打破美国的自满、自大、自傲。因为他在全世界飞来飞去，也包括在我们这个办公室谈话，他看到全世界在发展变化，而美国落伍了。

就是通过这些东西，才能够意识到美国的问题可能跟200年前的宪法有关，并不是说200年前的宪法不对，但是在中国是要讲究不断创新，与时俱进的，我们差不多每5年还修改一次宪法。

雷默：每5年，这么快？

胡鞍钢：它可能修改若干条，个别条，以便于它能够适应时代发展。1982年的时候，宪法讲的是全民所有制，但是到了1997年、1998年的宪法就可以允许私营经济的合法存在，因此中国宪法实际上是一部具有弹性的，不断修改、不断调整的法律。从国际上比较来看，第一，中国的宪法最年轻；第二，它的宪法更灵活，因此你现在看，同样的金融危机，是美国在出口危机，中国受危机影响，但是中国是第一个出台4万亿元振兴计划的。而美国直到奥巴马上台之后的几个月才出台相关计划，而他也改变不了美国的宪法，但是中国可以不断地改变（自己）。

雷默：对，我们的问题是结构性的问题，但是你们也有自己的结构性。

胡鞍钢：当然了，但是中国具有调整、纠错的能力，不要忘记了，你是两个通，一个是美国通，一个是中国通，你只要稍微作一个比较你就知道了。

雷默：但我现在观察到的一个很大问题就是现在中国法治的问题，这是一个特别严峻和棘手的问题。

胡鞍钢：你能不能说得具体一点？

雷默：具体的法治的问题，包括很多腐败的问题，就是说最基本的问题是这样的；还有就是责任，我的目的不是批评中国人，不是，这是你们的经济和社会自然发展过程的一部分，中国的现代化需要中国人考虑什么适合中国的国情。现在每一个人，都可以试一试，我要不要参加，我要不要同意什么样的法律。我已经在北京住了10年，我自己感觉是现在中国的违法问题，比10年前严重，现在越来越多的中国人不尊重法律，这是自然的，我不是批评中国，只是借着这个问题谈。这是一个很难的问题，所以呢，我现在是这样看的，法治问题也影响经济的发展，而不是说这个问题是经济发展带来的。

胡鞍钢：这些我都承认，因为我每天也生活在中国这个特定的环境之中。

雷默：但是怎么解决这个问题，特别是违法的问题？

胡鞍钢：对，这个首先我觉得从中国政府或者中国领导人，包括中国共产党的角度出发，他肯定不会容忍法治腐败，这是第一点。第二，中国从我们说的人治社会走向法治社会，其实这个时间很短，也只有30多年，因此它确实需要有一个过程。建立一个法律非常容易，真正实施这个法律和培养公民法律意识则非一朝一夕之功。

雷默：那是不够的。

胡鞍钢：对，这是一个长期的过程，它同样也涉及我们的建设问题。

雷默：但是这是您的基本概念，您的基本感觉是虽然这个问题存在，但是中国经济的健康发展还可以继续。

胡鞍钢：那是另外一个问题了，我只能说，法治化相对滞后会影响中国的健康发展，但是它不会改变中国的发展趋势，即便在毛泽东时代，也没有改变。其实国进民退本身就是伪命题，你看一看拉迪的文章就知道了。

实际上无论是国有还是民营还是外资企业各方面都在增长，只不过谁增长得更快一些。但是从我们的研究结论来看，无论是产出、销售收入还是利润增长，国有企业都没有完全超过外资企业，包括民营企业，更不要说在就业增长方面了。中国现在有 1 400 万个注册企业，某些企业破产了，赚不着钱了，还要裁减人，这是每天会发生的。但是在 1978 年的时候，中国的企业只有几十万个，都是国有企业，到现在为止国有企业也还是几十万个，那么多出的 1 000 多万个企业是什么？基本上都是民营企业。

雷默：所以您的意思是，虽然我们现在看起来是比较不健康的，但是比 20 年之前健康得多，有可能是这样。

胡鞍钢：这就是中国人的看法，我们不止是看现在，而是看历史的整体发展进程。

雷默：这么多的国企，首先影响中国国内的经济发展，这是第一，第二是影响全世界怎么看中国经济的未来，如果是国企，在美国投资会遇到种种壁垒，如果是民企的话，可能就没有（这些壁垒）。

胡鞍钢：这个还得用数据说话，我们还真做了一点数据，你看看这一张表你就知道，为什么中国必须要发展（国企）。我们来看看这张图就知道了，这是南北差距的变化和变迁。一看就知道中国变化、变迁的轨迹了，特别是中国企业占世界 500 强企业的比例。

雷默：现在中国有 17 家世界 500 强企业对不对？

胡鞍钢：不是，有 57 家。我没有包括香港和台湾，包括香港、台湾的话，有69家，超过了日本。而且这是你们美国的数据，不是中国的数据。

雷默：但是这些企业，都是国企吗？

胡鞍钢：不都是。

雷默：就是一大部分是国企。

胡鞍钢：当然了。

雷默：有60%是国企？

胡鞍钢：57家是中国大陆的，国企占最大一部分。

雷默：那有什么民企吗？我认为没有任何民企，如果您把华为算是一家民企的话。

胡鞍钢：还有4家民企，那你觉得海尔呢？

雷默：海尔当然是一家民企。

胡鞍钢：然后联想在里头，还包括香港这几个。

雷默：最后一个问题是，如果你是美国总统的话，你现在会提出什么政策、什么措施？

胡鞍钢：就是要修改宪法，重新构造这个体制。像就业法案这么关系国计民生的法案，都不能通过，我都替美国人丢脸（笑）。这件事情在中国CCTV的新闻中差不多是放在最后一条播出，但是我都替美国人丢脸，一个总统，想做事不能做事，难道说美国这个体制不需要反省吗？这个体制又怎么和中国竞争，又怎么和印度竞争？但是我也没有说美国需要一场革命，现在是需要一场真正的改革和开放，了解全世界是怎么做到发展和进步的。

雷默：您的意思是首先我们需要对一些我们自己的政治机制改革？

胡鞍钢：我觉得美国是最需要改革开放的。

雷默：不是开放，我们已经开放得多。

胡鞍钢：那个开放呢，是有多种含义的。

雷默：您能说得具体一点吗？

胡鞍钢：你劳动力市场开放吗？我们的人要到你们那去工作你们允许吗？连墨西哥人你都不允许。

雷默：但你们的人到美国工作，会完全破坏我们的经济，所以这个（市场）不能太开放了。

胡鞍钢：但无论怎样，这不算真正的开放，我说你们美国是封闭的，对不对。所以说这个事情不是说中国就不需要改革，相反，如果想保持发展势头，中国就要一直不断地修正自己的发展道路，改革自己的体制，真正走出一条自己的道路，为南方国家实现世界大同作出表率。

解读“十二五” 规划[1]

（2011年10月27日）

许慧文：您是“十二五”规划咨询委员会的委员，在编制规划过程中做了许多工作。就我个人而言，我对“规划”的理解是，“规划”不仅仅着眼于引导经济发展的方向，同时它在政府进行公共管理的过程中扮演着非常重要的工具角色。也就是说，虽然“十二五”规划的核心在于目标设计，但是我同时也关注政府如何利用规划的制定进一步发挥其影响力。请问您是怎样看待“规划”的定位的呢，它总体上是怎样考虑的？

胡鞍钢：“十二五”规划的定位主要是阐明国家战略意图，明确政府工作重点，引导市场主体行为，是未来五年我国经济社会发展的宏伟蓝图，是全国各族人民共同的行动纲领，是政府履行经济调节、市场监管、社会管理和公共服务职责的重要依据。

因此，目标设计是整个“十二五”规划的核心部分，而其中许多项又是用指标来体现的。在我们的研究中，我们对比了“十二五”规划与1981年至1985年的“六五”规划。我们将所有指标分为两类：经济类指标与非经济类指标，非经济类指标包括公共服务、能源利用效率等方面。我们发现，经济类指标在“六五”时期所占比重是60.7%，而到“十二五”规划时期，经济类指标已经降到了12.5%。不仅如此，“六

1　本文系胡鞍钢教授2011年10月27日与牛津大学当代中国研究所主任许慧文（Viviennne Shue）教授的访谈记录稿，黄瑜同学协助翻译整理，作者又作了中文修改。

五”时期的指标主要是指令性的，没有指导性的。直到1986年的“七五”计划，才第一次下调了指令性指标的比重，新增了指导性指标。到“十二五”时期，指导性指标已经占据了很大比重。

五年规划不同于五年计划，量化指标分两类：第一类称为预期性指标，主要为市场、投资者、经济活动主体提供国家发展目标。第二类称为约束性指标，一是约束不同的中央政府部门，二是约束地方政府，约束他们要跟中央政府签协议，动用公共资源保证实现这些约束性指标，这些目标设计都要考虑到发展阶段、可行性、财力等。具体而言，在“十二五”规划的24个主要指标中，预期性指标12个，主要集中在经济发展、结构调整和科技进步上，占50%；约束性指标由“十一五”规划的8个增加到12个，主要集中在节能减排和改善民生等方面，从36.4%提高到50%。这与传统的五年规划是很不一样的。

许慧文：那么请问，中国政府是如何根据市场的供给与需求情况来制定预期性指标的呢？

胡鞍钢：我可以举三个例子。在“十二五”规划中，GDP增长率确定的是7%，当然实际上中国经济增长潜力在8%—9%之间。这是中国经济最为适度的增长区间，也是全社会净福利最大化的增长区间。又比如服务业增加值比重累计增长4%，这一方面是由于市场环境的变化和社会对服务业需求的增加，另一方面也是因为政府积极鼓励相关产业发展，降低市场进入壁垒，以实现从工业为主导的现代产业格局向服务业为主导的现代产业格局转变。除此之外，“十二五”规划提出城镇化率累计增长4%，对于这一具体目标的制定除了依据市场情况之外，还考虑到政府实行两策并举的方式推进农民工市民化，即，将户籍制度改革和社会公共服务改革同时进行。因此，我们可以看到，政府对于这些具体目标的设定都是从两方面着手的，既充分考虑市场机制的作用，同时也考虑到政府政策引导的效力，亦即最大限度地发挥政府公共服务的能力。

政府这种从市场和公共服务两个角度着手设定指标的特点不仅仅体现在24个主要指标之中，还体现在对许多二级指标的设定上。例如农业方面，规划提出要提高农产品供给能力，粮食播种面积稳定在16亿亩以上，综合生产能力达到5.4亿吨。这实际上是根据市场的供给与需求，根据我国粮食的进出口量等情况来设定的。但同时也体现了政府为提高农民收入、改善农民生活水平所作的努力。所以说，虽然我们一再提出要弱化经济增长指标，增加非经济指标比重。但实际上，经济类指标的增长仍然超过了我们的预期，政府在更多关注公共服务和民生的同时，实现了经济的快速增长。

因此，现在我们的五年规划已经具备了不同的含义，它更强调发展和改革相结合，更加注重制度建设和机制创新。许多外国专家学长并不了解中国的这种变化，而实际上我已经跟踪研究了从“十五”规划到“十二五”规划的三届五年规划。2005年，我们率先对“十五”规划的实施情况进行了评估。随后，国务院接受我们的意见，于2008年邀请清华大学国情研究中心、国务院发展研究中心和世界银行驻华办事处分别从各自的视角为“十一五”规划的实施情况提交独立的中期评估，包括客观的批评意见，同时各自提出下一步实施规划的政策建议，作为国家发展和改革委员会起草中期评估报告的重要参考。这一中期报告最终将向人民代表大会报告。这一程序充分体现出公共政策实施评估的专业化、国际化以及独立性和客观性。在这些研究的过程中，我也清楚地看到了中国政府怎样将目光转向公共服务领域，中国如何实现科学发展。

许慧文：您刚刚提到为“十一五”规划做中期评估，请问评估的结果如何呢？这次评估是否有助于政府更好地分析政策的效果，日后更好地进行政策目标的设定？

胡鞍钢：怎么评估“十一五”？我的第一个判断，“十一五”是极不平凡的五年，国内外环境纷繁复杂，重大自然灾害非常多，此外有各种社会矛盾和国际金融危机。1997年亚洲金融危机期间，中国的出口额仍然是正增长，但这一次大幅下降。

第二，“十一五”规划的实施为“十二五”奠定了基础。“十一五”规划在2008年请我们三家机构作中期评估，专门设计22个主要的经济社会指标。其中几个重要指标没有实现，比如服务业应提高3%，实际只提高2.5%；占就业总量比重应提高4%，实际只提高3.5%。说明“十一五”没有实现发展方式从工业为主转向服务业为主。这也成为“十二五”规划的一个基本方针，提出服务业比重提高4%。

根据22个核心指标和22个次优先指标，我为“十一五”完成情况打86.4分。按同样的方法进行后期评估，“九五”是75分，“十五”最低，是64.3分。可以看出，中国正在一点点进步，这是一个渐进的改革过程。所以我提出，如何使中国“十二五”完成情况达到90分，这是一个重要问题。

应当看到，即便是只对国家制定的总规划实施情况进行中期评估与后期评估，就将对新的规划及政策制定产生极大的影响。而现在，所有地方政府制定的规划也被要求要进行中期评估与后期评估，并将评估结果向地方人民代表大会汇报。我认为这是非常必要的，而且这一先河由我们开创，具有非常重大的意义。

一旦你了解了中国是如何制定五年规划，如何实施五年规划，如何评估五年规划，你就会逐渐了解中国为什么能够成功应对金融危机等一系列挑战。正是由于“十一五”规划已经制定了非常明确的基础设施建设计划，即便金融危机到来，我们也只需要踩下油门，迅速应对危机。不仅是国家，每个领域、每个行业、每个省也都有自己的五年规划。以广东省为例，中央一推出“四万亿”计划，广东省就立即向中央政府提交了本省的基础设施建设计划，而这正来源于该省的五年规划。这是美国等西方国家所不能比拟的。

许慧文： 请问地方制定的五年规划与国家的五年规划之间是怎样的关系呢？

胡鞍钢： 这是一个非常好的问题。我们计算了中央和地方五年规划的重叠系数。“十一五”规划时期，这一系数已经超过了85%。但在“九五”时期，这一系数还相当低，仅为65%。这反映出中央和地方的规划正在变得越来越重叠，越来越一致。举一个例子，国家“十一五”规划共设定了22项主要指标，北京的“十一五”规划则设定了39项指标。在这些指标中，有至少80%，甚至90%的指标是与国家设定的22项指标相匹配或相似的。而余下的几项指标则是根据地方具体情况设定的。我们发现，省级政府五年规划设定的指标通常是国家设定指标数量的1.5倍至2倍。

许慧文： 这是不是因为地方有更多的特殊情况？

胡鞍钢： 是的。而且不仅仅有地方政府的五年规划，还经常会有地方某个领域或行业的五年规划，如地方交通发展五年规划、地方环境保护五年规划等。所以关键在于我们怎么样找到一种“激励相容”的制度，既激励地方实现他们的目标，也激励他们实现中央的目标。“十二五”规划中列出的所有指标，尤其是约束性指标，地方政府都必须受其约束和监控。但同时地方政府也可以依据当地的实际情况制定其他的约束条件，并且绝大多数约束性指标都是公共服务领域的。这也反映出政府如何针对我国国民经济中的突出问题和深层次矛盾，加快转变经济增长方式。

许慧文：我很认同这种做法，中国的政府正在用更为科学、更为协调的方式制定中央和地方的发展规划。并且，中期评估、后期评估等一系列监督评价举措也是相当重要的，有助于总结在规划实施过程中成功与失败的经验，并为下一轮规划的制定提供建议。

胡鞍钢：如果你观察中央政府和地方政府的五年规划制定过程，你会发现这是一个混合的模式，既不是绝对的中央集权，也不是完全的地方政府自治分权的模式。这是因为，中华人民共和国的宪法明确规定，地方政府对地方人民代表大会负责，并不是对上级中央政府负责。但另一方面，地方政府又必须受中央政府提出的约束性指标的约束。所以地方政府在制定五年规划的过程中，就必须同时考虑这两方面的因素，既要将完成中央制定的约束性指标纳入工作范畴，同时也要考虑到地方情况的特殊性。这既不同于联邦制，也不同于彻底的地方分权制度。我将其称为找到“45 度角”，一方面地方提出自己的目标，一方面专家们提出国家的发展目标，使两者趋同，形成合力，使地方的积极性和国家的支持有机结合。

以基本保障房为例，包括北京、上海、广州在内的许多地方都对此有很强的市场需求。同时中央政府也通过信贷政策、转移支付等手段积极鼓励基本保障房建设。这次安居工程建设，将3 600万套作为一个约束性指标，这就等于对这个产业增加了政府的投入，但是市场仍然为主。

这也反映了中国如何处理好中央与地方之间的关系。应当说，1994年以前，中央政府和地方政府之间的矛盾是十分尖锐的。这也是实施分税制改革的一个很重要的原因。但是现在，这两者之间的关系已经向着越来越合作、和谐与稳定的方向发展。

许慧文：所以说，您的意思是中央政府与地方政府通过在制定五年规划的过程中，使双方设定的目标与指标更为一致这样一种方式，来避免或缓解中央政府与地方政府之间的矛盾和冲突。

胡鞍钢：是的。但是这是一个非常具有弹性的关系。比如说国家“十一五”规划提出，万元GDP能耗要比“十五”期末降低20%左右。但地方制定五年规划时，可能将这一数字调整为17%或18%。中央政府并不要求地方政府完全按照国家制定的约束性指标执行。不同的地区有不同的现实情况，地方政府可以按照自身情况制定本省的量化指标。

许慧文：那么地方政府在制定自身五年规划的过程中，中央是否清楚知道地方在做什么，为实现规划目标作出了哪些努力呢？

胡鞍钢：中央与地方之间存在很友好的交流机制。以“十二五”规划为例，2009年9—10月，国家发展和改革委员会采取委托多家研究的方式。例如对其中最重要的选题，《“十二五”规划总体思路和目标研究》，共委托了国家信息中心、国家发展和改革委员会宏观经济研究院、国家行政学院、清华大学国情研究中心四家进行独立研究。

在此基础上，12 月，国家发改委吸收各方研究成果起草“十二五”规划基本思路，形成基本思路初稿。此后，国家发展和改革委员会开始征求专家意见、各部门意见。根据各方的修改意见，国家发展和改革委员会对基本思路进行修改完善。

而地方的人大代表会议通常在 1—2 月召开。这也就意味着，地方政府可以通过阅读基本思路初稿，了解中央的主要意图和基本指标，如节能减排、提高人均预期寿命等。在此基础上，地方再依照本地实际，制定自身的五年规划。

中央与地方之间这种友好的交流沟通机制是建立在信息分享基础之上的。2009 年 12 月，国家发改委召开了年终会议。不仅地方发改委的领导参加了此次会议，许多省市的政府领导，包括省长、副省长也参与了会议。我们经常把这类会议称为“吹风会”，意在通过年会的形式分享国家的政策意图、发展方向等。而通过正式的信息发布与非正式的信息交流相结合的方式，使得中央与地方之间的沟通渠道更加畅通、更为有效。

我认为政府的决策过程正越来越科学，越来越民主。在对“十二五”规划进行前期研究的过程中，从 2008 年底起，国家发改委提出了包含 8 大领域 39 个题目的“十二五”规划前期重大问题，向全社会公开招标，其中有 70 个单位的选题入选，加上直接委托研究，发改委系统内部研究，选题大约有数百个之多，参与专家数千人、研究人员达上万人，形成了几百万字的研究报告。而在所有参与研究的机构中，高等学校的研究机构占了 54%。仅仅是我们学院，就有我和杨永恒老师都参与了研究，但是我们负责不同的部分，从不同的角度对“十二五”规划制定和实施的背景进行专业的分析和研究。

以我们中心为例，我们需要与其余四家研究机构进行竞争。所以我们从 2008 年 8 月开始进行研究，到 2009 年 4 月完成初稿，2009 年 10 月提交终稿。我们是第一家向国家发改委提交报告的研究机构，与我们竞争的其他四家机构到 10 月、11 月才提交他们的报告。综合我们五家机构的研究报告结果，2009 年 12 月国家发改委起草了向党中央、国务院汇报的基本思路意见稿。所以这是一个广纳善言，集思广益的过程。

许慧文：我发现，除了有“十二五”总体规划之外，还有许多不同领域不同行业的规划，他们也都是国家层面的。所以我想请问，这些规划与“十二五”规划之间是一个怎样的关系呢？

胡鞍钢：我直接参与到了教育领域的规划，例如中长期人才规划。我同时也参与了国家主体功能区规划。主体功能区规划得出的主要观点和政策会直接进入到“十二五”规划。这是因为主体功能区规划设定的时间是到 2020 年，而“十二五”规划到 2015 年。五年规划是国家发展规划，这反映出了它属于国家核心规划，其他规划则起支持辅助作用。但另一方面，其他规划方案的提出是对五年规划的细化。2013 年我们将对“十二五”规划进行中期评估，2015 年将进行后期评估，这些规划也将成为评估的重要参考资料。

所以这是一个持续的相互作用的系统。其他规划支持着五年规划的制定与实施。如果其他规划能够明晰观点，并得到有效执行，就将有助于实现最为核心的五年规划的目标。

许慧文：您刚刚提到了主体功能区规划。这是我第一次知道中国根据不同的区域特点对其空间甚至人口分布等格局进行了详尽的规划。这是一件非常了不起的事情。可以请您谈谈更多与它相关的吗?

胡鞍钢：首先，所谓科学发展，就是依据我国的基本自然地理条件，科学地进行国土空间总和评价，这包括对全国土地资源、水资源、环境容量、生态系统脆弱性、人口集聚度等一系列因素的综合评价。《全国主体功能规划区》（2010 年 12 月）就是科学开发国土空间的行动纲领和远景蓝图，是国土空间开发的战略性、基础性和约束性规划，旨在构建高效、协调、可持续的国土空间开发格局。由于五年规划的篇幅有限，不能对不同地区究竟应该如何发展给出详尽的信息，所以我们需要主体功能区规划来丰富和完善这方面的信息。

其次，在规划的过程中，我们从德国和日本学习到了很多经验。德国仅仅对全国的城市地区进行了规划，而日本到目前为止已经推出了至少六个规划方案，给予了我们很多的启发。我们将德国、日本的经验与中国的五年规划相结合，试图缩小甚至消除地区间的发展差距。

同时，值得一提的是，主体功能区规划实际上应当算作是中国的一项伟大创新。《2009 年世界发展报告》指出，中国的崛起将重塑世界经济地理格局。但是这一观点的提出是基于不同地区之间的经济增长速度、贸易等情况，并没有考虑到不同区域的生态环境等情况。中国在主体功能区规划中第一次提出这个概念，将不同地区的资源环境承载能力、现有开发密度和发展潜力等纳入考虑范畴，是一次伟大的创新。我在几年前就参与到了这个规划的设计工作之中，我认为这反映出中国领导人不仅重视经济发展和市场规律，也充分尊重自然规律。

但是，我认为目前全国主体功能区规划的时间跨度仍然太短了，规划期只到2020年。而很多基础设施建设、生态环境建设需要至少40年到50年的时间。但我认为这个情况会一步一步得到改善，同时在这个过程中，我们也发现中国的领导者，以发改委为代表，将更加关注公共产品、公共服务的提供，尤其是生态产品的提供。

许慧文：之所以发生这种转变，有一部分原因是领导人已经意识到过去中国的高速发展破坏了生态环境，并引起了一些民众的抱怨。他们逐渐认识到破坏生态环境所带来的严重后果，对于科学发展的理解也进一步加深。而所有这些都将作用于他们的决策过程。

但是，也有这样一个观点，认为主体功能区的这种规划只能够被政府部门的人所理解，对于大多数的普通群众，他们并不是真正了解和关心这一规划的具体内容。

我认为，假如我是一个普通民众，当我了解到国家的主体功能区规划，了解到国家两横三纵的城市化规划，它们涉及经济、人口等的空间布局，不发达地区与相对发达地区的平衡等问题，它们向我展示了这个国家在未来20—40年时间里将怎样发展的完整的景况。这促使我即使作为一个最普通的公民，也将开始思索国家未来的发展命运，并从中受到极大的鼓舞。

请问您对此是怎么看的呢？您认为最重要的仍然是如何让政府部门的官员了解这些规划其中的意义吗？

胡鞍钢：严格地说来，这个国家主体功能区图景的设计是非常学术、非常专业的，有许多的学术机构参与到其中，做了大量的调查、研究、分析工作。即便是我，也没有办法完全理解它的全部内涵。这与五年规划是有些不一样的，五年规划很清楚地列出了国家未来发展的方向，与每一位公民的生活都息息相关。而主体功能区的规划则涉及社会科学、自然科学的诸多方面，这也反映出国家正在尝试从不同的角度，多样化地解决生态环境与经济发展的协调问题。即便是此次汶川地震后进行的灾后评估与灾区重建也是建立在主体功能区规划的基础之上的。这也就是说，任何地区建设、工业区建设都建立在国家主体功能区规划的基础之上，避免出现“村村点火、乡乡冒烟”的景象。这也就意味着，到2050年，中国将基本实现新型工业化、城镇化、基础设施现代化，我们将用更少的土地创造出90%以上的GDP，养活70%到80%的人口。这是非常专业的研究，即便是美国也没有做到。

许慧文：但是您刚刚提到日本、德国作过这一方面的研究，并且取得了一定成果。这是什么原因呢？

胡鞍钢：日本国土面积很小，他们必须进行此方面的研究。日本第一次进行此类研究是在20世纪50年代。他们要研究如何在有限的土地上发展经济，养活更多的人口。

如果我们按照国家主体功能区规划的设计发展，我们将不仅能够用更少的土地养活更多的人口，我们还将能够高效地提供更多的公共服务。

许慧文：类似的规划似乎是不适合英国一类的国家的。因为英国的工业革命已经进行了很多年，大多数地区的工业布局都有着很深的历史基础，难以再作出重新的规划和调整。所以或许我们不能将英国和中国进行简单的对比。

胡鞍钢：在我看来，之所以支持国家进行主体功能区规划主要是由于我们的发展是一个不断改进的过程，我们不希望重蹈西方发达国家的覆辙。我们需要更多地吸取西方国家发展过程中的经验和教训，我们更需要对国家未来的发展进行科学的研究和设计。这是非常重要的，因为一旦中国犯下了西方国家曾经犯的错误，我们要花费更多的精力和成本才能更正这些错误，尤其是在空间布局方面犯下的错误。现在，我们建设“绿色中国”，也主要是建立在主体功能区规划的基础之上的。我们要不断建设和扩展绿色生态空间，包括进一步提高湿地、森林、草场、水面面积等。

许慧文：所以中国将需要更多先进的技术和知识来更好地管理这些生态空间。

胡鞍钢：目前，我们拥有几张非常专业的数字图，如生态安全战略格局图，我们将主体功能区的规划与科学技术、数字图表很好地结合在了一起。比如说，在这张图里，如果你想知道合肥的情况，你只需要点击，就可以了解合肥的详细信息。包括自然湿地保护率、森林面积等一系列重要指标。而现在中国的问题是，如何按照这几张图进行建设，科学发展。

为什么你会对五年规划和主体功能区规划这么感兴趣呢？

许慧文：事实上，我一直对这个领域非常感兴趣。我主要研究中国政府的政策制定、中央与地方关系等，我研究这些问题已经有35年的时间了。在与您交谈的过程中，我发现一个很有趣的现象，就是您从来没有提到普通民众对于目前中国政府制定的这些政策和规划的看法。我认为，这实际上是中国目前政府管理的一个写照，普通民众并没有很好地参与到公共管理的进程之中。而在我看来，如果一个政策要起作用，不仅仅是中央官员、地方政府官员要理解，更重要的是民众要理解，要希望这个政策能够起作用。

所以我很好奇，如果将这个规划向民众解释，他们会有怎样的反应？因为如果你在美国发布这个规划，一定会激起很大的争论，你会听到许多不同的声音，会有许多人从不同的立场出发，或支持或反对。

胡鞍钢：这次的“十二五”规划中，将“建立健全基本公共服务体系”单设一篇，提出了改善民生计划，用专门的篇幅来讨论与普通民众利益相关的问题。

如提出了一个重要指标：城镇创造就业。因为根据“十五”规划当时提出的是新增 4 000 万个就业岗位，但实际的结果达到了 4 600 万个，因此在“十一五”规划中就提出了 4 500 万个目标，而实际结果执行下来，特别是在金融危机的情况下，因为全世界都是在摧毁就业的，像美国大体就是多产生出 800 多万的失业人员，因此也创造了第二次世界大战以来失业率最高的纪录。中国是什么情况呢？不仅实现了 4 500 万新增就业岗位，实际上达到了 5 771 万，因此“十二五”规划提出我们要进一步创造 4 500 万就业岗位，可以说世界最难的题其实是创造就业，不管是发达国家还是发展中国家，我们现在大体上不仅解决了我们的吃饭问题，还能够解决我们现在将近 3 亿的城市就业岗位需求，这相当于美国全部就业岗位数的两倍以上，美国大体是在 1. 4 亿个左右。而在这个过程中，最重要的是城市移民和农民从中受益。

又比如，不同的地区有不同的最低工资标准。“十二五”规划则提出，要提高最低工资标准水平，使其年增长至少 13%。除此之外，还有提高养老保障水平、提高医疗保障水平、提高城乡低保标准、减轻居民税收负担、减少贫困人口数量、实施保障性安居工程等一系列具体内容。世界上没有任何一个国家推出了像中国这样具体的民生改善行动计划，行动计划意味着不是嘴上说说而已，而是要付诸实际行动，迎接三年后的中期评估。

许慧文：请问您认为国家的主体功能区规划是否会向广大民众进行大规模的宣传教育，使他们了解这个规划的大致内容和含义？还是这个规划不会公开？

胡鞍钢：这个规划目前已经在网络上正式发布了，所以任何人都可以在网上找到这个规划的相关信息。但是政府并不会像宣传“十二五”规划一样对这个规划进行大规模宣传，因为主体功能区规划是一个非常学术、非常专业的规划，它很难真正被普通民众完全理解与接纳。

但是CCTV第2套节目也邀请了一些专家学者，请他们从专业的角度，通过公开的演讲对主体功能区规划进行解读，所以更多的民众可以逐步了解到这一规划的信息。

许慧文：我认为中国有很多的民众，无论大城市或者农村，他们都非常关注环境问题。他们甚至成立了许多民间组织，成为环境保护的志愿者或积极分子。这些人他们应该会对主体功能区规划非常感兴趣。

胡鞍钢：事实上，与这一规划专业内容相关的学者、专家们都对它非常感兴趣。但是对于普通的没有专业知识背景的民众而言，他们想要理解还是有一定困难的。

许慧文：我注意到，对于政府提出的“两横三纵”城市化战略格局，普通民众也很容易理解并记住它。

胡鞍钢：是的，这个概念对于普通民众而言也是简易可得的。比如我在郑州，我就知道我正处于两横三纵的交通枢纽位置之上。

许慧文：如果我是一个普通民众，我可以拿到这张地图。找到我目前所处的位置，然后明白在国家未来的战略布局规划中，我的城市将会得到怎样的发展。

胡鞍钢：实际上，正如我之前一直在说的，主体功能区规划对于普通民众而言，过于专业而难以理解。它的提出实际上是为了辅助和支持“十二五”规划的实施，政府真正希望民众更多了解和关注的，是“十二五”规划本身。

许慧文：但是事实上，这些规划的提出也确实鼓舞了民众，尤其是学者们、接受过高等教育的人们以及政府官员。那么，我想请问您，您觉得在计划的实施和评估过程中，最大的问题或者阻碍是什么？最困难的部分在哪？

胡鞍钢：毫无疑问，在“十二五”规划的实施过程中我们肯定会遇到许多的困难。但是，我们吸取了“十一五”规划的经验与教训，在“十二五”规划的最后一章，提出建立健全规划实施机制。具体措施包括如明确责任、建立更完善的法律机制，以及评估机制等。

事实上，“十一五”规划第一次明确提出建立规划实施机制。而我认为，这次建立的规划实施机制中有两个非常重要的因素：一个是如何评估，评估规划的实施效果；二是如何综合考核，考核与规划实施相关的政府、机构以及个人。这些评估和考核主要是建立在 24 个量化指标的基础之上的，以节能减排为例，中央政府就将根据万元 GDP 能耗是否下降 20%，耕地保有量、工业增加值用水量等一系列具体量化指标对地方政府及相关机构人员进行评价考核。这也是为什么在五年前，我们就提出要量化指标。

许慧文：为什么您认为指标的量化这么重要？

胡鞍钢：当初，我们在对"十五"规划进行评估时，我们发现，有一些预期目标无法进行评估或衡量。这就是因为，这些指标没有被量化。在我们的报告中，我们指出，"十五"规划提出要提高社会保障水平，但究竟提高什么，提高多少，占比多少，都没有被界定。而到了"十一五"规划，就提出了城镇基本养老保险覆盖人数、新型农村合作医疗覆盖率等一系列衡量社会保障水平的指标。我们推动了这些指标的量化，而在进行后期评估时，我们就可以有非常直观的发现。如全国参加职工基本养老保险人数，"十一五"规划设计的目标是 2.2 亿，但实际上最后达到了 2.57 亿。

在"十一五"规划中，我们共提出了 22 个量化的一级指标。除此之外，在具体的章节中，我们还设定了另外 22 个量化的二级指标。而在"十二五"规划中，我们共提出了 24 个量化的一级指标，在具体的章节中，我们还设定了近 40 个量化的二级指标。而我们日后的评估不仅仅是基于一级指标，我们还将对二级指标进行评估与考核。

许慧文：我理解您的意思。但是在西方，许多人谈及中国的政治体制时，会认为中国的政治体制中充满了"讨价还价"的余地。而如果设定了这么多量化的指标，也就意味着讨价还价的空间大大缩小了。这会造成什么问题吗?

胡鞍钢: 讨价还价是中国政治以前的模式。而我们之所以设定这些指标，也正是因为我们不赞成讨价还价，我们真正关注的是真实的表现。但同时，我们可以协商讨论这些问题。举例来说，在起草“十二五”规划时，我们提出目标：主要污染物（指化学需氧量、二氧化硫）排放总量减少10%。国家发改委接受了我们的这一建议，将其纳入“十二五”规划的草案之中。但是后来，在讨论时，环保部门提出由于存在很多条件的限制与阻碍，10%的目标对于他们而言难以实现，他们希望能够将这一目标从10%下降到8%。这并不是讨价还价，而是反映了不同政府部门之间如何沟通协商、中央政府与地方政府之间如何沟通协商的过程。而这种协商机制是非常重要的。

提出这样一个量化的目标，对于我们研究机构而言，是相对容易的。但是对于实施部门而言，它们就要相当地努力，付出很多的成本才能达到。

所以我想指出的是“十二五”规划的关键词，我把它概括为“绿色”。国家“十二五”规划将成为中国第一个绿色发展规划，将成为中国实现绿色现代化的历史起点，而我要不断地推动中国从“黑猫”向“绿猫”的转变。

许慧文: 您提出的绿色发展和可持续发展之间有什么区别?

胡鞍钢: 五年前，我也提出过相似的观点，但是当时没有被接受。而这次，我很高兴它被接受了。应当说，全球气候变化，不仅是全球的最大挑战，也是中国未来发展的最大挑战。中国需要积极地参与第四次工业革命，即绿色工业革命。

许慧文：您认为是什么导致了您的思想五年前没有被接受，而现在又被接受了呢？

胡鞍钢：我认为是因为中国成为世界最大的排放国了。所以可以说，这是坏事变好事。明年，我们将出版一套新的书，来系统地介绍绿色发展理论。因为明年，联合国将在巴西里约热内卢召开可持续发展峰会，而这次会议讨论的主题就是绿色发展。而我们希望，通过这本书，中国能够在这次绿色工业革命中成为领导者、创新者、贡献者。所以这本书不仅仅介绍了绿色发展的相关理论，更论述了中国究竟应该如何实现绿色发展。

许慧文：祝贺您。这不仅仅是您对中国作出的贡献，更是对世界作出的贡献。但我想，这本书也同样需要许多专业知识，需要科学的计算与分析。

胡鞍钢：是的。我将这个理论称为第二代“猫论”。如你所知，邓小平曾提出“黄猫、黑猫，只要捉住老鼠就是好猫”[1]。而现在，中国面临的最大的危机，不仅仅是全球金融危机，更是全球气候变化。但是，却没有引起足够多学者的注意。目前，中国的碳年排放量全球第一，我们要考虑的是，如何将这次危机转化成机遇，也就是将“黑猫”变成“绿猫”。

1　摘自1962年邓小平《怎么恢复农业生产》的讲话，《邓小平文选》第一卷，人民出版社1994年版，第297页。

所以，这也体现了学者、智库在国家制定政策过程中的重要性。不仅仅是我，也不仅仅是清华大学国情研究中心，现在有越来越多的优秀的研究机构加入了政策制定的研究之中。胡锦涛在清华大学建校 100 周年发表的讲话中提出，鼓励更多的高等院校和研究机构加入国家决策过程。[1]

2004 年，国务院改革了决策机制。提出要进一步改善决策规则和程序，国家在处理重大问题和制定重大决策时，要邀请国内外专家进行决策实施背景研究，为决策的制定与实施提供建议，以保证决策的科学有效。

这也反映了“智库”在中国得到了越来越好的发展。目前，中国已经出现了大批的“智库”，如官方的国务院发展研究中心；随着经济活动的复杂化和研究领域的精细化，各个中央部委如农业部、财政部、中国人民银行等纷纷设立了自己的研究机构；各重点高校属下的研究机构也越来越积极地参与政府的政策研究和政策咨询工作，同时也涌现出了许多的“民间智库”，这些智库都将推动中国的公共决策的制定与实施更加科学化、更加民主化。

如果你还需要更多地了解“十二五”规划，你可以找我的助手、我的学生拿到更多的资料。

许慧文：非常感谢。所以说，您对于这次的规划总体上是很满意的，对吗？

---

1 胡锦涛：《在庆祝清华大学建校 100 周年大会上的讲话》，提出高等学校特别是研究型大学“要积极适应经济社会发展重大需求，开展国家急需的战略性研究、探索科学技术尖端领域的前瞻性研究、涉及国计民生重大问题的公益性研究”。刊于《人民日报》2011 年 4 月 25 日。

胡鞍钢：是的。因为这一次，我们大多数的建议都被政府采纳了。尤其是我们提出的关键词：绿色发展。清华大学不仅仅是要在培养未来国家领导人、国家栋梁方面发挥重要的作用，也要为现在的政府、现在的领导人提供更多的合理化的建议和研究成果。

前一段时间，我去北大荒，我非常惊讶。因为我发现到处都在谈“绿色”、谈“绿色发展”。我很惊讶那么多普通民众可以理解“绿色发展”。我发现中国的普通民众有着很强的求知欲，并且能够迅速地将他们得到的知识运用于生产实践之中。

许慧文：这点也是我的感受。我发现中国人总是特别渴望得到新的知识和信息，并且迅速地将他们得到的知识运用在他们的生活生产之中。所以中国人真的非常聪明、非常有才干。我相信，如果普通民众都能理解“十二五”规划的目标，这个规划一定能够圆满实现。

谈中国的共同富裕[1]

（*2012* 年 *2* 月 *1* 日）

问：我有两个问题。第一个问题是您在《2030 中国》的报告的大部分内容是关于中国国内的情况。而实际上，我认为中国发展的前提，中国 GDP 的快速增长在很大程度上需要依靠中国与世界发展的关系。因此我们不能孤立地看待中国的发展，还要重新认识中国发展在世界发展中所扮演的角色。请问您是怎样认识这一个问题的呢？

我的第二个问题是，我也特别注意到，您在报告中多次提到共同富裕。但是您并没有提到邓小平，邓小平在 1985 年的时候曾经提出要让一部分地区、一部分人先富起来。共同富裕固然是好，但是我认为这在任何场合、任何国家都不可能实现，因为它抹灭了个体素质的差异性。这里我并不想过多地争论这个问题，我想请问的是，您认为毛泽东的思想、邓小平的思想在中国未来发展的过程中是否还会继续发挥作用，发挥怎样的作用呢？

答：你刚刚提出的两个问题其实是有联系的。先回答第二个问题，我本人研究中国问题，一直是持“共同富裕论”的，但是我也并没有否定“先富论”，因为“先富论”在某种程度上实际是解决了一个如何实

1　本文系胡鞍钢教授 2012 年 2 月 1 日在俄罗斯科学院远东研究所举办的讲座《2030 中国》远东所所长、俄中友协主席季塔连科院士主持，远东所副所长奥斯特洛夫斯基，远东所副所长、《远东问题》杂志主编波尔加科夫，远东所副所长卢贾宁，远东所副所长维诺格拉多夫等领导及专家学者 30 余人参加。讲演之后，胡鞍钢教授与该研究所研究人员的问答，黄瑜同学根据录音整理，作者又作了修改。

现共同富裕的途径问题。对此，邓小平讲得也很清楚，让沿海地区先富裕起来恰恰符合了我们现在所说的“新增长理论”和“新经济地理理论”。因此，我们要注意到，“先富论”不是目的，是手段。我坚持这个观点20多年，并且一直在进行持续性的研究。特别是1994—1995年我和王绍光、康晓光共同研究地区差距问题，对于这一问题的认识就更加清晰了。中国的地区差距或者说贫富差距毫无疑问是世界第一的，这一点我们通过与美国、欧洲大陆等地区进行专业的分析和历史比较已经得出确切的结论。所以当时我们就提出中国要尽快提出从“先富论”到“共同富裕论”，这实际与1993年邓小平与其弟弟邓垦谈话的观点是不谋而合的。[1]

2002年党的十六大召开的当天晚上，我和王梦奎（时任国务院发展研究中心主任、十六大报告起草者之一）当时接受中央电视台记者白岩松的采访，评论十六大报告。我当时说，十六大报告的核心目标（指全面建设惠及十几亿人口的更高水平的小康社会）标志着中国将从“先富论”阶段进入到“共同富裕”阶段，而且将成为整个21世纪上半叶的主题词。因此从这个角度来看，我认为我的思想受到了毛泽东思想的影响。因为毛泽东早期就已提出了共同富裕、共同强大，他强调的是“共同”。我们在1995年《中国地区差距报告》一书中就提出“共同发展”、“共同分享”、“共同富裕”的“三共同”主张。因此从这个角度来看，我认为共同富裕是广大人民的需求，你只有深入地方，接触和了解人民群众才能深刻地体会到这一点。对于能不能实现共同富裕，当然

1　1993年9月16日，邓小平同志与弟弟邓垦谈话时指出：“十二亿人口怎样实现富裕，富裕起来怎样分配，这都是大问题。题目已经出来了，解决这个问题比解决发展起来的问题还困难。”《邓小平年谱》（1975—1997）下卷，中央文献出版社2004年版，第1364页。

你可以挑战我说的。

根据我们的专业化分析，我在《2030 中国》的报告中已经指出：共同富裕不是平均富裕，它主要涉及四个方面。第一个是城乡差距，城乡共同富裕是实现城乡一体化、实现多元社会结构一体化的直接表现，具体则表现为基本消除农村贫困人口，城乡居民收入水平和生活水平出现趋同。根据我们的计算，到 2030 年，城乡居民恩格尔系数是趋同的，恩格尔系数可以剔除各个地区的价格因素差距，因此这一分析是有效的。第二个方面是地区差距，事实上，随着西部大开发等战略的实施，各地区间人均 GDP 差距缩小的趋势从 2004 年起就已经开始出现，中国的地区发展水平正在趋同。第三个方面是基本公共服务均等化。我直接参与了“十一五”规划和“十二五”规划的制定过程，事实上早在“十五”计划制定时，我们就已提出要将基本公共服务均等化作为基本国策，这一建议在“十一五”规划时正式被采纳，在“十二五”规划时再次被强调。事实上，我们已经具备了一定的条件，可以逐步缩小城乡、区域间人民生活水平和公共服务差距。2011 年 12 月我到广东调研，广东现在有 1.04 亿人口，我将其称为“一个广东、四个世界”，而现在广东省就拿出大量的公共财政支出来解决地区间、城乡间的人口基本公共服务均等化。第四个方面则是社会保障，要从“局部覆盖”，到“广覆盖”，现在的目标是到十几亿人口“全覆盖”。社会保障内容包含基本医疗保险、基本养老保险、失业保险、工伤保险、农保低保等。这也反映了中国政府在提高社会保障方面是有强烈的政治意愿的，而且我们并不缺乏这方面的条件。去年中国政府的财政收入突破十万亿元，政府有足够的财政能力根据不同的收入水平，为那些穷人“雪中送炭”。所以说，在社会保障制度的建设上中国政府是滞后的，但是在政府和领导人强有力的政治意愿指导下，在较为充足的公共资源保障下，我认为，中国即将实现、可以实现，也有能力实现共同富裕的目标。

关于你提到的第一个问题，在我们的报告中我们也作了大量的分析，中国不可能脱离世界而成为共同富裕的国家。因此在我们这个报告中，创造性地提出要迈向大同世界。我们希望南方国家在人均 GDP、人类发展指数（HDI）、人均预期寿命、人均受教育水平等指标上能尽快地缩小和北方国家的差距。事实上目前已经出现了“南北大趋同”，其中中国、印度对此作出了重要贡献。你们可以详细阅读这个报告。此外，在向中国政府提出的具体建议中，我们第一次提出中国对外官方援助（ODA）占 GDP 比重分“三步走”：2015 年达到 0.3%，这相当于美国的水平；在 2020 年提高到 0.5%，这是经济合作与发展组织（OECD）国家的平均水平；到 2030 年希望达到 1%，中国可能成为世界上最大的对外援助国家。因此中国作为发展中国家，作为改革开放的受益者，在发展过程中接受了大量的世界各方面的援助，包括日本政府贷款，[1] 世界银行、亚洲发展银行的援助，对此我们专门写了一本书，叫《援助与发展》[2]。在邓小平时期，他决定中国加入世界银行与国际货币基金组织（IMF），使得我们的基础设施建设在短时期内得到了大量的国际贷款和官方援助。我们最后发现，中国人均国际贷款水平最低，但是人均收益却是最高的。因此，现在中国发展起来了，我们特别建议中国政府多多参与对于南方国家的国际援助。第二点，则是鼓励中国企业要“走出

1　日本对华政府开发援助（即 Official Development Assistance，ODA）的主体是日元贷款，从 1979 年日本首相大平正芳访华，开始对华 ODA；此后二十余年，日本以低息、长期为优惠条件，累计向中国发放贷款约 3.2 万亿日元（约合 300 亿美元）。

2　胡鞍钢、胡光宇等：《援助与发展——国际金融组织对中国贷款绩效评价（1981—2002）》，清华大学出版社 2005 年版。

去”，进行海外投资，特别是到南方国家建厂设店，创造就业，提供税源，输出技术，培养当地人才等。目前，中国已经超过日本，成为世界第五大对外投资国。[1]第三点，是中国给予非洲与中国建交的最不发达国家95%的产品零关税待遇。这不仅对中国的消费者有好处，对出口国家更有好处。我将其称为“多予之，少取之”。这个“予”实际上也就是共同富裕，不仅是实现中国自身的共同富裕，也实现与南方国家的共同发展。

问：谢谢您。我有一个问题，您的报告描写的中国的未来是非常光明的。但是正如毛主席所说的，前途是光明的，道路是曲折的。然而，在您的报告中听起来这些目标似乎是轻而易举就可以实现的。所以我的问题是，我并不怀疑您的梦想会实现，但如果从实际出发，您认为您提出的这些目标大约会实现多少呢？或是无论出现什么问题或阻碍，中国共同富裕的目标都一定会实现？

另外，我看了您的报告里与俄罗斯相关的一些数字，和我们的领导人所说的不太一致。或者说您对于中国的前景是十分乐观的，对于俄罗斯却比较悲观，对于这一点您有什么解释吗？

答：我先讲一个具体事例。去年2月23日，国家统计局公布2010年的数据，之后我写了《国情报告》，标题是“‘十一五’规划得分为86.4分”。我们直接参与了“十一五”规划的制定，一共22个量化指标，其中有3个重要指标没有实现，两个为结构性指标。第一个指标是，服务业增加值占GDP比重应该提高3个百分点，实际情况只提高了

1　联合国贸易发展组织：《2011年世界投资报告》（2011年7月）。

2.5百分点；第二个指标是服务业占就业总量比重应该提高4个百分点，但实际情况只提高了3.5个百分点；第三个指标则是研究与实验发展经费支出占GDP比重应提高0.7个百分点，但事实上只提高了0.45个百分点，达到1.75%，比目标值的2.0%少0.25个百分点，这也反映了GDP增长太快，尽管研究与开发（R&D）的支出增长也非常快，主要的原因就是我们原来GDP增长率的预期指标是7.5%，但实际经济增长率达到11.2%，这在一定程度上也使得研究与开发（R&D）占GDP比重提高的幅度有所减少。此外，还有22个次要指标，也是有3个指标没有实现。根据这些量化指标，我们最后为“十一五”规划进行了评分，即86.4分。而这一结果也告诉我们，我们提出的这些指标并没有打算百分之百实现，而是印证了中国的一句古话：“取乎其上，得乎其中。”[1]事实上，我们给出的“十一五”规划的评估结论是很清楚的，即“十一五”时期从加快发展“初步纳入”科学发展轨道。而对于未来20年（指到2030年），我认为达到86分应该是没有问题的。对此我非常有信心，而且我也会跟踪性地对这些目标进行分析评价。所以，我们一定要清楚，在制定国家战略时要追求和设定一个更高的目标，而实际情况则可能会达到一个非百分之百实现的结果。从国家战略制定的角度来看，这是一个非常务实的态度。

除此之外，我们也确实存在很多问题。之所以在这个报告中没有详细讨论，是因为我们在其他的国情报告中对于不同的问题进行了专门的分析和探讨。我认为主要有三大问题和挑战：

第一个是人与自然之间的差距不断拉大。事实上，在1989年我们

---

1 《论语》：“取乎其上，得乎其中；取乎其中，得乎其下；取乎其下，则无所得矣。”

的《生存与发展》[1]、《生态赤字》[2]国情报告中，讨论的也就是这一问题。自然的制约条件是长期的，而且现在看来生态赤字比我们之前预计的还要大。

第二个是人与人之间的差距不断拉大。这是坏消息，但是也有好消息，过去十几年政策已经开始转向，从“先富论”转向“共同富裕论”，从加快沿海地区发展战略转向西部大开发等战略，并且有了明显成效。我们也一直在考虑什么样的因素可以缩小人与人之间的差距。这其中一个体现是农村人口的下降，城市人口上升，数量已经开始超过农村人口。我们注意到，31 个省市中有 7 个省市的绝对人口数从 2003 年起已经开始下降，这主要是因为一部分人口从中西部地区转移到了沿海地区，即“用脚投票”。所以人与人之间差距的缩小不仅仅是政府西部大开发等政策作用的效果，也是市场机制发挥作用所产生的结果，使得来自低收入地区的人民得以分享高收入地区的发展成果。因此，在研究中我们更加注重研究那些更具决定性的基础力量。

在写作《中国政治经济史论》[3]的过程中，我发现中国的很多问题大多数是来自“自我折腾”、“瞎折腾”、“乱折腾”，而不是他人对我们的“折腾”。因此从历史教训的角度看，我们提出了最基本的原则，即底线是“不折腾”。这主要包括几个方面：一是政治上不折腾，不能出现类似“文化大革命”的政治动荡；二是经济上不折腾，不能出现“大跃进”式的大起大落问题，这一点我们有很多专业的分析来保障；第三

1 中国科学院国情分析研究小组，胡鞍钢、王毅执笔：《生存与发展》，科学出版社 1989 年版。
2 胡鞍钢、牛文元、王毅：《生态赤字——21 世纪中华民族生存的最大危机》，1989 年 8 月，载中国科学报编：《国情与决策》，北京出版社 1990 年版。
3 胡鞍钢著：《中国政治经济史论（1949—1976）》，清华大学出版社 2008 年版。

个是社会不折腾，要有一套程序将人民的民主诉求、政治诉求纳入民主和法治的轨道上，而不是走上街头民主、乱象民主、动乱民主；第四个是生态不折腾；最后一条是国际不折腾。守住这五条底线，我认为，中国的前途最终还是光明的，我们比前人聪明，后人比我们聪明。今后的道路还会有曲折，但肯定不会像以前那么曲折，所以关键是“不折腾”。

问：胡教授，非常感谢您的报告。我也有两个问题，第一个问题是在完成这些目标的过程中会有很多的问题，其中一个很重要的就是人口的问题。在很多年前，中国就实行了计划生育政策，这也就导致了从2015年开始劳动人口的比例开始缩小，那么在这种情况下，中国要发展，应该怎样解决劳动力不足的问题呢?

第二个问题是关于通货膨胀的问题。去年8月份，我到中国参观期间，我自己感受到中国通货膨胀（CPI）的速度提高了。而根据2011年中国政府发布的统计资料，通货膨胀的速度不足5.3%，这实际比俄罗斯的通货膨胀速度还要低得多。所以我想请问您怎样看待中国通货膨胀的问题?

答：关于第一个问题，我们有一项研究，它并没有按照劳动年龄人口占总人口比率，而是按照总人口就业率对其进行了分析，因为劳动力资源并不等于实际就业人口，这里有一个劳动参与率的高低问题。我们的结论与许多人口学家的结论是不一样的，根据我们的分析，15岁到64岁人口的比率确实是不断下降的，但是总人口就业率却是持续上升的。这其中主要的原因与中国文化有关。中国的妇女就业率在全世界都突出地高，即便是已经生了一两个孩子的妇女仍然会选择继续就业，而不是退出就业队伍。因此，我对于这一问题并不是特别担心。

但同时，我也一直主张调整生育政策，但要实现“软着陆”，用 20 年到 30 年时间，从“一对夫妇一个孩子”到“一对夫妇两个孩子”。除此之外，我们还要调整退休年龄。现行退休年龄的政策是 20 世纪 50 年代制定的，那时人口的平均寿命只有五十多岁。因此我们要提高退休年龄，将来争取能够到 63—65 岁，而且要实现男女平等。另外，我们主张私营企业家、个体工商户没有退休年龄限制，通过鼓励他们继续创业，创造更多的就业机会。因此，中国政府将通过采取更加灵活的政策来解决劳动力问题。此外，中国目前已经形成了以服务业为主的就业结构。因而无论男女，如何提高其继续就业能力，提高其创造财富能力是十分重要的。通过这些措施，我们认为这也就可以缓解人口红利减少之后所带来的一些问题。

关于你提到的第二个问题，我现在已经基本不研究了。因为我认为中国政府现在已经具备了足够的宏观调控能力。例如这一次，通货膨胀率达到高峰而后下降，表明我们实行适度的经济增长，从 10% 回落至 9% 或 8%，通货膨胀率则会滞后性地下降。我们不希望通货膨胀迅速下降，因为 1997 年我们曾经经历过一次通货紧缩，给中国企业带来了很严重的打击。因此我们需要的是适度的，但又不超过 5% 的通货膨胀，这是中国经济健康的标志，不必担心，更不必过度反应。我不能说未来不会有通货膨胀，但它不会成为致命性的问题。

问：我想请问您，您认为有没有一种“中国模式”？您刚刚提到的中国发展、中国崛起的这些道路是不是具有普遍性。可能中国听众没有这种感觉，但是作为外国人，我们听了您的报告会有两种感觉：第一种感觉是，中国以后会不会发展得太强大了，我们有一点害怕；第二种感觉则是，我们能不能也按照中国发展的这种道路来发展自己。毛主席提到的共同富裕，事实上斯大林同志也曾经提过，但是我们并没有能够很好地实现。那么，今后如果中国可以实现的话，我们有没有可能也能够按照中国的模式实现呢？

另外一个问题，整个20世纪，中国是一个学习型的国家。但是随着中国的发展，我看到了一些观点说现在中国发展了，可以什么都不要了。马克思主义可以不管了，斯大林主义也不需要了，凯恩斯主义已经倒了，新自由主义也不重要了，只剩下中国的道路。对于这一观点，您是否相信呢？到2030年时，在思想领域，中国又会出现什么样的变化呢？

答：我曾经和几个学者一起写过一篇文章，叫《对中国之路的初步认识》[1]。事实上，我不大喜欢用什么"中国模式"，一谈模式就会固化、僵化，自我锁定，路径依赖。我更愿意用"中国道路"，并且还要加一个限定词即"万里长征之路"，意味着这条道路不仅是艰难的也是漫长的，到现在为止还没有走完。即便到2030年实现了我之前提到的目标，这条路也没有走完，还需要继续地探索、继续地前进。这是我第一点要说的。

第二点是，我们坚持，中国的世界目标只是输出更多的制造品、更多的计算机，而绝对不是输出意识形态，不输出中国模式或中国价值。不同的国家、不同的民族有自己不同的文化和历史传统，我们坚持要走自己的道路。这也是邓小平反复对不同的发展中国家领导人提出的核心

1　胡鞍钢：《对中国之路的初步认识》，见黄平、崔之元主编《中国与全球化：华盛顿共识还是北京共识》，社会科学文献出版社2005年版。

观点，而不像美国所倡导的具有排他性的文化，非要输出他们的价值观，不行的话，就直接输出飞机、坦克与大炮。

再一个，从中国道路的探索角度来看，确实存在先学习、再借鉴、再创新的过程。我们需要学习和吸取全世界各个方面的宝贵经验和惨痛教训。事实上，每当世界出现一次大危机（如亚洲金融危机、国际金融危机）、一个比较大的波折时，中国领导人就会展开研讨，讨论这一事件将会对中国产生怎样的影响。这本身就是一个不断借鉴、学习和创新自己道路的过程。

从思想界的角度来看，不同的学者有自己不同的观点。我出版这篇报告的目的在于，我认为中国学者应该发出自己的声音，而且我并没有打算把这种声音推销到全世界。毛泽东曾经说：“虚心使人进步，骄傲使人落后。”[1]一个人是如此，一个国家更是如此。就算到2030年中国GDP是美国的两倍，占世界总量的三分之一，但是我们（这本书）更强烈地表达：中国必须要承担更多的国际责任，对南方国家的官方援助（ODA）要达到GDP的1%，这一数字是相当可观的。我的核心观点在于中国的成长与发展一定要与对世界的贡献成比例。现在许多国家都害怕中国太强大了，但是他们没有看到中国的发展过程会造成很多的外溢性、正外部性。媒体为了吸引世界眼球往往更多地强调中国崛起所带来的负外部性。一个国家的崛起固然会伴随着负的外部性，但是这是一个“九个指头”与“一个指头”的问题，正外部性远大于负外部性。

关于这一点，我特别有感触的是韩国。韩国现在有大批的留学生在

---

1 毛泽东：《中国共产党第八次全国代表大会开幕词》（1956年9月15日），《毛泽东文集》第七卷，人民出版社1999年版，第117页。

中国学习，韩国在中国的旅游人次也已经超过了日本，而学中文的韩国留学生现在找工作也都比较容易。这实际上反映了中国崛起的正外溢性。我曾经与三星公司、LG 集团的总裁讨论过这一问题，他们都认为“中国市场是我们的市场”，他们实际上是在搭乘“中国之车”（即“中国机遇”）。目前三星公司单从对中国出口的销售收入就超过 200 亿美元。因此，我认为对于各个国家而言，怎样搭乘中国发展之车才是更为重要、更需要思考的问题。如果天天把“中国威胁论”挂在嘴边，你就会失去机遇了。

因此，在这篇报告中，我们提出，全人类、发展中国家与发达国家已经成为利益共同体，我们的前途和命运是紧密联系的。贾庆林同志在非洲首脑会议论坛上已经正式提出了“共同命运体”[1]，这也非常清楚地表达了中国政府的态度，即要互相帮助而非互相残杀，要共同发展而非相互排斥。这就是中国崛起的文明的意义、世界的意义。

问：您的报告非常有意思，但我观察到了一个奇怪的现象，就是您一次都没有提到社会主义制度。我不知道这是不是无意的。如果不是，那么是因为您认为中国已经建立好了社会主义制度，还是您认为中国现在已经不是社会主义制度或者不需要社会主义制度了呢？而如果中国是社会主义国家，到 2030 年中国成为如此强大的国家，这是否标志着社会主义制度的胜利？

答：我们所说的中国道路是三个基本因素的相互作用。第一个因素

1　2012 年 1 月 29 日，贾庆林在非洲联盟首脑会议开幕式上发表的《加强中非团结合作，携手共创美好未来》的讲话。

是现代化因素。第二个是社会主义因素。这不仅是制度因素，还意味着共同发展、共同分享、共同富裕。第三个是中国文化因素，中国不仅要走现代化的道路，实现现代化的目标，中国还要开拓中国特色的社会主义道路。这种社会主义道路使得中国可以集中力量办大事，才能实现追赶美国、超过美国、超越美国。中国所追求的不仅仅是国家强大、人民共同富裕，更是要实现中华文明的伟大复兴。因为中国文明本质上还是人类多样文明的其中之一，进一步地挖掘中国文明，将其现代化、全球化，这不仅有益于中国的发展，也是我们对于世界多元化、多样化的文明所作出的文明贡献。对于这一点，我想在座各位在 2008 年的北京奥运会开幕式上都有所感悟。我们没有强求这种文化的输出，但它作为一种文明得以让世界人民分享、让世界人民惊叹。

因此，这三个基本因素构成了中国道路的实质，也形成了中国共产党的历史使命。除此之外，我认为中国共产党还有第四大使命，即为人类的发展作出巨大贡献，这是典型的利他主义、天下为公主义。市场经济虽然是利己的，但市场经济是发展的手段而非目的。我们更多地需要利他主义，这不只是人生观，也是世界观。中国要为世界的发展作出贡献。关于这一点，中国领导人在各种场合已经多次表达，但人们总认为这是在作“官样文章”，没有理解其中博大、深厚的含义。因此，在此我想特别感谢俄罗斯科学院远东所编辑了《中国精神文化大典》（6 卷本），[1] 对于中国文明的传播作出了重大贡献。谢谢你们！

---

1 《中国精神文化大典》（*Энциклопедия. Духовнаякультура Китая*）由俄罗斯科学院远东研究所所长、俄中友协主席季塔连科院士担任主编，编委会成员皆为当今俄罗斯权威的汉学家。共计六卷本，编纂历时 15 年，从哲学、宗教、历史、政治、思想、科技、文学、艺术等多个领域对中国数千年博大精深的文化进行了全面诠释。《大典》代表了当代俄罗斯汉学研究的最高水平，甚至可以说是迄今西方汉学界中第一部如此规模、如此系统地展示中国精神文化财富的大型工具书。

中国绝不能再“瞎折腾”[1]

(2012年2月3日)

问: 很高兴能有机会采访您，我对您很多有关经济的观点都很感兴趣。您认为中国当前经济领域出现的“国进民退”现象并不是一个错误，相反地，国有企业成了中国经济的“两条腿”之一，对于中国经济有着重要的作用。而很多学派，包括俄罗斯社会普遍认为国有企业是低效、腐败和臃肿的代名词。贵国有的学者也认为国有企业当前“过于庞大”。我很想进一步了解一下您对于国有企业的看法和它们对于中国经济的意义。

答: 很高兴接受你的采访。对于“国进民退”这个现象，我想首先表明我的两个基本观点。第一点就是其命题本身我认为就是一个伪命题。通过一系列的数据可以说明，目前中国的非国有企业，在企业数量、就业数量和产值占整个工业的比重仍然是持续上升的。我们现在缺乏GDP中相应的数据，但是根据我们的估算，认为也是持续上升的。因此“国进民退”这个判断我认为就是一个“伪事实”。

第二点我认为目前的情况不是“国进民退”，而是“中（国）进美（国）退”，我们有很多数据都可以佐证这一点。例如世界500强企业中，中国的企业数迅速增加，目前已经有57家（不包含港、澳及台湾地区）。这其中不仅有大量的国企，也开始有民企，比如在俄罗斯投资

---

1 2012年2月3日在莫斯科大学宾馆，胡鞍钢教授接受莫斯科新闻报高级记者罗曼诺夫·沙薩的采访，马英钧根据录音整理，作者作了修改。

的华为；不仅有中央企业，也有地方企业。因此中国一直在用“两条腿”走路，效果要比用一条腿走路好得多。因为一个企业要进入世界500强需要很多的物质资本、人力资本以及组织资本。而中国的私营企业历史仅仅有20多年，现在已经有几家企业能够进入世界500强，这是很不容易的，也是很了不起的。相比而言，中国的国有企业存在了60多年时间。那么这些企业通过改革，它拥有的物质资本、人力资本和组织资本的优势是可以继续发挥作用的。就像一句老话说的那样，“不能把婴儿和污水一起泼掉”。我们要把婴儿留下来洗干净。同样的是我们要改革国有企业中不适应经济发展的部分，而继续保留和发挥它们的优势部分。

我们认为，目前中国良好的经济发展态势取决于其经济上不同所有制企业的互补性。国有企业，特别是大中型企业，在其成长壮大的过程中会带动一大批私营企业。最近国务院发展研究中心做了一个项目，发现国有企业在当前的经济和商业环境中不能做到完全的自我独立，而是要和私营企业形成各种的承包关系、分包关系、外包关系以及采购关系。研究发现一个大型（国有）企业成长的过程中有无数个小型和微型企业为之服务。正是有这样的大型企业的存在，才带动了这些小型企业的繁荣发展，形成新的多样化的商业生态环境，这是“以大带小”，不是“以大灭小”。因此对于国企和私企，我认为他们并不是对立的，而是有机统一在一起的。

苏联和俄罗斯的改革严重受挫，是有深刻教训的。我认为是犯了路线性错误，并且有路径依赖的问题。因为中国的改革，是将小型企业推向市场而保留了关系国民经济命脉的大中型企业。而苏联和俄罗斯则是全面的私有化。现在来看，中国的改革要相对成功。中国同时鼓励国有企业和私营企业的战略合作，通过合作来同主要是西方公司的世界500强竞争。因此你在中国看到，谷歌竞争不过百度；eBay在全世界风行，但是在中国他很难施展，根本竞争不过阿里巴巴；亚马逊也竞争不过当当网等本土网站。这些同国外公司很相似的中国私营企业，在中国这种机制下，也具备了同国外巨头竞争的能力。因此中国在国际竞争中，不仅要发挥“中央集团军”的作用，也要动员“地方军”和“游击队”、“民兵”，继续采用人民战争的策略。(笑)

问：*您在《2030中国》这本书中描绘了中国2030年的社会情况。其中也主要着墨于南方世界的发展。但是当前中国国际事务很重要的一部分仍然集中在北方，例如此次的欧债危机。您能不能介绍一下中国未来对与北方国家的关系如何定位处理呢？*

答：我们在这本书中讨论了南方与北方的关系。但是我秉承的观点是南方国家和北方国家是命运共同体和利益共同体。因此南北方需要共同繁荣，共同发展。无论是南方国家还是北方国家，都应该荣辱与共。但是对于南北方国家，支援帮助的方式有很大不同。对于南方国家，我们可以直接一对一地采取行动，比如苏丹和利比亚的重建和基础设施建设。但是对于北方国家，我认为还是应当基于一些现有的国际规则机构，比如通过国际货币基金组织（IMF）来进行间接援助。我认为现在是中国增加其在国际货币基金组织（IMF）等国际机构中话语权的好机会。中国应该积极参与到国际机构中，通过他们来支援北方国家。

因此我认为不存在中国“救不救”资本主义这个问题，因为我们与北方国家本身就是一个利益共同体。欧盟是中国的第一大贸易伙伴。我们和欧盟“一荣俱荣”，“一损俱损”。因此处理与北方国家的关系，中国应当从国家利益而非其价值观角度出发。相反，西方一些国家却一直从价值观出发。这就存在一个矛盾。我认为中国应该坚持“同舟共济”的思想，在其他国家遇到危难的时候，应当“雪中送炭”。但是“炭”是什么，又怎么送，我们都需要结合具体情况加以判断决定。我个人认为国际货币基金组织（IMF）是一个比较理想的机制和平台。我认为，现在是轮到欧美真正“改革开放”的时候了，不改革也是死路一条。这是邓小平提出的真理，对中国适用，对欧美也适用。

问：从您的书中我们可以看到2030年的中国是一个充满力量和朝气的崛起的大国。中国在各项事业中都取得了决定性的进步，成为世界的领导者。这种观点和改革开放初期邓小平提出的韬光养晦的策略似乎不太相符合。在您看来，韬光养晦和2030年中国的崛起有什么关系呢？当初的政策是否过时了呢？

答：我并不认为我的观点违背了邓小平同志的韬光养晦的策略。邓小平是在东欧剧变，美国独霸，一超已经确立而多强尚不明朗的格局下提出这一策略的。而我在书中提出的中国的发展，不是未来的某一个特定条件下的产物，而是长远的大趋势。我们认为未来的中国应当在世界舞台、人类发展方面，大有作为，大有贡献。我是中国学者中最先提出中国会成为超级大国这一观点的。[1]我并不回避这一概念，但是中国成为一个新型的超级大国，一定是积极的，负责任的，对世界作出重大贡献的超级大国。美国也为世界提供了全球公共产品。因此中国成为超级大国对于人类来讲是一个福音。全球卫生，非法移民的犯罪的打击都需要

1 Hu Angang. *China in 2020: A New Type of Superpower*, Brookings Institution Press, D. C, 2011.

中国的参与。中国对世界的贡献主要表现在以下几点：一是经济增长贡献；二是贸易增长贡献；三是投资增长贡献；四是对于发展中国家减贫的贡献；五是科技贡献，中国的研究与开发（R&D）投入和本国专利申请数都排在世界第二，而国际专利数也即将进入前三；六是绿色贡献，如何节能减排，二氧化碳排放量如何达到峰值然后实现减排，以及生态安全问题等；七是文化贡献；八是发展援助贡献，而且邓小平同志也提出，在中国实现四个现代化之后，要对第三世界的国家有所贡献。我在书中谈到了这些观点，也是对于邓小平同志设想的与时俱进，是基于邓小平同志观点的根基之上的。因此我认为我并没有同韬光养晦这一策略相冲突或者违背。

问： 还有一个比较敏感的话题。您经常提到您的学术思路受到毛泽东的重要影响。但是恕我直言。在西方世界中，毛泽东一直是以一个保守者的形象存在的，而邓小平则更像一名改革者。但是您的观点无疑是支持经济改革的。这是否说明，在您的观点中，毛泽东也是一位改革者？或者说中国的发展中汲取了毛泽东的哪些智慧呢？

答： 你这个问题提得非常好。我也常常同我的学生讲，要研究中国，研究世界，还是要从毛泽东、邓小平这些伟人身上汲取智慧。我的书中也体现了毛泽东和邓小平的智慧。但是从分析毛泽东的思想来看，他的观点是不断发生着变化的。毛泽东首先在 1955 年党的全国代表会议上就提出了要追上最先进的资本主义国家，就是指美国。但是《毛泽东文集》中删除了美国，原始的记录中是有的。1956 年毛泽东在党的八大预备会议上正式提出用 50—60 年时间使钢产量超过美国。而目前我们的钢产量是美国的 7—8 倍。但是毛泽东 1 年之后（指 1957 年）去了苏联，听到苏联提出超过美国的计划。只是在莫斯科咨询了英国共产党的主席和总书记之后，毛泽东实际上否定了原先提出的50—60年赶超美国的计划，而是发动了“大跃进”，提出用15年时间赶超英国。后来又提出7年赶超英国，15年赶超美国。而到了1962年七千人大会上，毛泽东又提出这一过程大概要100年，又从15年回到了100年，也就是从1949年到2050年左右。毛泽东之所以有这么大的变动可能是因为他缺乏专业知识和专业分析。他提出的计划都是经验的而非科学的，因此在和其他人交流的过程中就很容易受到影响而改变原有的设想。而我们提出的观点是基于专业分析的，因此我们对于我们的观点有信心。我的书中尽量体现了毛泽东最睿智和伟大的方面，西方更多地关注的是毛泽东不伟大甚至失败的方面，当然我也对这些方面作了分析，得出了自己的认识和见解。因此存在一个如何看待中国政治领导人遗产的问题，我认为，这些领导人（特别是毛泽东）的成功和失败都是我们后人的历史财富。但是历史失败变成为历史财富的过程不是自动发生的，而是需要我们后人的认真反省。“文化大革命”中的红卫兵有人反省过吗？将所有的责任都归咎于毛泽东身上，而不自我反省，类似的错误就将继续犯。而邓小平正是因为有“文革”时期的历史记忆，才能够在“八九风波”时期稳定了中国政治社会局势。这些记忆就成了宝贵的财富。而俄罗斯相对就缺乏这种历史记忆，自从1917年十月革命之后，苏俄就再没有经历过大规模的群众运动。因此导致20世纪80年代所有人都希望能够学习西方，拥抱（西方）民主。而中国“文革”时期的大民主带来的全面内乱对于几代人都有着深刻的历史记忆。因此再一次出现类似的情况，这些领导人就知道该去如何处理。这就是一种历史财富。

对于这个问题，我很同意李先念和陈云同志提出的“不要折腾”的概念[1]。他们对“八九风波”的反应就是红卫兵冲击中南海，是中国社会动乱的前奏。

我认为20世纪80年代发生在社会主义国家的“瞎折腾”运动被西方国家标志为“民主运动”，这是建立在西方话语体系之下的。我们要对它有着自己的认识和判断，而不能“言必称希腊”。在我看来今天的利比亚都属于瞎折腾，人民更“自由”了，却也更加贫穷了。这里也存在一个中等收入陷阱的问题。20世纪80年代苏联东欧地区都进入了中等收入的范围，而当时的中国距离中等收入很远，因此更不敢瞎折腾。当然我并不否认民主的伟大意义，但是现在再问俄罗斯人民，我相信他们不会再选择瞎折腾。而无论是从集体还是个人的记忆来看，中国都不应该再瞎折腾。这也是我们从历史人物的错误中获取的宝贵财富。

问：您在书中提到了大同世界，这一概念是由康有为最早提出来的。也希望您能谈谈对于大同世界的理解。

答：大同世界这一概念并不是我们的创新。不过中国人从历史上就追求一个平等的、繁荣的、稳定的、强大的社会。这是中国的历史特征。而且从这个角度来看，中国古代政治智慧应该成为中国社会现代化的重要历史来源。中国有几千年的文明文化历史，的确与美国几百年的文化历史大为不同，历史资源禀赋更为不同。第二个历史来源于毛邓等领导人的政治智慧和政治构想。西方的政治家是没有办法与他们相比

1　1979年3月14日，李先念、陈云联名写给中共中央的信指出：前进的步子要稳。不要再折腾，必须避免反复和出现大的“马鞍形”。参见《陈云文选》第三卷，人民出版社1995年第1版，第248页。

的，1956 年毛泽东提出用 50—60 年超过美国的设想，当时美国只有 1.3 亿人口，中国人口则超过 6 亿。第三个就是来源于西方先进的社会科学理论，包括马克思主义理论，我们都会学习借鉴、吸收消化并创新。这是我们做研究着力整合的三个主要方面。

邓小平一次访美两次访日，对于现代化的理解有了新的认识，同时结合自身的特点提出了小康社会的概念。因此中国的发展是要走出中国自己的道路，而不能照搬西方的模型，比如瑞典模式，整个瑞典国家只有 800 万人口，北京的一半都比它多。一个成功的西方模式对于一个十几亿人口的适用性就很值得研究。新加坡模式也是如此。因此在比较了各个国家的现代化道路之后，我就发现现代化绝对没有一个所谓的普世模式。因此我们还要坚持中国特色的现代化道路。

中国在现代化的道路上一直在做一个自己的尝试和创新。我的一本新书，最近刚刚完稿，叫做《中国：创新绿色发展道路》，我们把文明分为以下几个大类：第一个是农耕文明，即我们讲的黄土文明；第二个是工业文明，即黑色文明，通过高能耗高污染实现发展；第三个就是绿色文明，即生态文明，而且党的十七大报告中已经提出了生态文明建设，但是没有给出具体的定义。

从工业革命的角度来看，我认为有四次工业革命，第一次工业革命就是蒸汽机革命，以英国为主要代表，带动了欧洲的发展。第二次工业革命是铁路电气钢铁的革命，以美国为主要代表。第三次工业革命是信息革命。中国在头两次革命中是落伍者，而在第三次革命中是参与者和运用者，现在又变成了领先者。第四次工业革命就指的是绿色革命。我们发现前三次革命中，经济、人口、贸易都有了大幅增长，同时碳排放也出现了增长。我们希望第四次工业革命的特征是经济保持增长，同时与碳排放实现“脱钩”。我认为，通过“十一五”和“十二五”规划，中国实质上已经发动了一场绿色工业革命。今年6月将在巴西里约热内卢举行全球环境与发展高峰会，讨论全球绿色发展的问题。因此中国通过学习资本主义成功的经验和吸取失败的教训，来创新自己的发展道路。资本主义在碳排放问题上是“事后诸葛亮”或“事中诸葛亮”：发展初期大量排放，近两百年之后才意识到这一问题的严重性。而我们希望中国的发展道路能具有一定的前瞻性，争取做“事前诸葛亮”。我们也希望能够推动中国的绿色发展，即利己又利他，实现世界的大同。

问：这种道路听上去很令人兴奋，但是一个现实的因素是，当前中国学界对于经济发展的意见是众说纷纭。在所有制问题、市场问题等一系列核心问题上，中国学界都存在着针锋相对的观点。您认为这种学术上的现状对于中国选择自己现代化的道路有什么影响？

答：事实上我并不认为哪一个学派能对中国道路的选择产生决定性的影响。真正有决定意义的是中国人民和中国共产党。中国共产党作出的决策必须符合中国人民的长远需求和根本利益。这也是我们在2030年这部书中提出“共同富裕”这一观点的原因。这就是社会主义性质的本质体现（邓小平语），我们需要用一种简单的语言使得大多数的人民能够理解这一决策的影响和结果。因此如果说中国道路受到哪一个学派的左右，这将会使中国的发展问题简单化、教条化甚至僵化。

此外，邓小平同志也说过，他自己不是保守派，也不是改革派，而是实事求是派。我个人十分推崇这一观点。实事求是就要具体问题具体分析，而不受左右派的干扰。例如在经济上我主张自由贸易，这属于自由主义的观点，我也主张大力发展私营经济，这些都是基于国情务实地提出来的。因此中国所谓的各种学派（也包括“新左派”）对于中国的影响我认为是很有限的，最终的决定权还在党中央。而且党中央内部也会有争论，但是在重大问题上的认识与观点基本趋同的特征越来越明显。这一点非常重要，特别是党的十八大即将出台的报告，这就是一种政治共识，将从政治、经济、生态、军事各个方面进行调研，形成一些基本思路后再从各个有关方面反复讨论求证。这是非常民主化、科学化、制度化的决策过程，在世界上任何一个国家都没有的。因此，我认为中国学者首先要自觉地进入中国的社会主流、政治主流，只有了解到中国政策实际的制定过程，你才能将自己的见解变为现实。如果本身都是“非主流”，那么肯定是不可能影响中国的。如果是“逆流”的话，还会被中国社会所淘汰，既是自我淘汰，也是历史淘汰。中国道路的实质是中国共产党领导的中国人民选择的。这个答案很简单，但却是唯一的历史答案。

2020年：一个新型超级大国[1]

（2012年2月15日）

荒井胜喜：现在在美国，学者对中国的关心程度超过日本十倍，所以非常期待胡教授5月份到美国华盛顿参加三方（指中国、美国和日本）会议，进行学术交流。

胡鞍钢：是这样的，最近我在美国布鲁金斯学会出版社出版了英文版的《中国2020：一个新型超级大国》（2011年4月）。

荒井胜喜：是的，我知道这本书。

胡鞍钢：日文版很快也要出版了。我前两天还从布鲁金斯学会出版社收到了印度出版的南亚英文版，还有韩文版。所以说在全世界，现在人人都在谈中国。我的书就是回应他们的关注。

荒井胜喜：现在在美国也有好多研究中国的经济专家写了很多关于中国经济方面的著作。我也和这些专家有过一些交流。我所合作的一位在英国剑桥大学和美国一大学任教的教授 Stephen Harbor 也出版了一本关于中国经济比较有趣的书。

胡鞍钢：我在我的书中用了一个副标题：一个新型超级大国（*A new*

---

1 本文系2012年2月15日胡鞍钢教授会见荒井胜喜（Masayoshi Arai，日本贸易振兴机构纽约代表处产业调查员）、清水显司（日本贸易振兴机构北京代表处经济信息部）、张敏（日本贸易振兴机构北京代表处经济信息部）的访谈记录稿，李强协助整理。

type of super power）。

荒井胜喜：您说的这个新型（A new type）具体指的是什么呢？

胡鞍钢：具体指的就是一种既不同于前苏联也不同于美国的新型超级大国。当然我们也应该像美国那样对全球的科技发展和经济贸易作出重要贡献，这是毫无疑问的，但是我们要走自己的道路。我们也并不是要和美国对抗或是要取代美国。

荒井胜喜：当然，中国要走自己的道路。从中国最近一些年发展的道路来看，好像慢慢地还是跟发达国家走过的路有点接近。

胡鞍钢：我们希望中国不是简单地复制发达国家的道路，而是应该走一条我们所说的新的道路。因此在这本书之后，我们又出版了一本《2030 中国：迈向共同富裕》（中国人民大学出版社 2011 年版），它的英文版也正在抓紧翻译和准备出版，由德国的斯普林格出版社负责出版发行。在本书里我们也增加了对世界的看法，书中也涉及创新，到 2020 年建成世界创新国家。我们预测的数据包括了中国、日本、美国以及欧盟。美国国家情报委员会的《2030 全球趋势》马上也要出版了，我们还没有看到他们是怎么判断全球新趋势的。从我的心愿来看，在 5 月份如果我确定前往华盛顿参加中日美三方会议的话，我愿意介绍我的最新研究成果，但是现在行程确实无法确定下来。

我的另外一本刚刚完成还没有正式出版的书叫做《中国：创新绿色发展》（中国人民大学出版社 2012 年版），这本书更多的是讨论中国怎样创新一条我们称为旨在建设绿色企业、绿色城市、绿色中国的绿色发展的新道路。写这本书最主要的原因是今年 6 月在巴西里约热内卢召开联合国可持续发展的高峰会，主题是绿色经济。我们认为不只是中国，全世界都需要绿色能源、绿色经济、绿色增长以及绿色合作，即绿色发展。这本书的中文版下个月正式出版，英文版争取由斯普林格出版发行。

荒井胜喜：我们这些生活在中国以外的人也非常关注创新和绿色发展，但是我们对中国的情况不是很了解，如果（在中国）要实行创新和绿色发展是不是要遇到很大的困难？不知胡教授的看法是不是今后要通过创新和绿色发展来引领或带领中国未来的发展？

胡鞍钢：应当说绿色发展必须要创新发展。首先要创新理念。我把黑色发展定义为“吃祖宗饭，造子孙孽，断子孙路”。现在联合国所提倡的可持续发展实际上是不给后代人留下“后遗症”。准确地翻译的话，也就是说“不断子孙后路”。而绿色发展，我们称之为“前人种树，后人乘凉；功在当代，利在千秋”。在中国人的思想里，前人就是要为后人种树，使后人受益。实际上东亚国家大部分的文化和观念也是这样的。譬如说，对于环境保护的投资，对植树造林、生态建设的投资，对农田水利设施建设的投资，还有进行减排二氧化碳的投资等。它的本意是前人要给后人留下更多的生态资本，生态财富，而不仅仅是物质财富。

荒井胜喜：我看了您的书的目录，谈到的都是中国国家建设的目标，这些和我们现在感受到的非常有共鸣。的确，创新和绿色发展，也非常值得日本关注。我在日本经济产业省工作，我们有一个观点是，不要牺牲经济的增长来实现创新或绿色发展，而是要通过绿色化和创新来实现经济的持续发展。所以现在日本的政府和民间的企业也是在携手共商相应的政策来促进发展。日本将来的方向和中国也是一致的，也是要通过创新和绿色发展来实现经济的持续发展。但是就目前来看，按照中国以前的经济发展的方式，也就是通过出口和投资拉动的经济发展，今后要转向创新和绿色发展的话，相当于有一个很大的转变，对于中国目前的结构调整应该能够起到相当大的促进作用。

胡鞍钢：这可能也是今后中国政府必须要做的事情，我们称之为“转型”。我这本书（指《中国：创新绿色发展》）的英文书名是《从世界最大的“黑猫”变成世界最大的“绿猫”》。

昨天我们在国家发改委讨论，现在中国是世界能源消费第二大国，实际上已经是第一大国了。中国是能源生产第一大国，又是二氧化硫和二氧化碳排放量的第一大国，就是我所说的世界上最大的“黑猫”。那么怎样转变为世界上最大的“绿猫”呢？我们现在是世界风能第一大国，太阳能也是第一，另外就是我们的核电建设规模也是第一。虽然日本因为核泄漏事件不再搞核电了，但是中国肯定要搞，而且不仅是最安全的，还是更加绿色的。美国在过去几年页岩气开发非常快，中国很快也要发展，我们可能会继美国之后成为世界第二大页岩气生产国和消费国。中国也将是新能源汽车最大的生产国和消费国。还有很多这种类似的市场和机会。包括丰田（Toyota）中国公司都在中国研发和生产最节能的、最先进的新能源汽车。未来中国很快也会成为绿色节能建筑的最大市场，并且有强制性的标准。北京市也会像东京那样进行垃圾的分类和回收，还包括将垃圾本身作为新能源进行利用。北京市所使用的垃圾处理技术水平已经高于东京的水平，规模也要比东京的大。东京都是分布在不同的町里，北京是集中式地超大规模地处理这个问题。它的理念还是从日本学习过来的，就是把垃圾变成北京的矿山和资源，其基本思想是一致的，只是规模更大，技术水平更先进。

荒井胜喜：的确是这样。自从日本去年的核电站事故以后，核电站的开发和建设都完全停止了，要重新启动也面对很多的反对意见。因此日本整个利用核能的比例是下降了。所以日本也在加大力度制定开发新能源和节能技术的政策。这个领域也是日本的强项，所以中国和日本在这方面的合作应该加强。从目前中国的状况来看，可能要等到今年的秋季中国领导层换届以后，成为下一届政府的十年间需要加强和克服的问题。当然下届政府将面对的问题可能会很多，但是这个问题（新能源开发，绿色发展）可能是迫切需要解决的。

胡鞍钢：实际上“十二五”规划已经出台了相关政策，而且从去年就已经开始实行了。它也不会因为领导人的新老交替而改变，只能更进一步强化。因为在这方面的“十二五”规划内容制定的时候，温家宝总理是组长，李克强副总理是副组长，其实他（李克强副总理）已经知道2013年他所要做的事情，实际上是在为自己未来的工作作一个规划。而且他在本届政府作为常务副总理本身就负责国家发展规划和环境保护。这与日本确实不同，第一，日本下一任首相是谁？你们并不清楚；第二，下一任首相上台以后他自己的施政纲领是什么，连他自己也不清楚。中国却不是这样的情况。

当然不止日本如此，美国也一样。美国下一任总统是不是奥巴马，或者是谁，谁也不知道，只有天知道，可以说天也不知道。总统上任以后，他有没有这样的施政纲领，你们又不知道。这叫“两个不知道”。但中国就比较清楚了，我们都知道，我就知道，因为我也参与了“十二五”规划的设计。下一个总理要做什么？我们很清楚，就是如期实现“十二五”规划的目标和任务。

如果一个人或一个国家在不知道情况的条件下，就会比较倾向于所谓“机会主义”，即国家的机会主义，领导人个人的机会主义。如果知道情况的话，就不会有机会主义，就会很早地考虑和很早地推动。就像我说的“前人种树，后人乘凉”。机会主义则是“前人借钱，后人还债”，“前人（指小布什）打仗，后人（指奥巴马）撤军”。所以现在不仅美国，日本，包括欧盟，为什么会形成巨大的国家债务危机呢？就是因为机会主义，存在借钱透支机制，与中国是不一样的。不知你同不同意我的看法。

荒井胜喜：我也觉得有这么回事！胡教授，刚刚您谈到的把世界最大的黑猫变成最大的绿猫的观点，我们需要去做宣传，需要把这个观点传达给世界，最好到大洋彼岸的美国去，讲给他们，他们也会受到很大的刺激。和美国相比，日本还是要好一点（笑），日本没有太机会主义，美国完全就是机会主义。日本还是为将来做一些考虑，为子孙后代做一些事的。

胡鞍钢：这我倒是同意。日本还是在发展循环经济，节能减排等方面，在经济合作组织（OECD）中是做得最好的。当然不只是政府提倡，主要还是靠企业，像丰田（Toyota）这种企业它自己就有这样的追求。我到了（日本的）农村一看，村里的山林是不得任意砍伐的，类似这方面你们确实是做得不错的。

荒井胜喜：胡教授，我想问一个关于生态的问题。现在中国好像很多地方都在建生态城市，日本的企业也很想参与到中国生态城市的建设当中。比如说与地方的一些政府和开发区合作，为中国的生态建设作一些贡献。想请问一下胡教授，您认为中国现在对于生态方面的做法，是不是有需要改善的地方？有人说中国是否还是过度依赖于投资，这是不是与以前的城市开发的举动有点类似？

胡鞍钢：应该说二十年前没有任何一个市长意识到我这个城市要“宜居”，但是今天绝大多数的市长已经把城市定位在如何“宜居”，包括北京市。因此把生态宜居和绿色城市的新理念引入以后，全国都在做这方面的工作。像北京市现在在打造它的“水系”。我们知道北京市是缺水的，现在北京市的再生水也就是二次水的使用比例已经达到了（总用水量的）60%，到2015年要达到70%，这在全世界都是少见的。这不像东京，因为有丰富的水资源，所以它不需要那么多的再生水。

从全国来看，在“十二五”时期全社会环境保护的投资将达到3.4万亿人民币（相当于5 400亿美元）。这是指全社会的投入，其中政府占了将近一半。从这个角度来看，日本的企业可以了解不同的地区、不同的城市的情况，研究怎么样能够帮助当地的政府和企业，来参与到这个（环境保护和建设生态城）的过程中来。我估计这个投资可能是在全世界（各国中）环保投资规模最大的。这相当于我们“十二五”时期GDP比重的1.4%，这已经很高了。所以我们把它定义为“绿色投资”，它是有长期的回报的，同时通过它发展出“绿色产业”，也就是环保产业。

国家环保部现在在制定详细的计划，而中日环境保护中心就在环保部，你们还可以通过环保部了解详细情况。这涉及如垃圾资源化的问题、再生水的问题以及一系列环保设备和技术问题。北京现在已经把PM2.5空气质量作为首要的事情来抓，将来对于汽车尾气的处理，建筑灰尘的处理，包括监测手段，都需要大量的仪器之类的投入。此外在太空上，和日本的环境卫星、气象卫星在应用上，未来也可以合作，分享信息。比如像沙尘暴，当然现在发生的频率和规模也在下降，从哪里开始，如何形成，走的什么路线，这些信息都可以即时分享。现在两国（中国和日本），也包括韩国，基本上都建立了监测网络（network），很快就能预报出来沙尘暴。比如可以预测沙尘暴两天之后要到东京或者到名古屋，也可以分清沙尘暴到底是产生于内蒙古还是蒙古，它的整个线路都可以通过卫星识别出来。三四月份沙尘暴就要起来了，我估计日本的头版头条报道都说是中国产生的，但实际上不是中国，主要是蒙古产生的。

这个方面我们有相当多的合作，而且都是具备客观条件进行合作的。实际上我们也愿意和日本合作来帮助蒙古控制沙漠化，这也是一个非常大的问题。内蒙古的生态现在已经明显改善了，因为我们已经把牲畜都进行了圈养，而不是原来的放养，所以很快就发生比较大的变化。我很多次去内蒙古作调研，我看到了这个问题，但是蒙古的生态问题，中国就没有办法了。外国人也搞不清楚到底是内蒙古的问题，还是蒙古的问题。

荒井胜喜：的确，日本的很多企业都觉得环保和相应的环境政策可以成为企业新的利润来源，我们也是非常积极地在做这方面的工作。现在日本的环境政策和能源政策是相关的，而能源政策有80%是与企业的生产经营活动相关的，所以企业会非常积极地参与到环境政策和相关活动中来。另外环境保护与提高效率和提高安全性的关系也是非常密切的，所以通过制定一些环境政策，对各方面的影响都是很大的。

胡鞍钢：我们认为，第一，绿色发展的主体，包括绿色创新的主体应该是企业。第二，国家要有发展规划，要有明确的激励政策，这样的话，“两只手”结合起来就比“一只手”要好。现在中国在改革数据统计的方法，将70万家企业，主要的大中型企业的数据直接报告给国家统计局，其中也包括一些环境的数据。这样国家就能很快掌握这些数据，以便来针对性地出台一些政策，鼓励企业节能减排。这项改革从今年2月开始。过去我们是企业报到县，县报到地市，再报到省，然后再报到中央。现在不一样了，企业直接报到中央，当然也会报到县、地市和省级。当然中国真正搞清楚环境数据也不那么容易，这还只是70万家大中型企业，而中国有几千万家企业，包括个体经营者。当然这部分（70万家）占总量的比重比较高，不管是生产总量还是能源消费，包括污染排放都占很大比重。

荒井胜喜：日本也一样，像经济产业省目前也在制定一些激励的政策和制度。比如，我们强制要求发电企业必须利用新能源生产的电力，并且按照效率高低的优先级进行购买。这样如果风力的效率高，企业就购买风力生产的电力，如果太阳能效率高，企业就用太阳能。这样让不同生产新能源的企业相互竞争，提高新能源企业的竞争力。另外国家会给予新能源一定的补助，这个补助的金额是有限的，所有企业需要通过竞争来获得补助。这样一些制度和政策，中日双方可以相互交流。正如胡教授您所说，企业是发展的主体。应该让企业觉得环境保护和节能减排对企业的生存和发展是有利的，是能够带来利润的，这样企业就会积极地推进环境保护和相关政策的实施。

胡鞍钢：现在中国也鼓励企业每年发表企业社会责任报告，也是希望它们能够树立自己的形象，如丰田公司（Toyota）每年都有报告，包括在北京的、在中国的公司。所以中国一直在企业推行节能减排，同时正如你刚才所说，类似于日本的做法，中国在新能源方面也要求发电企业必须有一定比例的新能源和可再生能源，中国也一直在做这方面的工作。

荒井胜喜：胡教授，我们刚刚谈了很多关于绿色发展的话题。对于未来中国的社会保障体系的完善，城市化的推进，如何缩小贫富差距，国有企业如何推进改革和流通系统的改革等问题，都是中国近期需要面对的问题。您认为中国能否在2020年全部解决这些问题，或者还是在2030年能够全部解决？

胡鞍钢：我们基本上是这么设定目标的。第一步近期目标就是五年规划，如“十二五”规划，发展目标已经很明确了，发展指标也很具体。第二步是中期规划，就是到2020年，现在我们还在进一步细化。首先就是回答中国在2020年将是一个什么样的社会。实际上在十六大和十七大报告中已经给出了明确的定义，就是全面建设小康社会。我这本书《中国2020：一个新型超级大国》的英文版的最后一章已经回答了这个问题，我从详细的指标入手，讨论了这个问题。其次是要回答中国会成为一个什么样的国家，并且会对世界产生什么样的影响。我在这本书《中国2020：一个新型超级大国》中也作了回答。第三步就是2030年，我们叫做20年的长期研究和长期规划。如果考虑邓小平的战略思路，还需要考虑我们所称的长远的设想，就是到2050年。当然，这部分内容很难细化，主要是方向性的。中国就像在茫茫大海中的一艘巨轮，但不能因为是茫茫大海就乱闯乱碰，还是需要一张航海图，尽管这张航海图不可能很细致，但是我们应该知道从哪里来，走到哪里，下一步到哪里，未来又驶向何处。从我的书里，你就可以基本看出中国往哪里走，我们就是专门研究这个航海图的智库。当然，不可能每一步的目标都会百分之百地达到，例如，“十一五”期间，也就是从 2006 年到 2010 年，我们去年年初作了一个评估，满分 100 分，实际得分 86.4 分，也还是相当不错的，我们认为这已经是一个比较好的成绩了。如果按照现在的步调走下去，也许“十二五”时期会达到 90 分以上。

荒井胜喜：不会是越走越困难吧？

胡鞍钢：在“十五”计划时是 60 多分，我们是很专业地进行了事后评估的。“十五”得分低主要是因为节能减排的重要指标没有实现，而在“十一五”基本都实现了。如果“十二五”将来要达到 90 分的话，重点就是绿色发展达到主要的绿色指标。我当老师是有“职业病”的，总是要打分的，给学生打分。所以我们也给政府打分，当然我们是很专业化地打分，要客观、公正。

荒井胜喜：谢谢胡教授，和您交流非常有趣。希望 5 月份能够在美国跟您见面！

谈中国新型战略产业[1]

(2012年3月27日)

胡鞍钢: 再工业化是后工业化的再度工业化。

所以中国的新型战略产业本身是有定义的，更多强调的是对国民经济有长远的引导带动作用，是知识密集的、技术密集的，同时消耗资源又是比较少的，成长起来比较大的，并且能够产生出综合效益，不仅带动制造业发展，也带动整个服务业的发展的产业。

中国正处在工业化的加速过程中，发展新型战略产业会成为新的经济增长点，并且把创造就业作为重要的一个指标，同时能够促进节能减排，也就是我们所说的资源节约型社会、环境友好型社会。这是中国政府一个重要的出发点。

中国从20世纪50年代开始发动工业化，以“三五”计划为重要标志，我基本把它称为苏联的工业化模式，以重工业为优先。第二次工业化实际上是从20世纪90年代末期，用信息化带动工业化。经过这十年以后，可以看到中国信息产业，无论是用户、生产还是出口都是世界第一。完成这一过程只是花了十多年的时间。现在我们希望能够再花十年左右时间完成不只是信息化，包括新型战略产业建设。因此我们估计到2015年，也就是“十二五”规划结束的时候，新型战略产业大体占GDP比重应该达到8%左右，有可能占工业增加值比重达到三分之一左

1 本文系2012年3月27日胡鞍钢教授会见欧盟驻华使馆企业工业部（DGENTR）国际事务主管约翰·法内尔（John Farnell）的访谈记录稿，郑云峰协助整理。

右。到2020年，这两个比例就相应地达到GDP的15%，工业增加值的40%甚至接近50%。

为了实现这个目标，在这次“十二五”规划中（我本人也是“十二五”规划专家委员会的成员之一），专门设立了第十章，内容就是关于如何发展新型战略产业，马上国家发改委将公布七个方面领域的专项规划。这方面主要的考虑，大家也都清楚，中国在20世纪末期信息化的过程中是落伍者，不是一个领先者。我们现在有条件和欧盟、美国、日本、韩国，在这一轮新型战略产业上同时起步，我们也希望能够成为领先者，这是核心目标。这也就解释为什么“十二五”规划要有第十章，而且国家专门制定专项规划。这是我们的战略意图。

中国实际在制造业上按汇率法计算已经超过了美国，从制成品出口的角度，中国现在也是世界最大的，从高技术出口的角度，也是最大的。但我们还是认为，中国在制造业方面大而不强，特别是缺少核心技术、核心零件和核心竞争力。这也是为什么我们需要发展这种新型战略产业。

欧盟提出要在2013年投资一千多亿欧元进行战略性投资，发展绿色经济，绿色发展。从这方面来看，和中国是一样的思路。所以我们也特别希望能够和欧盟进行战略性的合作。

因此这次我们说的新一轮中国工业化必须是更加开放的、有竞争力的。在全球范围内，不仅带动整个中国的发展，也希望能够带动周边地区，不仅包括大量进口零部件的亚洲地区，也包括欧洲地区，同时也带动整个世界。

因此从中国的角度，已经就怎么发展新型战略产业提出了我们所说的一些基本思路，这就是以市场为导向，以创新为动力，以企业为主体等几方面政策思路。也包括所提到的像自主创新、知识产权，包括国际合作等。

尽管中国还没有正式公布全国的方案，但是2012年1月初上海公布该市的新型战略产业的方案，实际上和国家的方案是比较接近的，大体的主要思路都比较一致。首先，总量规模要扩大；第二，从结构的角度要优化，就像我说的新型战略产业占整个工业的比重要达到50%，比全国的水平高得多；第三，就是怎样体现它的创新能力，比如企业用于研究与开发（R&D）的投入，要达到销售收入的2%以上，比如建立若干个国家的科技创新基地、工程实验室等。这样它们也会和大学研究所、科学院进行合作，形成“产学研”，甚至金融界还会介入进去；第四，就是由于产业的发展，我称为是“两只手”的巧妙结合，国家也好、包括地方（上海、北京），都制定国家规划和地方规划，这是看得见的手；另外一只手就是看不见的市场之手，这样就更加明确企业是主体，国家这只手、地方这只手怎样服务、扶持、支持企业这只手。此外，从空间的角度，我们希望这些企业能够聚集在新技术开发区，具有区域的聚集（cluster），这样就更加具有规模效应，迅速发展起来。因此在中国原有的几大工业制造中心，长三角、珠三角、环渤海包括内陆地区的一些传统的工业中心，经过新一轮的工业化，将很快地转型。

我想更重点地介绍一下怎么才能够进行国际合作，并且提高这些产业的国际化水平，对此中国政府已经作出了更明确的规定。

它分两个方面，一是鼓励境外的企业和研究与开发（R&D）机构能够在中国设立研究与开发（R&D）研究中心。我们现在大概已经有两千多家研究与开发（R&D）的国外企业，大部分都是世界五百强最知名的企业。而且这一次明确地提出符合条件的外资企业可以和内资企业，外资研究与开发（R&D）机构可以和内资研究与开发（R&D）机构申请地方的和国家的这方面的新型战略产业的科研项目，比如新型能源汽车等。此外，我们更鼓励外资企业和国内企业也包括外资企业本身，联合申请这几个方面的专利，特别是发明专利。

第二方面，我们鼓励中国的企业和研究与开发（R&D）机构，能够到国外开展科研服务外包，也和境外，比如欧盟的研究与开发（R&D）机构，去合作申请国际专利（PCT），以及制定国际标准。比如像第四代移动电话标准（4G），我们也鼓励我们的企业和国外的企业能够申请这些国际的技术标准、发明专利，并广泛地应用。

国家新型战略产业五年规划（“十二五”规划），如果公布，凡是列入鼓励的项目，外资企业只要符合这些要求，中国都鼓励它们进入，并且支持它们进行投资，不会作任何的限制。在它没公布前，你们好好学习一下上海的规划，它已经公布列出。所以现在是一个大好的时机。

如果从过去十几年，中国从信息化的后来者、追赶者，很快成为现在的领先者，主要是中国的市场支撑它完成了这个过程，我也相信在未来十年，中国将成为新型战略产业的主要市场、主要生产基地、主要出口基地。我简要地把我们的框架和思路作了介绍，我们还可以再提出一些问题，再讨论讨论。

约翰·法内尔：非常感谢，胡教授。您刚刚证实了我阅读您的著作《2020中国》所获得的印象。您对中国之路在新科技以及世界经济中抱有非常积极的态度，并且对国际途径有积极的观点。但我有一两个问题或想法希望可以尝试与您交流。

您说得非常正确，中国以非常快的速度在发展，在信息技术和信息产品生产商中扮演了非常重要的角色。当然在某种意义上这是近二十年所发生的，因为许多在1989年、1992年等被中国政府邀请的公司，来到中国用最新的技术投资，并有了更远的发展。它们得以接触到相对廉价的劳动力。现在我们都处在一个新的位置上，因为我们在寻找新技术。您说得很对，被你、被我们、被美国认同的，是未来的核心技术。它们不会从已经制作好的手册模板中产生，也不会是“哪里有世界上最廉价的劳动力资源，我们就去哪里，我们就在哪里做”的方式产生。我们还不知道我们需要做什么。我们一直在寻找目标和解答。在这个更加灵活和充满变化的世界，预测成功和设定目标并实现目标，对每个人来说都非常困难。不仅仅对中国，对欧洲，对美国都很难。我想在我的研究论文中试图去说明我们如何能够国际化地运转，我们如何能够忘掉最好的想法，最好的技术，最适当的地方，而为任何地方创造好的条件，来产生我们需要这些新技术的解决方案。困扰我的是，我认为风险是中国走的是自上而下的路径，由一个委员会来选择最有前景的技术，选择有资格的公司来开发，并给它们所有的资金期待它成功。在欧洲我们过去曾在宇宙空间方面作过这样的尝试。我认为你们在中国汽车行业作了尝试，政府很难创造技术，政府机构也不擅于发明技术，而企业家相对擅长。我认为我们的担忧，也是在欧洲的担忧，是你们如何为具有聪明的想法的公司创造空间来发展，隐含的部分意思是将某一经济部分中的巨型企业、巨型运营者移出。

第二阶段，如您所说，中国的新一轮工业化，我认为对于每一个人，可能将会比第一阶段困难。我们的假设是只有自下而上的结构才行得通，我们为想法、想法的自由交换创造条件。这是我的第一点（问题），您如何看待，中国是否准备好如毛主席所说的“百花齐放”，还是愿意让一个委员会来决定技术。

另外一点，我认为是如何看待中国、美国和欧盟之间的关系。我注意到一件事情，我们几个已经是超级经济体的国家在贸易方面非常紧密地联系在了一起，占每个国家和地区的10%到20%。贸易对中国、欧盟和美国都非常重要。当你看投资的时候，又是完全另一种情况。从欧盟到美国有非常紧密的投资流量，但我们看到中国，无论是中美还是中欧，这些投资流量相对较小，占贸易额的比重非常小。我认为贸易，投资流量是衡量技术、想法、互动交流的非常好的指标。我们在欧洲的担忧是我们如何为投资流量来创造条件，不仅是中国到欧洲的投资，同样也有欧洲到美国的投资。我们已经建立了贸易方面非常强的联系，以及非常强的中立的依赖关系。我们该如何为投资去做，因为我们需要为在最快速的新一波工业化中的好想法的交换创造条件。

胡鞍钢：我尽可能回答你的这些问题。从中国的发展来看，确实和其他国家不同。我还是强调“两只手”，因为我一直主张“两只手比一只手好”。实际上中国是根据世界发展的趋势、中国的实际情况，制定了它的发展目标。从邓小平提出“两步走”，后来提出“三步走”，到现在中国政府又提出2015年目标和2020年目标，包括十八大还要进一步讨论。政府先提出目标，然后动员全社会，特别是企业来实现这个目标。它实际上结合了两个方面的力量。这就解释了中国为什么会这么快发展，为什么未来中国还会这么快发展。

因此在发展的过程中，以上海的新型战略产业规划（非常专业化）为例，使得上海的企业包括外资企业，获得了一个整体信息供他们参考，供他们进行自主决策。这样就把政府的信息与决策和企业的信息与决策结合在一起，降低了它们之间的知识不对称性和信息不对称性，这对双方都是必需的，也是有利的。

那么有什么风险呢，或者现在出现什么问题呢？这和中国这个体制是有关系的。中国是一个政治动员体系，党中央、国务院一号召，说做七个方面的新型战略产业，就会出现很多地方的积极响应，但他们并没有根据自己的实际条件去规划新型战略产业。有的地区因为中央做七个，它也做七个，而不是根据自己的实际情况做一个或一个半。这就可能会出现一拥而上的情况，会造成很多的浪费，或重复建设。这就是为什么这一次新型战略产业规划尤其强调企业为主体，由企业来决策，而不是政府来决策，政府只是负责制定相应的规划。

此外，中国投资规模非常大，无论是外资企业还是内资企业，尽管外资企业在中国投资的绝对数大幅度增长，但是相对于全国的投资总额比实际上是下降的。举个例子，2010 年全国的投资总额是 27.8 万亿元人民币，但是外资加上港澳台地区的投资，只有 1.7 万亿元，连 10% 都不到。因此从我们的视角来看，外资不是多了，而是相对地少了。这个少是相对比例而言。当然我们选择的外资，是高质量的外资，能够符合前面所说的国家发展的产业政策，属于新兴的七个大类的产业，这样的外资企业多多益善。事实上，中国政府也是这样鼓励的。

十几年前我们就有一场争论，我主张“引狼入室”，“与狼共舞”。但很多的学者当时担心外资进入以后，会形成垄断。但后来事实表明，没有一家外资企业，包括世界五百强企业，能够垄断中国市场，即使在某一个产品方面也不可能，更不用说汽车。所以说将来中国市场的格局，我称为“春秋战国时代”的格局，而不会出现“秦始皇”。

约翰·法内尔：我喜欢你“战国时代”的比喻。竞争永远不需要像战国时代那么激烈，但竞争是想法产生、财富产生、更好的社会产生的本质。我对您指出外资投入不足的观点非常感兴趣。如果看一下外国公司和香港本地公司的投资，实际上并没有足够的外国投资。我想使用你那句话“我们中国没有足够的外国投资”，我想我们欧洲没有足够的中国投资。我认为因为投资是利益、机会、潜在增长、潜在就业的信号。别人认为你们的经济足够好，他们就会来实现他们的想法，在你们的市场中创造就业，在你们的经济中创造财富，而因为投资沮丧的人们会说，“这个人认为经济会增长，而我们不希望我们的经济增长，我们有更好的想法，我们离开”。我认为如果你们想要促进竞争，你们确实需要这些正在寻找新的机会的探索者来到你们的经济中。您所说的关于中国对欧盟的观点也是对的，我们需要投资。投资是等待变为就业增长和财富的一项指标。

我可以回到让许多中国经济的观察者都感到惊人的一点上吗？那当然是国有企业的主导地位。中国到处都是国有企业。美国没有这么多国企，比起美国，在欧洲有更多更重要的国企，而在中国国企就更加重要且占主导地位。我想要问您：中国是否应该或者该以多快的速度，通过限制或规制国有企业的角色，来尝试为小企业的创新制造空间，您对此有什么看法？这该由每个政府、每个国家来作自己的选择。在欧洲，我们在有许多国企的国家和几乎没有国企的国家之间有非常不同的观点，该由每个社会来决定它的平衡。中国是否已经达到了最好的平衡，还是应该有更好的平衡？

胡鞍钢：本来我也想谈一谈这个问题，实际上我近年专门有一篇文章，就是谈国有企业和非国有企业。从中国的角度来看，不只是“两只手比一只手好”。作为一个东方巨人，“两条腿走路比一条腿走路好”。这“两条腿”就是指国有企业和非国有企业，也包括国内企业和外资企业。

如果从全球500强的数据来看，1990年中国才有第一家，2000年才有十家，但2011年已经有57家了（不包含港、澳及台湾地区）。这也反映了中国的企业，特别是国有企业的迅速崛起。根据我们的预测，估计到2020年就会达到120家，这其中不仅包括国有的，也包括民营的，还包括中央企业和地方企业。因此不仅是在世界500强的格局中，中国企业迅速崛起，而且我们也希望在世界2 000强的名单里，将来也会有相当多的中国企业集体地崛起。

今天形成的“两条腿”，其实它们的功能是不一样的。国有企业就是要和世界500强企业，包括欧盟的企业竞争，而且是资源密集、资本密集、技术密集、知识密集、人才密集五个密集，要显示它的国际竞争能力。另外一条腿就是我们所说的非国有企业，包括外资企业，也包括私营企业，最重要的是创造就业。因此之所以中国在过去6年间（2006—2011年）大约创造了接近7 000万人的城镇新增就业岗位，很大程度上跟这些大大小小的民营企业、个体工商户都是有关系的。

因此中国实现了一种在世界上很少见的情况，一方面国有企业很快进入世界500强，另一方面又有无数个小企业包括个体工商户创造了大量的就业岗位，这就是我说的“两条腿”走路的机制。因此我认为政府既要支持国有企业，也要支持非国有企业，道理就在这里。

这是我对国有企业的一个基本的分析，我称为第二次崛起。第一次崛起在20世纪50年代初，计划经济时期，但第二次崛起绝对是市场崛起，而不是靠计划。如果我是外国学者，就像您一样，我要把这些机制搞明白的话，就可以发现，中国也怪可怕的。你不觉得这对欧盟的世界500强企业是一个巨大的竞争和挑战吗？

你想一想1998年中国的国有企业有三分之二是亏损的，银行业快破产了，当时下岗工人之多，是历史罕见的，但十年之后，国有企业重新崛起。我称之为“死而后生，生而再兴，兴而必胜”。这也解释了为什么现在世界500强有57家中国的企业（不包含港、澳及台湾地区）。所以说你要想想过去十年，你再想想未来十年，甚至二十年，中国这些企业会是怎么样的？

约翰·法内尔：教授，我想要感谢您。我知道您非常繁忙。您忙于指导您的学生，忙于为中国政府献策，您也是一位国际人物。我希望当您来到布鲁塞尔时，我们有机会见面。我想我们都被列入了5月9日的名单。我们会改变一下主题，讨论不同的事物。感谢您的好客，非常感谢！

变化中的中国[1]

(*2012* 年 *4* 月 *16* 日)

胡鞍钢：首先我有两本书要送给您，现在只有中文版，大概明年会出英文版。一本是《2030 中国：迈向共同富裕》。我可以把我的非正式出版的英文翻译稿给您，到时候我会让我的助理发给您，连同我的《中国 2020：一个新型超级大国》。另一本书是关于中国的绿色发展和绿色创新《中国：创新绿色发展》，这是我的新书，这个月刚刚出版。我提到的这两本书的英文版很快就会由世界最大出版商之一的斯普林格出版社出版发行。这本书《中国：创新绿色发展》的主题是中国如何创新绿色发展，它的英文版的主标题是"从世界最大的'黑猫'变成世界最大的'绿猫'"。

威廉·安东里斯：非常形象。我知道这个（指邓小平的黑猫白猫论），那是个很好的典故，我很欣赏。我期待英文版的出版。在这之前，我也会让 Summer 读中文版然后告诉我书中的内容，或者让李成博士（布鲁金斯学会约翰·桑顿中国中心研究主任）给我介绍一下，他是您的书的推荐者，也是我们两个共同的朋友。

胡鞍钢：好的。我知道您的研究领域很广泛，我非常想知道您感兴

1 本文系 2012 年 4 月 16 日胡鞍钢会见美国布鲁金斯学会客人：威廉·安东里斯博士（William J. Antholis，美国布鲁金斯学会常务理事，政治治理研究项目资深研究员 Managing Director，Senior Fellow，Governance Studies）、赵佳琨（Summer，助理）的访谈记录稿，李强协助整理。

趣的问题和话题。

威廉·安东里斯：首先，让我简单向您介绍一下我自己。我博士学位的专业是政治哲学，所以我对具体的问题都不是很了解（I do not know anything of anything）。作为一个政治理论者，面对这个世界，当知道得越多，就更发现自己知道得越少。（笑）我在美国政府工作了将近5年，先后就职于美国国务院和白宫（总统办公厅）。在国务院，我为詹姆斯·斯坦伯格（前副国务卿）工作，任职于政策规划办公室（the policy planning office），我任幕僚长（chief of staff）职务。我也是办公室的研究员，研究全球化问题，包括环境相关问题。在白宫，我从事关于G7峰会的工作，我也是白宫方面关于京都谈判的副主任。我的工作也包括世界贸易组织（WTO）的谈判，包括在国际安全委员会和国际经济委员会（的谈判）。后来我在美国德国马歇尔基金会（German Marshall Fund of the United States）的智库工作了五年，该智库致力于欧美之间的合作。然后直到现在，我已经在布鲁金斯学会工作了7年。我是布鲁金斯学会的董事总经理（Managing director），负责协调组织布鲁金斯学会的5个科研部门合作，我不负责任何一个部门，我的职责是协调部门之间的对话与合作。我现在处于5个月的学术休假之中，我在做我自己的研究。我的研究是有关印度和中国的，我们花了两个半月待在印度，剩下的两个半月将待在中国。在每个国家，除了首都以外，我还会到其他一些城市访问，在印度包括新德里、孟买和金奈，而且我还访问了印度的11个邦。我在中国北京已经待了一个月，周六我们准备去上海。这次行程将有几周，去的地方还包括香港、广州，然后到成都，再到西安逗留几日。我们本来想去大同，但后来取消了。总之，简要地讲，我所感兴趣的问题，也是我如此期待和您会谈的原因，最主要的是您长期致力的两项研究。

第一是中国地区差异问题。我知道您有很多著作关于中国发展中的不平衡问题。我非常关心中国和印度这方面的相关问题，而且不仅仅是中央政府对于不平衡发展的看法，还有中央政府如何与地方省级政府协调解决这一问题，其运行机制如何？中国和印度如何看世界？世界又应该如何看中国？相应的各个不同地方关注的世界问题也不同。比如中国东南地区更关注全球贸易和全球制造问题，中国西南和中南部地区更关注东盟（ASEAN），中国东北部地区更关注韩国和日本。这些所有的意见如何在北京集中，并出台一个统一的政策？另外世界又是如何看待中国的不同地区的，如东南地区、西南地区等。在印度，关于这个问题我有很多研究，我可以把我写的相关材料通过电子邮件给您。总之，如何将众多不同意见形成统一的公共政策，是我关心的问题。

我关心的另一个问题是全球气候变化和相关的能源政策，中国各个不同的地区有不同的能源问题。比如西部和西北部与煤炭和化石燃料的关系，东南部对能源的巨大需求。对于这些问题，内部的机制如何将不同地区的问题统一起来制定政策？

以上我对我的问题进行了很笼统的概述，我希望听到您的任何意见和看法，想知道您如何思考这些问题？这就是我所关心的。

胡鞍钢：好的。首先，我还是要介绍一下我的书《2030 中国》。书中不仅谈到了中国自身，也谈到了与世界的相关话题，比如中国与美国、日本、欧洲、俄罗斯和印度之间的关系。我们分析了很多数据，如 GDP。比如我们分析了安格斯·麦迪森的数据，可以在第 30 页看到，原始数据从 1820 年到 2008 年，然后我们对后面的年份（指 2010—2030

年）进行了长期预测。我们的预测和 Madison 的预测方法很不同，和其他研究机构比也都有很大的不同。这是表 2 - 3，还有表 2 - 5，在第 34 页，是有关世界出口的数据。还有关于世界进口、外国直接投资（FDI）等，我们都有自己的分析。当然我们的研究主要还是关注中国，并没有怎么涉及印度。我们是基于联合国开发计划署（UNDP）等国际组织的数据，在我们研究的基础上作出的预测。我们用以上这些数据，还有很多其他数据，如联合国人口数据和研究与开发（R&D）数据，作为我们研究 2030 中国的世界依据。我们有自己鲜明的观点，你可以查文献对比国际上的研究，如美国中央情报局（CIA）和你们布鲁金斯学会所作的研究（我们的研究与他们有很大不同）。这是第一次有中国学者在这个问题上《2030 中国：迈向共同富裕》发表著作和自己的看法。在我的研究中我发现南北国家的发展从过去两个世纪以来的大趋异（great divergence）将在未来 20 年变得大趋同（great convergence）。这不仅仅是从人均收入角度来说，从人类发展指数（HDI）或教育和健康等指数来看，结论都是一致的。这就是我们的结论，我们将其称为“大同世界”。从英文上可能很难理解这个概念，这是康有为、毛泽东等人都提到过的，我给它赋予了新的概念。

第二是地区差距问题。在书中《2030 中国：迈向共同富裕》的第四章进行了相关的专业研究。在表 6 - 1 中，我用到了若干指标来分析，包括 GDP、人均财政收入、人均财政支出、人均受教育年限等指标，我们计算了这些指标的各省市地区间的相对差异系数，通过计算我们可以发现，这些省市地区间的指标差异在变小，各省市地区都在趋同，而不是趋异。你可以看到按不变价格计算的人均 GDP 的差异系数曲线从 1978 年开始就在下降，1990 年到达一个低点，然后又扩大，在 2004 年达到峰值，然后到目前，都是在下降的。我们预测，未来这一差异也仍旧会继续缩小。这是从 GDP 的角度，如果计算人类发展指数（HDI）或者其他指标（如我前面所说），结论也是一样的，各地区差异是趋同的。

威廉·安东里斯：我很想知道在这种差异缩小现象后您的核心假设是什么？（主要原因）是自然趋势吗，或者是有效的规划执行？

胡鞍钢：这里有很多因素。首先是市场的作用，你知道现在的中国人口移动现象，过去十年，内地的七个省的总人口数都在减少，而大多数的沿海省份的总人口在增加。从 2002 年到 2010 年，我有专门的（关于人口迁移的）研究。

第二，我认为中国政府的政策起到了很好的作用。如果计算人均财政收入和人均财政支出的差异系数之间的差值，我们会发现差值在减小，我把这个差值叫做财政平衡能力。这意味着财政转移支付在加大。

第三，各地区间城乡居民家庭的恩格尔系数（食品支出占生活消费总支出比重）也在趋同，我认为这是很重要的指数，比讨论人均收入趋同更有意义。您明白我的意思吗？

威廉·安东里斯：我觉得我懂了。让我总结下，所以，从内地到沿海的人口移动使地区差距变缓了？

胡鞍钢：是的。不仅仅是变缓，而且是很明显的减缓。

威廉·安东里斯：明白了，就是内地正在发展，人口在回流到内地。那就是，由于交通费用的上升和（内地）积极的投资，你认为内地有很大的发展潜力，是这样吗？

胡鞍钢：是的。而且我认为基础设施建设也起到了很大的作用。比如说，李强，你的老家在哪里。

李强：河北邯郸。

胡鞍钢：一年前你从北京到邯郸需要多久？

李强：以前需要三个半小时，但是等高铁一开通，只需要一个半小时就到了。

胡鞍钢：所以说基础设施建设对人口的移动影响也是巨大的。这对生产要素和人员的自由流动非常重要。正如我学生（李强）的例子。这对旅游业的影响也很巨大，因为现在旅游都更倾向于去不发达的地区，而现在很多贫困不发达地区的第一重要的产业就是旅游业，超过了工业。

威廉·安东里斯：这很有趣，当我告诉别人我要去成都，我很惊讶地得知很多人一年要去成都两三次，人人都去成都，呵呵。

胡鞍钢：不仅仅是成都（市区），我是指郊区。

威廉·安东里斯：是的。大家都想去乡村旅游。

胡鞍钢：如果退休的人士想在郊区或农村待上一个月，花费非常低。农民除了种地，旅游服务也是一个重要的收入来源。

威廉·安东里斯：我还想问关于这两本书的问题。不仅是这本《2030中国：迈向共同富裕》，还有另一本书《中国：创新绿色发展》，这两本书有什么关系？我的问题还包括，我所听说的环境保护的事情大多数是积极方面的，比如中国与世界银行的合作、新的五年计划、科学发展观和理性发展观、可持续发展观、绿色能源等。当我和商业界的人士交谈时，包括Summer从事房地产行业的父亲，环境的规划现在是政府审批（商业项目）的重要部分，这些都是好消息。另外谈不上坏消息，但是值得考虑的两个问题是：第一，在东南沿海地区，毫无疑问的，不仅仅工资成本在上升，而且政府也在关注这种上升的不利影响。我还听到的说法是，具体到环境保护的执行上，不同地区的差异很大，有些地方做得很好，有些地方做得并不好，特别是内地和贫困地区更有可能进行经济速度竞赛，而环境问题被滞后关注了。这些说法是真实的吗？我不确定，想请您帮助解答。在您的书中，诸如重庆、成都、西安或者更小的内地城市，它们的环保进程是不是如东部一样呢？

胡鞍钢：我的这本书《2030中国：迈向共同富裕》有一章介绍如何建设绿色中国。而另一本《中国：创新绿色发展》整本书都是在介绍如何建设绿色的中国。我从三个层面进行讨论。首先从国家发展规划层面，不仅仅是五年规划，还有国家主体功能区规划，你有听说过吗？

威廉·安东里斯：我没有听说过。

胡鞍钢：我将到牛津大学访问，会介绍有关这方面的内容。我参与了这个规划的设计，从生态角度，针对不同的省份，我向国家发改委提供了很多规划设计的相关建议。这个规划是在2010年底通过的，这是一部中期规划，从2010年到2020年，是特别针对不同地区的生态方面的规划。另外我也直接参与了“十二五”规划的设计和制定，我称其为中国乃至世界第一部**绿色发展规划**，这是基于我的定义。我的定义基于这样一种思想，你可以看《中国：创新绿色发展》第48页，这是绿色发展中的相互联系的三大系统，经济系统对应绿色增长，自然系统对应绿色财富，社会系统对应绿色福利。在我参与“十二五”规划制定期间，我发现这三大系统对于绿色发展的描述非常对应。我们定义了包括24个优先量化指标，还有20多个次优先指标。这不仅仅是停留在我们关于绿色发展的理论和想法，这些已经被写入了“十二五”规划当中。我将称之为国家绿色创新。

另外，我们在《中国：创新绿色发展》中给出了三个地方绿色创新案例。首先是绿色北京，从绿色奥运到绿色北京，我直接参与了绿色北京的咨询和建议。绿色奥运只涉及（北京）的部分区域，包括清华大学在内的奥运会场地。而绿色北京覆盖了整个北京地区。其中设计了两个主要的绿色指标体系。第一个我们称为绿色生产体系，包括循环利用，废物再生产等。第二个我们称为绿色消费体系。你可以在第161页到第162页看到具体的内容。我们可以看到包括节能建筑和公共交通等方面的指标。以中心城区公共交通出行比例为例，2005年我们没有数据，2008年为36.8%，2010年达到了40.1%，2015年预计将达到50%。

威廉·安东里斯：是指新的建设规模吗？

胡鞍钢：这是指中心城区的六个区，涵盖了1 500万人口的公共交通出行率，公共交通包括地铁、公交等。这就是我们讲的将北京变成绿色城市。还有生态财富的增加和污染的减少。我们可以看到北京市再生水的利用率，2005年是30%，2010年达到了60%，到2015年至少达到75%。这是城市的绿色创新，我选取了北京，还有绿色重庆作为案例。

第三个是企业创新。不知你是不是听说过北大荒？这个地方在黑龙江省，北大荒集团是目前全国最大的农业生产企业。这个集团致力于发展我们所说的绿色谷物、绿色食品和绿色小城市。这和北欧模式很相似。所以这本书《中国：创新绿色发展》介绍了绿色发展的背景和创新，包括国家创新、地方创新和企业创新。

威廉·安东里斯：在另一本书《2030中国：迈向共同富裕》中应该说是您基于基本的经济增长的假设以及国家规划和投资的情况作出的预测。那么这本书《中国：创新绿色发展》主要是建议还是预测呢？

胡鞍钢：两者都有，而且也有我的新观点。你可能知道，邓小平关于中国现代化的“三步走”战略设想。我借用了他的关键词，中国的绿色发展和绿色现代化同样需要三步走。那就是，第一步到2020年；第二步到2030年；第三步到2050年。我们设计了详细的路线图。

威廉·安东里斯：那么您对实现绿色现代化的信心如何？

胡鞍钢：我有句口号。

威廉·安东里斯：我喜欢口号（笑）。

胡鞍钢：那就是：“让14亿人一起绿色创新。”所以我们需要绿色革命，绿色交易，绿色消费，绿色生产，绿色建筑，绿色税收等。这是我的观点，这些观点不仅仅反映在“十二五”规划中，我相信在“十三五”、“十四五”规划中仍然会按照这个（绿色发展的）思路进行下去。我非常有信心。十几年以前，没有人知道绿色发展，但是现在，在全国各地每个人都在谈绿色。不仅仅在北京，我到了黑龙江，每个人都在谈论绿色，令我非常惊讶。

威廉·安东里斯：那您如何评价目前您的（绿色发展）观点被采用和执行的速度或者未来执行的速度？

胡鞍钢：我有一系列的《国情报告》，实际上，很快就要公开出版了。它包括了过去十年，不止十年，是从1998年（到现在）的国情报告。每一年为一卷，每卷至少两本，6月可能就要正式发行了，总共是14卷，28本。包括去年的国情报告是三本，而这些报告都是要供中央参考的，所以我们每年至少要向中央提交相当于两本书的量的国情报告，而绿色发展的概念不断在这些报告中被提及。领导人的学习能力是很强的，他们愿意吸收新的想法、好的想法。如果你有关于绿色发展的好的想法，我甚至可以帮你翻译转达。

威廉·安东里斯：我现在还没有什么好主意，但我会好好想想的。

胡鞍钢：这就是为什么李成博士认为我们的研究具有很大的影响力。我是一个知识生产者，而不仅仅是一个教授。我是公共决策知识的生产者。

威廉·安东里斯：后面我想和您分享一些我的想法，但是我首先更希望听到和记录您尽量多的观点和想法。那么对实现绿色发展，您的担忧是什么？如果有一个障碍（绿色发展），也许不止一个，什么会让您睡不好觉呢？当然也许您的睡眠一直很好，但您能谈谈关于绿色发展的障碍吗？

胡鞍钢：在我的每一份国情报告和每一本著作中都有对中国未来的预测，但是后来都发现实际结果大大超出了我的预测。你知道，改革是非常困难的。举个例子来讲，比如三年前的燃油税改革，我非常支持，我认为这是中国的第一个绿色税收，第一个真正的碳税。三年前财政部和税务总局的领导请我讨论研究这个问题，我表示支持。三年后，我们做了事后政策评估，汽油的消费弹性系数从0.404降到了0.0426。也就是说，汽车总量在增加，但是汽油消费并没有增加多少。你知道中国去年汽车保有量超过了1亿辆，当然这其中包括农用车辆。如果我买了一辆汽车，由于高油价，我就会减少驾车出行，而以自行车或地铁等交通工具来出行。所以我建议财政部和税务总局还可以增加燃油税率。你知道，现在汽油每升已经超过了8元，非常高，（从绿色发展角度来说）这是个好消息。我认为如果燃油税率继续增加，消费弹性系数还会下降。我的书给出了路线图来实现经济增长与碳排放、化石能源消耗以及不可再生资源消耗的脱钩。我们有很详细的研究。

以水资源为例。你知道，水资源在中国是短缺的，在未来十年中，要实现绿色生态水不断增加，并减少农业水资源的使用量，而且粮食产量要增加。这就是我说的“绿猫”理论。关于绿色创新，我们可以再举个例子，在本书《中国：创新绿色发展》的第60页，我们知道著名的库兹涅茨曲线是一个倒U字形。绿色发展意味着曲线的下降将比传统发展模式提前到来。也就是如何从正纵坐标生态赤字到负纵坐标生态盈余，我的研究给出了详细的量化分析。比如本书《中国：创新绿色发展》第119页的表格。1949年，中国的森林覆盖率，全国森林面积和森林蓄积量是历史的最低点，而后建造人工林，但增加不多。但是过去20年三个指标都在增加。我的说法是，中国的森林赤字正在转为森林盈余。从1990年以来，发展中国家的森林覆盖率、森林面积和森林蓄积量都是在下降的，发达国家的三个指标在提高。发展中国家中只有中国实现了这三个指标的增加，而且增长率是排名世界第一。所以，中国不仅仅是世界上经济增长最快的国家，也是世界上森林增长最快的国家。这在我的书中也提到了，而且是基于联合国粮食及农业组织（FAO）的国际数据。

威廉·安东里斯：我还有两个问题，然后我想我可以和您分享我的一些意见。这两个问题都是政治经济学角度的。我想通过这两个问题，我可能会有一些有益的意见。在其他国家，政治与经济的关系是非常难处理的。

胡鞍钢：是这样的。

威廉·安东里斯：我对中国好奇的是，这也是我对美国、欧洲和印度担忧的问题是，对于每个这样复杂的大国，国内都有很多巨大的利益集团，比如具有支配能力的大公司，比如中国的国有企业，还有省级地方政府。各国的中央政府的领导都要面对这个问题，对于中国即将产生的新的领导人，虽然他们认同正确的意见，但是仍需与内部的不同利益集团进行斗争，我应该如何理解这些斗争。

胡鞍钢：我简要地总结了绿色发展之道。第一，我称之为“两只手（市场和政府）比一只手好”。第二，“两个（中央和地方）积极性”比“一个积极性”好，这是毛主席1956年说过的，并不是我的创造。第三，我称之为“双重优势”，一是后发优势，另外一个是竞争优势。还有低成本。同时，中国领导人有着强烈的政治意愿，这是非常重要的。中国有非常清晰的五年规划，也积累了很多改革的经验。所以我现在建议中央，中国的发展应该从第一代（指黑色发展）向第二代（指绿色发展）转型，那就是从“黑猫”到“绿猫”，从黑色发展到绿色发展，从黑色改革到绿色改革。这不仅仅是指我们提到的燃油税改革，还包括其他资源利用方面的改革，如水资源、煤炭。“十二五”规划给出了详细的路线图，包括提高各种资源的定价同时给予低收入群体相应补贴等。

威廉·安东里斯：我试图理解中国共产党领导人内部的讨论和辩论，您谈到的正是我要问的第二个问题。关于环境和可持续发展问题，领导人之间是否有不同的意见呢？他们对于发展的优先级问题是否有不同看法？

胡鞍钢：我们的一个研究贡献是将社会、经济和自然系统结合起来（研究发展问题）。

威廉·安东里斯：这样您就能将不同的观点统一起来？

胡鞍钢：是的。

威廉·安东里斯：在不同的地区情况都类似吗？

胡鞍钢：拿北京来说，现在已经可以算中国的高收入地区，所以北京有很强的政治意愿去实施绿色发展战略。他们进展得很快，自2001年以来到现在，北京的绿色发展已经很成功了。而其他省市地区可以从别的地方比如北京学习到好的创新经验。比如当我向南京市市长介绍北京的（绿色发展的）经验时，他说，有些地方我们做得比北京还好。我说，你们可以把你们的创新和经验写成报告和文章啊，这样也让别的地方从你们的经验中学习。这很重要，这就是从黑猫竞争到绿猫竞争，我希望能出现这种（地方间）竞争模式的变化，从黑色发展竞争到绿色发展竞争，从恶性竞争到良性竞争。

威廉·安东里斯： 如果说我有什么想法可以给您提供的话，我想您已经提到了。因为我原来是研究G7事务包括气候变化问题等。我的想法是，这些大国需要强大的中央政府来应对诸如碳税等问题，同时他们也需要强有力的地方政府来应对诸如城市化、公共交通、绿色建筑、水资源利用、水资源再利用等问题。为了让这些大国间彼此了解各自的政策和机制，地方政府层面的交流可以达到更好的效果。比如旧金山的市长实际上可以从印度新德里的市长那里学到一些有用的经验。所以我的建议是，对于巨大的联邦政府体系，当然，中国是中央集权制的系统，但是对于所有这些大国的政府治理体系，对于这些巨大的复杂的具有很强区域特征的经济体，除了国家间的整体对话，我们需要地方政府间的对话。这是我的想法。那么基于我的想法我感兴趣的是我应该去哪里，比如当我到上海，我应该去访问谁？

胡鞍钢： 在我的书中《中国：创新绿色发展》提到了青海省的案例。青海现在的地区发展战略是建设生态青海。我认为，这是青海为中国提供的最大的公共产品，中央政府应该用公共财政（指转移支付）购买这项公共产品。你可以去青海看看。

威廉·安东里斯： 青海在哪里？

胡鞍钢： 青海与西藏自治区相邻，也就是所谓的青藏高原。我在那里作了很多调研，不仅仅为了青海省，也是为中央提供建议来购买这种生态公共产品，而这也是青海省对全国最大的贡献（生态贡献）。你知道在中国这样一个地区差异巨大，不同人群贫富差距变大的社会，中央政府的角色是基于新的发展概念的核心协调者。我认为这一点中央政府做得越来越好。为什么呢，你知道中央政府现在非常有钱，如果与美国联邦政府相比的话。你可能知道中国1995年的财税体制改革之后，政府的财政收入只有人民币6 240多亿元，2000年翻了一番达到1.3万亿元，2010年达到了8.3万亿元，今年将超过12万亿元（近两万亿美元），中央政府占了一半以上。所以中央政府可以投资人力资本，可以投资（我称之为）生态资本，可以投资基础设施等实物资本，如高速公路、港口、机场等。所以中央政府有能力实现经济的再分配，还有能力提高城市和农村的最低生活保障线。我用数据说明了政府是如何通过投资来应对上述的这些问题的。你知道，中国不像美国一样有政党轮替，我们可以通过连续的五年规划来实现我们的发展目标，现在李克强副总理就主管制定“十二五”规划，当他明年（2013年）成为总理后，他非常了解规划的制定过程，所以规划具有连续性。这点和美国有很大不同。美国选举出的新总统，无暇制定详细的专业的（连续的）国家规划，像基础设施和教育等需要连续性、稳定性政策。

威廉·安东里斯：是这样。那么我去上海的时候，您有推荐的我可以访问的人吗？还有南京、成都，你是否有建议在这些城市我应该见什么人？

胡鞍钢：这要看你此行的目的了。

威廉·安东里斯：就是去了解目前这些人对当地发展的看法。他们可以是大学、企业或者地方政府的人士，任何可以和我分享一些上海发展中的创新的宝贵经验的人，就像您的南京市长朋友那样，或者成都的任何类似的人，或者换句话讲，是那些使这些发展和创新发生的人。

胡鞍钢：你们行程是怎么安排的？要待多长时间？

Summer：我们要去上海，然后去南京待一天，再然后去香港、澳门、成都。

胡鞍钢：只去这些城市吗？不能到西部去看看吗？

威廉·安东里斯：如果可能，当我们到了成都可以再看能不能到青海或者别的地方看看。我们还可能去重庆待两天。

胡鞍钢：我建议你到成都时，可以看看三年前汶川地震的重建情况，我知道变化很大。

威廉·安东里斯：是好的变化。

胡鞍钢：是的，是好的变化。地震几秒钟就将所有东西毁灭了，但我们仅仅用了三年就完成了重建，正常的重建也许需要十年时间来完成，我将汶川地震重建称为“跨越式”重建。另外你可以去重庆看看，我的书里《中国：创新绿色发展》介绍了重庆的案例。从重庆的案例，你就可以看到中国如何实现从森林赤字到森林盈余的转变。不仅仅是重庆，我发现安徽、黑龙江甚至海南的情况也很类似。你在任何一个省都可以看到这种转变。现在林业已经变成了中国重要的绿色产业。2008 年林业和相关产业，如种植业、家具制造产业和旅游服务业，创造的就业岗位超过 4 700 万。林业成了一个创造就业的巨大源泉，特别是针对贫困人口，包括贫困山区的农民等。现在的山林已经承包给了个人和家庭，你可以拜访一些农民，让他们给你看看他们承包的山林产权地图。你可以采集影像资料，询问他们承包荒山的收入情况。我们在这方面已经作了很多调研。

另外关于青海，我发现青海在过去30年的经济增长排名都是在全国的最后一名，但它的增长速度仍然超过了同期的韩国。如果从生态环境上比较，青海和韩国区别很大，你可能会有新的发现。青海是以少数民族为主的省份，中央政府给予它和西藏很多补贴和资助。当我去青海调研的时候非常惊讶，几乎每个农民家庭都有摩托车或汽车。那里有农村公路，每家有自己的草场，每家有大房子，有电视机等家电。这一切都是在大概10年间发生的。你可以亲自去看看，除了农业，青海现在的旅游业发展也非常快。青海的省会西宁变化也非常大，非常美。所以我还是非常建议你去青海看一看。

威廉·安东里斯：您书的英文版什么时候出版呢？

胡鞍钢：《2030中国：迈向共同富裕》的英文版已经出版了。而另一本《中国：创新绿色发展》还在翻译中，我可以把部分翻译稿发给你，现在可能只有两章的翻译稿。总之，这本书《2030中国：迈向共同富裕》是我对中国未来20年的发展路线图设想，另一本和我的其他几本书是讨论中国发展面临的各种挑战。

威廉·安东里斯：非常感谢您花这么久时间与我讨论，我从中获益颇丰。

胡鞍钢：我4月26日要离开北京去英国牛津大学访问，我也可以在走之前再找时间和你讨论。

威廉·安东里斯：我需要确定下我的行程，也许这周六我可以过来和您讨论一次，我会提前和您联系。

胡鞍钢：我愿意回答你的问题。

威廉·安东里斯：我准备的问题不是很多，但是您的回答提供了很多我没有想到的信息。谢谢。

与法国驻华大使的谈话[1]

(*2012* 年 *4* 月 *18* 日)

白林：很高兴见到您。我还没有看您的书（指《2030 中国：迈向共同富裕》），但我觉得改革是最重要的。那么，你对近期改革特别是涉及政治方面的改革有什么看法？因为最近温家宝总理有很多讲话。

胡鞍钢：我们主要是研究中国的经济发展问题，当然也研究中国的改革，但是关于政治改革，我们并没有深入研究。另外不同的人对中国政治改革的理解也不完全一样。我一直致力于推动中国的重大决策民主化、科学化和制度化，包括“十二五”规划和未来中国的发展等。这几年重点就是“十二五”规划，在网上和媒体上也能看到我（有关“十二五”规划）的详细的文章，讨论如何经过 11 个步骤来逐渐形成这样一个国家发展规划。所以我们主要还是关注重大决策问题，没有更深入研究政治体制改革。

事实上关于中国的政治体制改革，你去看中共十六大报告、十七大报告都谈到了。这次的十八大报告也会谈到，当然谈到什么程度，能够进展到什么程度，我们还不是很了解。你问我这个问题，我也不知道答案。

实际上，我们也关心过去二十年来中国的经济体制改革。从 1992

1 本文系 2012 年 4 月 18 日胡鞍钢教授会见法国大使白林（Sylvie-Agnès bermann）和王度（ Joan Valadou，法国驻华大使馆一等秘书）、贝路易（Louis Belmont）、法国驻华大使馆对外联络及翻译处主任的访谈记录稿，李强协助整理。

年党的十四大提出社会主义市场经济体制目标，到现在已经二十年了，到底这二十年中哪些方面取得了成功？哪些方面还没有达到预期目标？还有哪些方面当时没有想到但是现在也在做的？还需要重新回顾、深入研究和事后评价。这些都是集中在经济方面的，不知道大使您有什么看法？我很想听听，我们可以交换看法。

白林：我想问的是比如说目前正在温州进行的金融改革试点会不会将来在全国进行推广？

胡鞍钢：温州试点的情况，因为刚刚开始，所以我们还不清楚在多久时间内会进一步推广到全国。因为你知道中国的（经济）改革还是要进行试验的，而且试验需要好几年的时间来检验，所以我觉得温州试验还是可以的，也许失败，也许成功，对中国都是（政治）财富。这在我的《中国：创新绿色发展》一书中也讲了。

改革创新有成功，也会有失败，这和技术创新是一样的，但不管是失败还是成功，它都会为探索全国的改革之路作出贡献，这样我们就能避免在全国范围内失败，争取全国性的成功，以最小的损失换取最大的收益。这是中国改革的一项基本原则。

您可能过于关注中国发生的一些事件了，我恰恰不那么关注。我关注的还是中国的主题，比如城镇化进程，比如人力资本投资的情况，比如研究与开发（R&D）人员的变化情况。我们预测，到 2030 年中国从事研究与开发（R&D）的人员数量是欧盟加上美国的总和。我觉得大使您应该关心这些研究。当然（适当关注）这些事件是必要的，但决定中国发展的还是这些最基本的指标，包括研究与开发（R&D）的指标，经济的指标。我不知道您觉得我说的对不对。这也是我和领导人的区别所在。领导人可能会关心这些事件，就像您一样，但我们关心的是最根本的因素，我们要告诉领导人应该关心这些最重要的因素。我可以告诉您的是，我的书《2030 中国：迈向共同富裕》中国领导人是人手一册，世界银行的报告《2030 中国：建设现代、和谐、有创造力的高收入社会》他们也都是人手一册。不仅仅是这本书，我的刚刚出版的《中国：创新绿色发展》也同样是（领导人）人手一册。

白林：您说世界银行的报告和您有一些共识，那他们是不是先看了您的书，或者你们有过沟通。

胡鞍钢：没有什么沟通。我们是出版在他们前头，我们的《2030 中国：迈向共同富裕》去年 10 月出版，书稿 8 月 8 日就已经提交给了领导人。另一本书《中国：创新绿色发展》，我们今年 2 月就给领导人（参阅）了。所以我们更关注这些中长期研究课题。我可以告诉您，未来中国就是两个关键词，一个是共同富裕，一个是绿色发展。绿色发展不仅对中国有意义，对世界更有意义。当然我不能说他们（指领导人）都能完全接受我的观点，因为不止我们一家在影响他们。连你们总统还想影响他们呢。其他的机构，如国务院发展研究中心也要影响他们。

总而言之，领导人不止吸取一家的观点。我将之称为公开的知识竞赛，（比如）我们和世界银行竞赛，对决策者来讲，这样就有互补性。中国有一句话："兼听则明，偏信则暗。"这和毛泽东时代不一样了，毛泽东没有这么多信息。我们这种信息非常独立，因为我们是大学，是教授，从这个角度也可以反映大学（在国家决策中）扮演的角色。（我们的研究有影响力，）可不是因为胡锦涛、吴邦国、习近平等是清华大学毕业的。（众笑）他们（指领导人）（对信息）是有识别能力的，不同的机构提供不同的信息，他们可以比较。所以我需要站得很高，我才能看得很远，这也是毛泽东和邓小平的做法。所以昨天发生什么事，明天发生什么事，我不会太注意的。您所问的问题都是昨天、明天会发生什么事，我不会告诉您的，因为我也不知道。您问的问题也都是我需要问的问题，但我不关注（因为我关注的是中长期的问题）。

白林：但预言首先要看到近期，再看到中远期，再看到更远期。

胡鞍钢：我也没有说没看近期。随便拿一本我的书，我们里面都有数据。最早可以到1820年的数据，基于这些数据我们才能看得远。这是我的研究的一个特点，我认为搞中国研究也需要是这样。你们感觉非常惊讶，中国学者居然也是这样的，但搞中国研究就得这样。当然我还没有从罗马时代谈起，罗马时代也有助于我们理解一个大国的兴衰。

白林：我以前在法国外交部负责联合国事务，所以我有机会观察中国在环保问题上的态度。中国（政府）的态度有了很大的变化，中国曾经说你们发达国家排放了几百年，我们现在要发展，发展是最优先的，我们可以排放。但是现在中国非常关注环保问题，甚至比很多国家更关注。环保也被列入了“十二五”规划。从具体的事件上看，在北京的污染问题上我们也看到了非常大的态度变化。所以说中国已经充分认识到了环保问题的重要性。我们在中国各地看到太阳能板、电动车，可以说中国在很快走向绿色发展。在这种发展中，创新起关键的作用。您认为污染的问题可以在可预测的未来解决吗?

胡鞍钢：我们这本书《中国：创新绿色发展》对中国的发展道路作了一个历史性的总结、反思，对未来发展作出了一些展望。我们非常创新地提出了中国绿色现代化的长远目标。这是在1987年邓小平所提出的中国现代化“三步走”的战略的基础上所作的进一步深化。不是说中国要不要工业化、城镇化和现代化，关键是如何绿色工业化、城镇化和现代化。尽管这个问题现在解决起来比较难，但是长远方向可以说已经确立了，无论是已经公布的国家“十二五”规划，还是未来的十八大报告，这一点都是毫无疑问的。

白林：那么可不可以说这方面的共识是非常广泛的，没有什么异议？

胡鞍钢：可以说基本上没有什么异议。现在的问题就是怎么实际操作，怎么具体落实。从地方的角度来看，从原来主要是加快发展转向科学发展和绿色发展确实要有一个过程。但不管怎么说，我们无论是与发达国家比较，还是与发展中国家比较，中国的发展方式转变都是非常快的。我只需要举一个例子就可以说明。在过去20年，从1990年起，根据联合国粮食及农业组织（FAO）的数据，全世界森林覆盖率增长和森林蓄积量增长，“双增长”的只有发达国家，发展中国家大都是负增长。但中国不仅是“双增长”，而且是世界增长最快的，我们还有一本书专门研究这一问题。（这种增长的程度）在十年前是不可想象的。我长期研究这个问题，尤其是和20多年前，1989年我们的国情报告所提到的和预想到的相比，更是不可想象的。我非常坚信，中国的发展道路必须是绿色发展道路。在国内我们叫科学发展，在国际我们叫绿色发展。因为在国际上，我说科学发展您不能理解，我说绿色发展您就容易理解。

白林：现在中国也会讲循环经济，是不是与这有关呢？

胡鞍钢：我想这（指循环经济）只是绿色发展其中的一部分。您可以回去看一下我的观点，是不同于经合组织（OECD）的观点的。去年经合组织（OECD）提出了绿色增长的报告，我们是绿色发展，这包括了绿色增长，也包括了绿色财富，我们指生态财富，还包括了绿色福利，就是社会公平。因此我们的绿色发展观点要比经合组织（OECD）的绿色增长概念要广泛得多。绿色发展的观点特别符合发展中国家的情况。也许经合组织（OECD）的“绿色增长”适合你们法国，但不一定适合发展中国家，我们提出的分析框架考虑到最欠发达国家。如果形象地比喻，我们的绿色发展理论就是“三圈理论”。而经合组织（OECD）只有“一个圈”。我可以给您看一下我们的“三圈理论”，也很简单，但是非常形象，具体内容在书《中国：创新绿色发展》的第 48 页。经合组织（OECD）讲的只是经济系统这一个圈，我们还要考虑到生态系统和社会系统。

我是直接参与了国家“十二五”规划的设计，实际结果与这个“三圈理论”是吻合的。国家“十二五”规划一共有 24 个核心指标，在各章篇中又有二十几个指标，全部覆盖了我们所说的三个绿色——绿色增长，绿色财富，绿色福利。中国的“十二五”规划是有理论基础的。您可以好好琢磨琢磨，然后介绍给法国总统和总理。我看过你们的规划，从我作为专家的角度来说，你们的规划不够专业化。如果哪一天你们法国人设计的规划超过我，我请他喝酒，虽然我因为糖尿病不喝酒。（众笑）这是开玩笑的话。您要把这个原话告诉你们的总统和总理。

王度：胡老师，您是不是 1995 年参加了我们法国外交部的活动，您肯定有不少的法国朋友吧？

胡鞍钢：我说的是你们的总统和总理，这是两回事。总之，你们什么时候能把规划设计得专业化。您去比对一下经合组织（OECD）的报告，再看看我的报告和著作，这叫知识竞争。今年6月世界环境与发展高峰会，应该不仅是谈绿色增长，不仅是谈绿色经济，还应该谈绿色发展，这样才能够涵盖和适用发展中国家。绿色发展，一要发展，二要绿色，没有发展是不行的，但发展一定要绿色。这是我的核心观点。这就是为什么我不仅要出中文版，影响中国领导人，我还要出英文版，影响世界。

白林：在绿色发展这方面，中国在国际社会上作的承诺一般没有其他的国家多或者说程度没有那么高，中国与发达国家比较，还有与金砖四国比较如何？

胡鞍钢：我觉得确实是中国政府的问题。发达国家是说得漂亮做得差，中国是做得漂亮说得差。所以我也向领导人建议，既要说得好，也要做得好；既要做得好，还要说得好。如果您看看我2008年、2009年写的报告就知道了。当时我就提出，中国领导人一定要说得好，要作出承诺，这话我并不是今天才说的。我的书里《中国应对全球气候变化》也包含了这个观点，您可以看到我当时是怎么主张的。但是温家宝一到哥本哈根会议并没有说得那么好，这就出现了我们说得不好，做得好；发达国家说得好，做得不怎么样，包括法国在内。只有英国、荷兰这些国家还可以，这是我的看法。

贝路易：不过今年中国排放量的目标没有实现（指节能减排）。

胡鞍钢：对，但没关系，到2015年必须得实现。就像2006年没有实现一样，原因何在呢，很简单，就是2011年国家发改委制定各地节能减排方案，直到 9 月份才下发，一年四个季度，（到 9 月）三个季度已经过去了，比如河北省省长，我到这时候才知道河北省的指标应该是多少，怎么来得及完成呢。但下一年（指 2012 年）肯定会实现，我对未来完成目标也不那么担心。当然也不能代表中国政府做得不好，在全世界可能都没有比中国做得好的。不信的话，我们也可以拿法国作个比较，虽然我现在不熟悉法国情况，但是如果需要的话，我在五天内就可以作出一个中国和法国节能减排的比较研究。

白林：如果谈空气污染的话，还是巴黎的空气比北京的好。不过我完全同意您说的，中国做的比说的要多很多，而且实际上做的也比很多国家多。我们（法国）在欧盟推动绿色发展这方面也是起到了引领的作用。

胡鞍钢：（李强把《中国应对全球气候变化》一书拿来了）我先把我这个补充一下，您从这本书里可以看到，我们提出在 2020 年温室气体排放量达到高峰，之后开始减少；到 2030 年要大幅度下降，争取达到 2005 年的水平；2050 年要达到 1990 年的一半。我把相关的书页标记下，您看看。

白林：听说现在地方官员的考核指标里面也会包括环保方面的政绩？

胡鞍钢：不是现在，2006 年以后就开始实行了。因为在“十一五”规划中首次引入了约束性指标，特别是节能减排。“十二五”规划继续强化了约束指标。当然您简单地把法国巴黎和中国北京的空气质量进行比较，北京确实不如巴黎，我也知道，但是您要想一想十年前或者五年前北京是什么情况。我们的专业化的分析是看它的进步率，而不是讲绝对水平。我们强调鼓励进步，不光是北京，包括南京等其他地区。所以我们看的是进步率，就是边际效应那一部分。要能够看到明显的改善，我们才能推动地方创新。在我们的这本书《中国：创新绿色发展》中，我们专门总结了北京（的经验），就是绿色北京。有几个数据可能您也是第一次听到。我随便给您举个例子，北京是最缺水的地方，它采用再生水或二次水的比率，在 2005 年是 30%，2010 年是 60%，您看进步率是 30 个百分点。到了 2015 年达到 75%，这绝对是世界最高水平。巴黎不缺水，它用不到那么高比例的再生水，所以不同的地区情况不完全一样。我们认为这就是北京市通过物质资本投资来增加它的绿色财富和生态财富。所以还得专业化地进行巴黎和北京的比较才行。

白林：现在谈到中国发展，很多人会提到中等收入陷阱，您怎么看这个问题？

胡鞍钢：网上和媒体上已经有我的一篇关于中等收入陷阱的文章了。

魏星：您还有个英文的报告要不要打印出来给大使看看？

胡鞍钢：好的。你们看我的文章，我就不用说那么多了。我是比较早地提出这个问题，是在 2008 年 12 月。我到广东作调研的时候就提出这个问题了。作为中国来讲，它注意到了这个问题，它就会避免进入到这个陷阱中。事实上“十二五”规划设计的时候，我们就再次提醒中国政府，因此从中国的“十二五”规划本身，就是一个防止中国进入中等收入陷阱的规划。对此我们有详细的讨论。

低收入有低收入的陷阱，我们叫贫困陷阱；中等收入有中等收入的陷阱；高收入还有高收入的陷阱。这也解释了诸如希腊债务危机等现象，现在又有意大利现象，也许过两天还有什么法国现象。所以每个国家发展，无论处在什么发展阶段都会有陷阱，关键就是能不能早一点意识到问题，同时采取措施来避免落入陷阱。这是我对这个问题的一个基本看法。

反正全世界所有的问题中国都有。过去我们以为中国只有发展中国家的问题，现在我们也有发达国家的问题，比如住房问题、医保问题、社会保障问题、污染问题，还有老龄化问题、少子化问题。我们现在解决问题的时候已经搞不清楚哪些是发达国家问题，哪些是发展中国家问题。但很显然，很多出现的问题都和你们发达国家出现的问题差不多，更不好解决，因为我们的人口基数太大。

白林：您怎么看待中国老龄化的影响？

胡鞍钢：老龄化可以说是我们巨大的挑战。我二十多年前作过人口研究，在《人口与发展》一书中，[1] 认为中国有三大人口问题必须解决。第一是十几亿人口怎么解决吃饭问题；第二是将近十亿的劳动年龄人口，至少 80% 要解决就业问题，那就是 8 亿人的就业问题，相当于经合组织（OECD）国家的劳动力的两倍半的水平；第三就是老龄化，当年没有想到老龄化人数会随着人口预期寿命的提高而明显增加，所以现在看比我当时估计的人数要多。现在我们遇到的都是难题，是典型的发达国家问题。在二十年前我就已经意识到了，中国既有还没有完全解决的发展中国家的问题，又开始出现了发达国家的问题，特别是人口老龄化的社会问题。

1　胡鞍钢：《人口与发展：中国人口经济问题的系统研究》，浙江人民出版社 1989 年版。

白林：在人口这方面我们发达国家和中国的情况有所不同。我们之所以生育率会下降是由于我们公民自己的决定，而在中国有一个国家决定的计划生育政策，有这个政策也就有松动的余地，我们那边是比较难的，我们要通过各种政策鼓励人们多生孩子。那么我的问题是，现在中国在计划生育这方面已经有所松动，在某些条件下一对夫妻可以生一个以上的孩子，如两个孩子。您认为将来计划生育政策要取消吗？还是会有什么别的变化？

胡鞍钢：我在2009年《经济参考报》上有专门的长文分析这个问题。您在网上只要敲我的名字再打上“计划生育”就出来了。李强你把那个文章给他们打印出来，我就不谈了。这是专门的研究，是比较复杂的问题。我已经明确地提出来两代计划生育政策：第一代从1980年到2010年这30年，是提倡“一对夫妇一个孩子”；第二代再花30年（从2010年到2040年），或者20年（从2010年到2030年），实现“一对夫妇两个孩子”。我非常担心中国出现“法国现象”。什么是“法国现象”呢，就是法国需要孩子，法国女人不需要孩子。中国有可能出现这样的情况。您可以问问魏星，他夫妻俩都是独生子女，在生育政策上允许有两个孩子，但他们绝对不会要两个孩子。我们称之为“法国现象”。这个现象最早发生在法国，而不是在中国，但现在中国也出现了“法国现象”。

白林：但法国是欧盟人口增长最多的国家。

胡鞍钢：我知道。但总的来讲，法国妇女的生育率是比较低的，而且你们是比较早地就低于人口更替水平了，满足人口更替的妇女生育率是2.1，法国是2.0，对吧。我是到了法国才知道“法国现象”，就是法国需要孩子，法国女人不需要孩子。我要告诉我的学生，也告诉我们的领导人，别到了那时，中国需要孩子的时候，中国女人不需要孩子。

贝路易：这么说是不是应该尽早取消计划生育政策呢？

胡鞍钢：我有详细的文章。您可以继续问其他问题，马上会把我的很长的文章打印出来给您，您回去慢慢读。我除了对大使说的政治改革没有研究，差不多重要的中国问题我都研究了，我也不清楚大使说的政治改革是什么含义，因为每个人理解的内涵不一样。我说的政治改革就是怎么样进一步推动决策的科学化、民主化、制度化。同样说一个词“改革”，但内涵是不一样的。

白林：我问的政治改革问题，也是与经济有着直接关系的。因为现在中国的私营部门包括私营企业，他们的发展是很快的，他们的诉求也是越来越多的。国有企业，比如在融资渠道上和他们的待遇是不一样的。包括今年的“两会”上，对这个问题也有各种各样的声音。所以这也涉及一个新兴部门和国家部门之间的关系，这就是一个政治问题。

胡鞍钢：对这个问题我倒是有点发言权。我们把它称为中国应该“两条腿走路”。我下午刚刚给外国留学生讲过课，从历史上看，1949年到1953年我们基本上是两条腿走路，既要搞国营经济，同时又允许私营企业发展。但1953年以后就变成一条腿（指国营经济）了，一直到1978年。1978年以后，又从“一条腿”变成“两条腿”，开始发展非国有经济。到目前为止，非国有经济已经占了（国民经济总量的）将近三分之二。从这个角度来看，中国已经是一种混合型经济了。我们也认为“两条腿”要比“一条腿”走路走得协调，走得快，走得稳，而且非常符合中国的情况。这“两条腿”有不同的功能，您可以看看我的讲课课件，我就不用展开说了。我们有专业化地分析这些问题，你们不能仅仅通过报纸来了解中国，还是需要从专业化的研究来了解中国，您可以看到这些问题在我的讲课的内容中基本解决了。当然，我们并不是说现在我们做得很好，主要是银行现在对小型企业贷款的交易成本比较高，这也是为什么要在温州进行金融改革试点。确实需要试点，但是要仅仅指望温州（改革）还不行，还需要有其他的制度安排。

我们吃过的教训您也知道，“文化大革命”的时候，我们只是“农业学大寨”，“工业学大庆”，但实际上中国是有很大的差异的，是非常多元化的国家，不同的地方会有不同的模式，包括重庆还有其他地方都在采取不同的方式来解决这个问题。怎样吸纳民间的资金，同时又以比较低的利率和成本发放给小规模企业或者微型企业，其实各地都在做，而且在这些做法的基础上，逐渐地就创造出来我们所说的制度安排了。诸如怎样将你的个人信息输入金融或银行系统，怎样针对你的具体项目，帮助你去获得相应的资金，包括担保等各个方面。

（这时，关于胡老师的计划生育问题的文章打印出来了）这就是我提到的2009年《经济参考报》刊登的（我的关于计划生育的文章）。好多人以为我的文章有政府背景，因为《经济参考报》是新华社的下属报纸，但不一定我的观点就是政府的观点。过去党中央在30年前（指1980年）给过这个承诺，这是很重要的。现在要做的是实现这个承诺。什么意思呢，30年后，当我们的人口结构发生很大变化的时候，要逐渐地调整人口政策。所以有时候需要提醒党中央领导人，因为30年前的事他们也不一定都记得，但我记得，因为我长期研究这个问题。所以您的这个问题问得很好，您还有什么问题，看看有没有我的哪些文章和著作是可以直接给出答案的。

白林：我的另一个问题是关于中国的所谓集体事件。我听到一个数字是去年在中国发生了18万起集体事件，我看到新一代的中国人不愿意像他们老一辈一样在工作条件等方面吃苦。如果说中国受全球经济衰退的影响，增长速度开始放慢的话，会不会在社会矛盾方面出现更加突出的问题？又应该怎么样去应对？

胡鞍钢：中国这么大的国家，13.5亿人处在社会转型中，而且要加快发展，所以第一，中国总会出现各种社会矛盾，这是一个基本的判断。

第二，中国的社会矛盾主要是反映了人们的经济诉求和经济利益，可以说有许多是合理的，有许多也不一定是合理的，这需要政府的公共政策来有效地解决这个问题。比如农民主要的维生来源就是土地，但是你给他的土地补偿太少，他将来怎么生存？所以我们要解决他的安居乐业问题。第一是能够乐业，就是他首先要有工作。第二是能够安居。土地兼并了，必须使农民能够得到基本保障房或者通过其他的方式来保障居住。至少要保障这两条即安居乐业。在这个过程中，要考虑怎么样来进一步改进政府的政策，提供公共服务。

最后我觉得中国出现的各种事件是可管理的，不会出现什么风波事件或其他事件。我们去年写了一个国情报告，没有公开发表。标题就是《稳定是全国人民最大的公共产品》，社会稳定就像新鲜空气一样，谁都需要这个公共产品，因此需要政府来提供，要考虑怎么保证社会稳定。当然我们不能用枪指着人的脑袋，事实上也不是这样的，还是要处理好各种人民内部矛盾。有了社会稳定，我们才能有经济发展，才能有长期繁荣，才能有共同富裕的社会。从这个角度来看，中国要是没有矛盾、没有冲突反倒奇怪了。不管怎么说我们的领导人就算是睡不着觉，他也得睡，反正我睡得挺好。

白林：看您的报告对这些问题已经很有研究了，所以可以睡得比较安心。

胡鞍钢：因为我们都经历过“文化大革命”，今天中国能有这样一个“天下大治”状况，来之不易，所以需要更加珍惜，所以也就睡得很好。

白林：我也认为是需要珍惜的。其实在欧洲我们也有类似的问题，就是某些人不会考虑公共利益，他们只会考虑自己的利益。比如现在我们需要重塑增长，但是很多人只考虑自己的利益会引起我们社会内部的不稳定。中国人当然都希望稳定，尤其是那些经历过风波或“文化大革命”的人。但是我看新一代的中国人未必了解中国的历史，比如那些年轻的广东省的民工，他们当然对这些历史没有很多的了解，所以他们不一定会很珍惜稳定。

胡鞍钢：当然广东的农民工怎么做我就没有办法了。但是我在清华大学作为老师，我会把这些历史告诉学生，包括我在讲课的过程之中，（这里面）有不同的学生，有本科生、研究生、博士生，还有外国留学生。我们把这些历史通过教学的方式告诉大家。我能做的可能也就是这些了。

白林：这些历史也是您授课的内容？

胡鞍钢：对。而且我有两本书，一本是《中国政治经济学史论

（1949—1976）》，专门讲的是毛泽东时代，其中有专门一章讲的是“文革”时期。第二本是《中国政治经济学史论（1977—1991）》，有专门一章讲了“八九风波”。这些都是研究性的，也不光是我自己经历的过程。由于更注重研究性，我们才有这样一个观点，就是中国不能乱，中国稳定是所有中国人最需要的公共产品。谁来提供呢？也不是我提供，是谁呢？当然是中国政府提供。不管你采取什么方式来提供，万不得已时就是采取戒严的方式也没关系，人民需要“稳定”这个最大的公共产品。不知道我说没说清楚。

白林：很清楚。

胡鞍钢：核心的问题就是谁来提供社会稳定，没有人提供是不行的。提供的方式我们并不介意，我们是需要（有人来）提供社会稳定。我们是对中国政府充满信心的，他们学得更聪明了、更智慧了。

社会稳定不仅对中国是关键和重要的，对世界各国也是一样。我举一个很简单的例子，我曾经多次到韩国和日本访问。您知道我们沿海地区的渔民是有船的，如果不是中国政府控制的话，这些渔民全都跑到韩国或是日本，对韩国和日本的影响都是非常不好的。所以中国不能乱，中国一乱，就不知道会出什么样的情况了。同样现在坐飞机到巴黎也很容易呀。中国不稳定的话，非法移民等问题都会突然出现的。我们称之为一个国家的动乱会有外溢性，就像现在的阿尔及利亚或者叙利亚，或者任何一个国家。无论什么民主不民主，其实最后这个国家乱了以后，这些难民首先是影响周边国家，就像现在的黎巴嫩一样，大量的叙利亚难民，谁来管？所以客观地说，我作为中国教授来说，萨科齐总统他不大懂这个民主还有负外部性和外溢性。它（指外溢的效应）也会跑到你们法国去，折腾你们。一个国家稳定，不管它采取什么样的方式，不会对其他国家造成负外溢性、负外部性。作为政治家起码要懂得负外部性和负外溢性，我们因为经历过这个过程，所以非常清楚。您要是算一算中国的非法移民的数量，那是非常之多的，这么控制还很难控制住。估计你们也会感到头大没有办法，所以你们必须要和我们的公安部来进行合作。而且非法移民的趋势就是这样，从不发达国家到发达国家，不跑到法国巴黎还跑到哪里去？他们不可能跑到西撒哈拉沙漠去。这是非常浅显的道理，我觉得邓小平在 1989 年 2 月对布什的讲话就讲得特别清楚，现在您回过头来读这一段："中国乱了对你们美国有什么好处？"他就是明确这样说的。换一个国家（讲），叙利亚乱了对你们国家有什么好处？我看对法国也没什么好处！

民主是需要的，自由是需要的，但你们别忘了光有民主和自由而没有稳定也是不行的。你们把世界看得太简单了，世界是相当复杂的。这些东西都不需要我来教育你们，事实本身就在教育你们。最糟糕的例子肯定是黎巴嫩，呼地一下涌出那么多叙利亚难民，谁来管？当然我不是国际问题专家，但我从政策分析的角度看到，一个国家乱，最后的结果是周边国家乱，跟着倒霉。

白林：叙利亚现在会乱也是因为叙利亚的领导层开始攻击叙利亚的平民。我们现在有了网络，有了电视，我们不能不关心这个离我们那么远的国家的命运。有一种说法，叫做牧原和平，因为在牧原里面没有任何混乱（不稳定）的问题。

胡鞍钢：我们主张的是大同世界，不知道你们看没看懂这本书（指《2030 中国》）。在我的课中还专门讲到中国的和合思想。

白林：其实大家都是向往和平和谐的，没有人反对和平和谐，但问题是有一些国家，他们其实没有主张和平和谐，他们内部也不和谐。我们现在的世界是多极化的世界，是全球化的世界，联合国也必须发挥作用，在这种情况下我们不能不作出行动，可能是因为我们的历史特别是近代历史不一样，所以现在的中国会在内部更注重稳定，在外部也注重稳定，但是世界也是不断地变化的。

胡鞍钢：问题是联合国让你们法国插手呢？还是你们法国让联合国插手？反正联合国没让我们插手！

白林：联合国安理会不批准，我们就不能作出行动。

胡鞍钢：对呀。因为你们是安理会常任理事国之一，和中国一样，所以我觉得在很大程度上不折腾别人是一个基本的条件。中国政府不会这么说你们，只有我当教授的才会说你们。你们也听听我们的意见，我称之为五个“不折腾”。

白林：希望以后有机会可以继续讨论这些问题。非常感谢。

展望中国经济[1]

（*2012* 年 *12* 月 *25* 日）

您好！我是韩国经济新闻北京特派员金泰完。我们新闻社正在准备通过经济学家展望明年中国经济的报道。所以为了请求采访胡鞍钢教授，致此邮件。如果您接受我们的采访，会对中国及世界经济感兴趣的韩国及其他广大读者有很大帮助。告诉我您方便的时间，我会到您的办公室拜访。采访时间 1 小时就足够了。非常希望这次采访会很成功。

我的主要采访问题有五个。

采访书面稿：《展望中国经济》

问：中国明年的经济状况和今年相比会有怎样的变化？您的展望是怎样的？

答：对 2012 年来说，中国基本实现了年初所确定的主要经济社会发展目标。2012 年 3 月温家宝总理在第十一届全国人民代表大会第五次会议上作政府工作报告提出，今年经济社会发展的主要预期目标是：国内生产总值增长 7.5%；城镇新增就业 900 万人以上，城镇登记失业率控制在 4.6% 以内；居民消费价格涨幅控制在 4% 左右；进出口总额增长 10% 左右，国际收支状况继续改善。同时，城乡居民收入实际增长和经济增长保持同步。

我们估计，2012 年 GDP 增长率可能在 7.8% 左右，已经出现了增长

1　本文系 2012 年 12 月 25 日胡鞍钢教授接受韩国《经济新闻社》记者金泰完采访的书面稿及记录稿，由金恩雅（韩国留学生）协助翻译整理。

回升的趋势，明年保守的估计也会在 8.5% 左右。前三季度国内生产总值353 480 亿元，按可比价格计算，同比增长 7.7%。

城镇新增就业人数可能会再次创历史新高，达到 1 200 万人以上，相当于原目标（为 900 万人）的 133%。从 1—10 月的数据看，全国累计实现城镇新增就业人员 1 020 万人，为全年目标任务 900 万人的 113%；下岗失业人员再就业人员 450 万人，为全年目标任务 500 万人的 90%；就业困难人员实现就业 129 万人，为全年目标任务 100 万人的 129%。截至三季度末，城镇登记失业率为 4.0%。[1]

居民消费价格涨幅目标可以实现。1—11 月平均，全国居民消费价格总水平比去年同期上涨 2.7%。

全国进出口贸易增长目标难以实现。据海关统计，1—11 月，我国进出口总值 35 002.8 亿美元，同比增长 5.8%。其中，出口 18 499.1 亿美元，增长 7.3%；进口 16 503.7 亿美元，增长 4.1%；贸易顺差 1 995.4 亿美元，扩大 44.1%。[2] 这也是由全球进出口贸易低迷甚至下降的外部因素所致。受欧洲经济形势拖累，世界贸易组织预计今年世界贸易增长率仅为 2.5%，甚至低于过去 20 年年均增长率的一半。2012 年发达经济体出口额将增长 1.5%，发展中国家出口增长率约为 3.5%。应当说，中国对外贸易增长还是比较高的，与美国的进出口贸易总额差距还会进一步缩小。由于对外贸易顺差进一步扩大，国际收支进一步改善的目标没有实现。

城乡居民实际收入增长均达到 10% 甚至 10% 以上，超过经济增长。前三季度，城镇居民人均总收入 20 190 元。其中，城镇居民人均可支配

1　引自：人力资源和社会保障部部长尹蔚民的话，2012 年 11 月 20 日。
2　引自：商务部新闻发言人沈丹阳的话，2012 年 12 月 18 日。

收入 18 427 元，同比名义增长 13.0%；扣除价格因素实际增长 9.8%；农村居民人均现金收入 6 778 元，同比名义增长 15.4%；扣除价格因素实际增长 12.3%。

粮食生产获得了好收成。2012 年全国粮食总产量 58 957 万吨，比 2011 年增产 1 836 万吨，增长 3.2%。

总之，中国经济运行总体平稳，仍然保持较高增长，尽管不是历史上最高的增长率，但却是同比世界各国经济增长最高的国家，也是对世界经济增长贡献最大的国家，虽然中国进出口贸易增长没有达到预期目标，但也是同年世界各国中贸易增长最高的国家之一，更是对世界贸易增长贡献最大的国家。

为什么中国在世界经济增长、贸易增长低迷的情况下，仍然能够保持较高的增长呢？这与中国政府加快经济发展方式转变，有效扩大国内需求是极其相关的。首先，内需拉动作用增强，在一定意义上抵消了外需对 GDP 增长的负贡献；其次，国内消费需求持续增长，对 GDP 增长率的贡献持续提高，而投资相应地对经济增长的贡献有所下降，这也反映了 13.5 亿人口规模在跨入人均 GDP 5 000 美元以后，不仅消费数量高增长，而且消费结构更趋多层次、多元化、多样化，成为世界第二大消费额国家，也成为世界第一大主要耐用消费品消费市场。从区域增长的贡献来看，东部地区经济增长率回落，对全国增长的贡献率下降，但是中西部地区和东北地区仍然保持较高的经济增长率，对全国的经济增长贡献上升，这在一定程度上也缩小了地区间发展差距，特别是人均 GDP 的相对差距。从支撑中国经济增长的动力来看，就是我们所说的“五化”：正在加速的城镇化、新兴工业化、信息化和知识化、基础设施现代化以及国际化。一旦外需下降，其他四个“发动机”仍然以强大的动力“开足马力”，推动中国经济高增长。

对中国的经济增长长期趋势判断的观点是有所不同的。大体是两种观点：一个是潜在增长率出现大幅度下降，相对低增长是“新常态”，主要理由是中国人口红利在减少，各类要素成本，特别是劳动力成本迅速上升，以往的比较优势在弱化甚至可能会丧失，因此中国不可能再高速增长。另一个是潜在增长率仍然保持较高增长。我是持这一观点的。因为，中国的“五化”就是五个“发动机”，即使其中一个“发动机”有所弱化，也没有关系，因为世界上没有一个国家同时拥有着五个“发动机”。从中国的经济发展阶段看，正在从中等收入水平向中高收入水平迈进，因而各类要素成本上升或迅速上升是不可避免的。但是，中国的各类生产要素的数量、质量及结构都发生了比较大的变化。例如过去十年中国的劳动年龄人口增长率相当低，仅为1.18%，但是大学（大专以上）文化程度人口年平均增长率为10.12%，高中（含中专）文化程度人口年平均增长率为2.94%，因此人口红利开始下降，但是人力资本红利却大幅度增长，甚至抵消了人口红利的下降，因为人口红利只是有助于劳动力数量的增长，而人力资本红利更有助于劳动力质量的增长，特别是提高劳动力的劳动生产率，而经济增长根本取决于劳动生产率。劳动力人力资本水平不断提高，也有助于中国从以低端、低附加价值、低劳动生产率为主，向以中端、中附加价值、中劳动生产率为主的产品结构、产业结构、出口结构转变，同时大学文化程度人口又推动中国形成高端、高附加价值、高劳动生产率的产品结构、产业结构和出口结构，这也解释了为什么中国会大量吸引世界跨国公司在华投资研发机构。[1] 此外，非农

1　目前，跨国公司在华设立的研发中心已超过1 400家，比2002年增长一倍以上。外资研发中心中，从事先导技术研究型的占50%以上，已超过从事市场调研型的比重；60%以上的研发中心将全球市场作为其主要服务目标。

产业就业人数高增长，年平均增长率为2.94%，也大大高于劳动年龄人口增长率。其中，农业劳动力大幅度下降是个重要原因，从2000年到2010年已经减少了8 112万人，这也意味着农业劳动生产率大幅度增长。这也解释了为什么城乡居民收入差距开始缩小。现在的农民至少有两类收入：一类是因农业生产率大幅度提高的农业收入，另一类是因城市非农产业活动的较高的非农业收入。

2013年是十八大之后的开局之年，也是中国再次凸显“这边风景独好”的一年。中国经济和对外贸易还将持续增长，其中中国的GDP增长率会突破8%，对外贸易增长预期目标应该在10%左右，仍然需要保持物价基本稳定，即居民消费物价指数（CPI）将控制在4%—5%之间，还需要进一步新增就业岗位，继续促进城乡居民实际收入增长与经济增长同步，甚至超过经济增长率。

问：中国的新领导层会为了拉动经济拿出哪些新政策呢？

答：刚刚结束的中央经济工作会议已经给出了十分详细的政策目标、政策思路和政策措施。这里，你需要了解中国经济政策是如何制定的，它是一个党中央决策到国务院决策，再到全国人大决策的过程，而不是像美国总统的国情咨文，一人说了算。因此，就形成了中国特色的三步决策：第一步是以中央经济工作会议为主要形式的党中央决策，这相当于“准中央全会”，尽管不是所有的中央委员和候补委员参加，但是他们中的大部分都参加，此外还有有关方面的负责人参加。中央经济工作会议就是起到信息沟通、决策分享、政治共识的作用，也为第二步撰写《政府工作报告》提供了详细的提纲。第二步是以国务院常务会议为主要形式的国务院决策。主要任务是在国务院总理领导之下，起草《政府工作报告》，并广泛征求各方意见，也是一个信息沟通、决策分享、政治共识的过程，并为第三步提交全国人大正式通过作准备。第三步是以召开全国人民代表大会为主要形式的全国人大决策。人大代表将审议并修改《政府工作报告》，最后由大会通过决议批准报告，进而完成国家决策的法律程序。

从中央经济工作会议所传递的公开信息，我们可以清楚地了解到2013年中国经济政策总的基调就是“稳中求进”，“稳”是基础，“进”是目标。所谓“稳”，就是稳增长、稳就业，也包括社会稳定；所谓“进”，就是“转方式、调结构，关键是全面深化经济体制改革”，既要在转变经济发展方式上进一步，在经济结构、产业结构调整和升级方面进一步，还要在改革开放方面再进一步。为此，党中央提出六项任务：一是加强和改善宏观调控，促进经济持续健康发展；二是夯实农业基础，保障农产品供给；三是加快调整产业结构，提高产业整体素质；四是积极稳妥推进城镇化，着力提高城镇化质量；五是加强民生保障，提高人民生活水平；六是全面深化经济体制改革，坚定不移扩大开放。

我想，这已经清晰地表明了新领导的经济政策思路，既有继承性，又与时俱进。因为，2011年中央经济工作会议就明确提出：“把握好稳中求进的工作总基调。稳，就是要保持宏观经济政策基本稳定，保持经济平稳较快发展，保持物价总水平基本稳定，保持社会大局稳定。进，就是要继续抓住和用好我国发展的重要战略机遇期，在转变经济发展方式上取得新进展，在深化改革开放上取得新突破，在改善民生上取得新成效。”当时，习近平、李克强都是中央政治局常委，他们也直接参与了这一宏观经济政策的设计。因此，中国不会因为领导人的变动而随意变动符合中国国情、发展阶段、国际环境的宏观经济政策，从而“保持宏观经济政策的连续性和稳定性，增强调控的针对性、灵活性、前瞻性”。

问：明年中国经济的最大风险会是什么？

答：从中国的经济发展历史记录及历史经验看，我并不担心经济增长率下降，而担心经济增长率过高或者过热，尤其是在召开党代会之后。因为中国不仅正在经历党和国家领导人换届及新老交替，而且正在经历各级地方党委和政府换届。我倒不担心新的中央领导集体改变政策，正如我之前所述，他们将保持政策的连续性和稳定性。我比较担心的是新的地方负责人，他们总会有新的口号、新的思路、新的举措，这也是很正常的。中国有句俗话“新官上任三把火”，有个几把火并没有什么关系，但我最担心的是重犯历史错误，出现新一轮的“大干快上”。从这个意义上来看，中央政府的职责的确是要提供全国性公共产品，即宏观经济稳定，而不是像过去那样，主张“大干快上”，否则上来容易，下来难。这可能是中国经济的最大风险，不仅是潜在的，还是现实的，也是最需要防止的，否则中央提出“两个翻一番”，地方可能就会提出“两个翻一番半”或“两个翻两番”，不是没有这种可能性，因为中央提出的“两个翻一番”，相当于全国的底线，各地新的负责人不能不高于这个底线，也不管条件具备不具备。因此，此时强调“稳中求进”尤为重要。

从中国经济发展的历史教训来看，常常是在经济形势好、经济发展比较顺利的时候，管理者就会很自然地“头脑发热”，“情绪高涨”，非要大干一番不可。这种积极性是可贵的，主观愿望也是良好的，但客观条件是不具备的，实际效果是最差的。我们称之为脱离国情、超越国力、好心办坏事。因此，再犯类似的错误，就是重犯历史错误，重犯低级错误。这就是为什么我们主张在经济上不要瞎折腾，我们不仅有过“大跃进”的惨痛教训，还有过多次“大起大落”的历史教训，刻骨铭心地记住这些历史教训，不是哪一个领导人的个人问题，而是全党的关键的普遍的问题。

问：美国和欧洲的经济危机会持续吗？

答：这是毫无疑问的。在刚爆发危机之初，世界银行、国际货币基金组织，也包括美国政府的经济学家都认为几个月就可以“混过去”，后来的事实表明这场危机持续时间之长，损害之大，也是创下了第二次世界大战之后的历史纪录。到底这场危机还会持续多久？仍然是个未知数。这是因为这场危机是结构性的危机，深层次性的危机，说到底就是资本主义的总危机。我们并没有看到美国、欧洲包括日本采取什么样的重大举措，不仅是缺少应急性处理危机，而且没有改革经济体制、社会体制，他们既没有“邓小平式”的改革领导人，更没有广大人民对改革的政治支持，如同“温水煮青蛙”，量变不是朝着好的方向量变，反而是朝着坏的方向量变，当然也就符合量变引起质变的规律。如果说2008年之后的国际金融危机，是人们没有发现的“温水煮青蛙”，引起坏的质变结果，那么现在欧美日正在发生中的危机，也是人们可以发现的危机，即“温水煮青蛙”。

从中国角度来看，并不是希望欧美日继续危机，或者由于质变引发更大的危机，这是因为经济全球化导致经济一体化，欧美日的危机不仅造成了对全球的负面影响，也造成了对中国的负面影响，因而我们也希望他们能够尽快处理危机、解决危机、结束危机。如果用邓小平的话来讲，就是“不改革就是死路一条”。这句话是真理，对中国适用，对欧美日同样也适用。

问：中国为了维持增长，需要哪些改革呢？

答：党的十八大报告已经明确提出了中国制度建设与体制改革的总体目标，即构建系统完备、科学规范、运行有效的制度体系，使各方面制度更加成熟、更加定型。不止是经济体制改革，也是“五位一体”的改革，即经济体制改革、政治体制改革、文化体制改革、社会体制改革以及生态文明建设制度。这是制度建设与体制改革相结合的目标。前者在于“立”，后者在于“破”。“文化大革命”的时候是破字当头，先破后立，最后是破了，但未能立，造成了“天下大乱”。改革开放之后，是“立”字当头，先立后破，突出表现为制定了《党章》和《宪法》，在这样的制度框架下，渐进式地改革。现在回过头来看，制度建设是最重要的，改革不是为了废掉制度，而是要改进制度、完善制度，这既是一个改革过程，更是一个制度建设过程。

在报告中，对每一个方面的改革内容都作了较为详细的讨论，如全面深化经济体制改革；深化行政体制改革；加快完善文化管理体制；加强和创新社会管理体制；加强生态文明制度建设。从制度建设与体制改革的角度来看，这是一个典型的制度发展与制度变迁的过程，既需要不同领域的改革相互促进、相互协调，又需要相互支撑、相互补充，我称之为“全面改革”、“总体改革”、“系统改革”。这样就会产生整体效应、协同效应、系统效应，也标志着中国制度建设与体制改革进入新的阶段。

当然，详细的制度建设与体制改革还有待于 2013 年下半年举行的十八届三中全会来作出决定。与以往历届三中全会所不同的是，十八届三中全会不仅要提出经济体制改革的方案，还要提出其他领域的体制改革方案。

总之，改革开放是中国发展的强大动力，关键是如何处理立与破的关系，不能只破不立，也不能先破后立，而是立字当头，先立后破，不立不破。

采访记录稿：

问：目前在中央经济工作会议上政府把经济增长率目标定为7.5%，低于其他研究机构8%左右或8%以上的预测。怎么评价中央政府提出的7.5%的经济增长率？

答：从我们的预测来看，应该明年GDP增长率会超过8%，因为今年GDP增长率有可能达到7.8%左右。而且现在从季度数据的角度看，已经开始上升，因此明年实际经济增长率会超过8%，甚至也有可能达到8.5%，这是保守的估计。

我们并不希望这么高的增长，我们主要追求的是经济增长质量，同时也为了节能减排。经济增长一旦有所降低，能源增长率也随之而降低，二氧化碳排放、二氧化硫排放增长率也可以下降。所以说，我们更关心的是城乡居民收入增长率。可以说，尽管今年的经济增长率是7.8%，但是现在看来城镇居民的人均收入增长率都会达到9%，农村居民人均收入增长率会达到10%以上，都高于经济增长率。所以我们更关心的是明年城乡居民收入增长能不能达到7.5%或8%甚至达到10%。

问：有些评价说中国已步入了低增长时代，但是有的预测说从现在到2020年经济增长保持8%，您觉得中国的高速增长能保持多久？

答：（文字稿上已回答）有两种观点：一种观点就是保持7%—8%，不会超过8%，另一种观点是还会保持比较高的增长，我是属于第二种观点。这个问题在我的文字稿里详细讨论了。

问：这次中央经济工作会议的另一个主题是城市化。在城市化当中房地产占的比重会比较高，但是政府又说控制房地产市场的发展和房价上涨。这个会不会矛盾？怎么来很好地完成？

答：我想肯定会有矛盾的了。因为现在整个房地产业已经成为中国的支柱型产业了。房地产投资占GDP比重，或者说住宅销售额占GDP比重已经很高了，都超过10%，估计在13%—14%之间。房地产应该是中国的第一大支柱产业了。因为现在中国也是世界上商品房住宅销售面积最多的国家，我们估计相当于美国的3—4倍，这还不包括农村的住宅面积，可以说是世界最大的“造城”运动。但是，房价过高或上涨过快的问题比较突出，所以政府必须在这两者之间（房价和发展房地产业）找到某种平衡。应当说，控制房价还是必要的，并不一定会使房地产业受到严重的打击，其实我们希望房地产业发展应当是一个健康的、稳定的发展。所以说，健康发展是持续发展的必要条件，而健康发展的前提条件是房价不要上涨过快。

问：现在中国的房价与居民收入相比的话已经是过高的，很不平衡。北京的房价与纽约、首尔、东京等其他大都市比较的话，也是不低的。您觉得这是房地产的泡沫？还是一个正常的现象？

答： 很显然的是中国在控制房地产方面缺少经验。实际上，你看看日本的历史或者韩国的历史，你可以发现当人均收入达到中等收入以上时，对于住房需求要求非常之高。但是反过头来呢，韩国也好日本也好都考虑到基本保障房，中国搞基本保障房是从 2009 年以后才开始的，只有几年时间，所以使得很多低收入人群没有办法购买或租赁保障房。所以，这已经成为目前影响中国民生的一个重大问题。

可以说，房价本身或住房本身的问题已经不是发展中国家的问题了。发展中国家的问题是解决吃饱饭的问题，而住房问题恰恰是即将成为发达国家或者已经是发达国家的突出问题，韩国也这样。但从中国的角度来看，就比较复杂了。中国总体上是中等收入国家。现在人均 GDP 达到 5 400 多美元，但北京已经达到 12 000 美元了，它已经属于发达经济体了。那么反过头来，这个地方的就业人数迅速增加，此外总人口也在迅速增加，大约在过去 10 年增加将近 700 万人口，因此产生巨大的住房需求。所以北京的房价迅速上升，甚至在某些方面还超过韩国首尔。

这是属于在发展过程中的突出现象，谈不上正常不正常。10 年前谁会想到北京常住人口会超过 2 000 万人口。我觉得现在还不能根本上认为房地产有泡沫，但是也不能说没有泡沫。从总的来看，还是有限供给没有方法去满足巨大的需求。因为它是两个方面，一方面是原有住小面积房子的人想住中等面积房子，有中等面积房子的人想住大房子，就是原已拥有住宅人口的新需求。第二个就是每年进入北京的人口还需要新房子，所以房子的需求很高，包括韩国人进来在望京买了房子，把那个地区的房价都炒起来了。

问：我为什么问这个问题呢，目前中国的收入差距、贫富差距问题很严重，房地产是划分贫富人口的一个重要标准，就是有钱人房子越来越多，穷人连一套房子也买不到。那么中国政府怎么能解决房地产带来的贫富差距问题？因为这应该是缓解收入分配不平衡的一个重要环节。

答：实际上从2009年以后，中央政府已经向各地方政府要求建立基本保障房，而且在“十二五”规划里首次提出“城镇保障性安居工程建设3 600万套”的目标。就北京市而言，也提出了五年建设、收购各类政策性住房100万套的目标，目的是为了给低收入人群包括新进入北京的劳动力和人口提供住房。

问：有些地方政府不太支持基本保障房政策，您觉得保障房政策可以顺利进行下去吗？

答：我觉得还是可以的。因为从2009年到2011年已经实行了几年，看来效果还是比较明显的。一方面是中央政府增加了投入，另一方面是地方政府也增加了投入。另外政策也受到老百姓的欢迎，所有的地方政府已经把基本保障房作为一个重要的指标，既要实现也要监管等。你实际上稍微看一下各个地方的基本保障房情况，比如北京的基本保障房情况，在网上都有信息的，而且都是公开的。所以我从这一点来看，我们正在发展一种“双轨制”，一方面是为低收入人群提供的基本保障房，另一方面加快发展商品房。现在商品房的价格是上升的，但保障房的价格是被控制的。所以说，很多外电看到的中国房价上升是局限于商品房价的上升，基本保障房房价没有上升，租赁价格也没有上升。

我本人不是这一方面的专家，但是我参与了“十二五”规划的制定过程，所以比较清楚。因为在“十二五”规划最初设计中没有基本保障房的约束性指标，直到2010年年底，国务院提出一定要把它列入进去。所以“十二五”规划才有了这个约束性指标。一旦有这个指标，各个地方就必须有这个指标，就像北京100万套这样的指标。

问：中国政府出台收入分配改革安排从原来的10月延长到年末，再延长到明年。所以现在有一些这样的说法，就是对收入分配改革的期待比较大，但是没有实质性的内容。您觉得收入分配改革应包括哪些内容？

答：因为现在还没有出台，所以不好作评论。但是现在中国从一到三季度的数据已经表明了，从城乡收入增长比较上来看，出现了农村的增长超过城市的增长。比如扣掉物价指数以后的农村收入增长12.3%，但是城市只有9.8%，就是农村高出2.5个百分点。所以说，我们可以看到城乡收入差距拉大已经从2009年以后发生逆转了。那么客观地说，无论是城市的增长率，还是农村的增长率都大大超过世界第二名的增长率，也大大超过韩国的增长率，可能相当于韩国好几年的增长率。所以即使是收入差距拉大一点，我觉得问题也不大，因为所有的人都有很好的增长预期，就是我的收入是可以增长的。

党的十八大报告所提出的“两个翻一番”，看来可以如期实现。无论是2011年和2012年以及明年，我想都会有一个好的开局。因为只要每年超过7.2%就可以了，但是刚才我介绍的数据已经大大超过了7.2%。所以你们也没有必要为中国的收入差距而担心，因为中国是属于增长性的收入差距拉大，而对缓慢性或零增长性、负增长性收入差距拉大的担心是必要的，比如说日本。日本是属于在增长下降情况下，收入差距还在拉大的。

问：但是基尼系数不是越来越高吗？

答：确实存在这个现象，基尼系数有所提高。大家的收入都在提高，但是其背后的背景是不一样的。你一定要搞清楚这一点，否则的话中国就会乱了。能不能这么讲，就是因为所有人的收入都在增长，所以差距拉大。你一定要把两个不同的背景搞清楚，特别是你到北京来就会有体会了。

比如一个家庭，母亲的收入也增长了，但速度缓慢，但她女儿的收入增长肯定会更快，因为她的人力资本比她母亲高得多。所以母亲可能想我的收入增长缓慢一点，但我女儿的收入增长很高了。每个人或家庭都有收入增长的预期，这样的现象是很普遍的。

问：目前中国和美国、欧盟之间的贸易摩擦越来越多，为了避免这样的现象，中国政府要怎么解决？

答：我觉得是避免不了的。主要是因为美国和欧盟在国际金融危机以后，贸易保护主义抬头了。我们看一下他们起诉的倾销案涉及的外贸金额占我们全部的贸易总量的比重是很小的，所以他们的起诉并不影响中国的贸易增长。今年全世界贸易增长率是非常低的，而且欧美日的进出口贸易都是负增长，只有中国是保持了进口和出口的正增长。从这个角度来看，全球贸易一体化是主流，各国贸易摩擦是支流。如果我要形象地讲，就相当于“九个指头对一个指头”。贸易摩擦并没有改变贸易一体化的主流，实际上还是不断地加强，各国与中方的贸易额都在扩大，而且比起其他贸易伙伴，中国增长得更快或最快。韩国就是最典型的例子，中国早已是韩国的第一大贸易伙伴。

问：明年人民币值会有所变动吗？

答：我想人民币值还会有所变动。从 2005 年以后，中国的人民币基本上总的趋势还是不断升值。只不过是在这区间的升值有些波动性，也许明天是贬值，后天再升值，反正总的趋势还是升值的。主要原因还是人民币的实际购买能力很强。比如，你在中国请一个朋友吃饭，然后你到韩国去请朋友吃同样质量的饭，显然韩币的购买力已经没有方法跟人民币比较。这反映了中国人民币的实际购买力高于它的汇率，包括对美元和韩币的汇率。再举个例子，在中国理发花多少钱，同样在韩国理发花多少钱？同样的服务，用不同的国家币值作一个比较就可以了解这个道理。

问：您觉得习近平新政府的政策方向会什么时候颁布？明年的三中全会上颁布，还是全国人大会议上颁布？

答：会在明年的三中全会上就国家制度建设、体制改革提出未来十年的框架，包括政治、经济、文化等多方面的决定。我出了一本书《中国 2020：一个新型超级大国》，在韩国也发行了韩文版。通过那本书，你可以基本上知道习近平的历史任务是什么。首先我们要搞清楚胡锦涛完成的历史任务是什么，就是把中国从世界经济总量第 6 位变成第 2 位，贸易总量从第 8 位变成第 2 位。那么，习近平的历史任务很清楚，就是“把第 2 位变成第 1 位”。

与世界同舟， 共兴共荣[1]

（*2013* 年 *2* 月 *28* 日）

中国的著名小说《红楼梦》讲了一句名言，“一荣俱荣，一损俱损”。如果放在今天来形容中国与世界的关系，就是再贴切不过，也是最好地表达了中国与世界共荣的强烈政治意愿、光荣的历史使命，即**中国要与世界共命运、同舟共济**。

一、中国与世界的好消息和坏消息

世界资源研究所的报告给我们带来了世界环境与发展方面的消息，既有好消息，也有坏消息。这也反映了进入 21 世纪，人类所面临的发展的机遇与挑战都是前所未有的。

同样的是，过去 20 年中国的发展也带来了好消息与坏消息。如果将中国的消息与世界的消息作一对比的话，我们看到中国的好消息是：

第一，中国解决了 3 亿多农村饮用不安全水的问题，是一项了不起的发展成就。中国政府在“十五”计划、“十一五”规划、“十二五”规划中都明确提出解决农村数亿人不安全饮用水的问题，到目前已经解决了 3.12 亿人不安全饮用水的问题，这为全球过去 20 年 20 亿人饮用不安全水问题作出了巨大贡献。

第二，过去 20 年，作为世界最大的发展中国家的中国，城镇实际

1 本文系 2013 年 2 月 28 日胡鞍钢教授对世界资源研究所《环境与发展：2013 全球热点观察》报告的评论稿。

人均收入相当于1990年的4.84倍，农村为3.27倍，都大大高于世界发展中国家实际人均收入比1990年提高了一倍的水平。

第三，中国的国际贫困线绝对贫困人口从1990年的6.832亿减少到1.2亿人，减少了82%，也明显高于发展中国家减少一半的水平，也为全球减少贫困人口比例作出了最大贡献（我们估计在90%以上）。

第四，中国孕产妇死亡率从1991年的80/10万减少至2011年的26.1/10万，减少了67%，中国比同期发展中国家减少的47%多出20个百分点。

从国际视角和国际比较看，中国是过去20年重要发展指标表现最好的国家。这表明，**中国的好消息就是世界的好消息，中国对世界的贡献最大，也是前所未有的**。

世界资源研究所也公布了世界的坏消息，对此我们也作了一些相关的中国消息的分析。

第一，全球每年森林面积减少1 300万公顷，对世界而言这是坏消息，而中国在过去20年森林面积明显增加，对中国而言这是好消息。从第四次森林清查（1989—1993年期间）的1.33亿公顷，到第七次森林清查（2004—2009年期间）提高至1.95亿公顷，相当于平均每年增加310万公顷。**若中国不增加森林面积的话，那么全球每年森林面积减少量就是1 600万公顷**。

第二，全球每年死于空气污染的人数达到330万人，根据世界卫生组织的估计，中国每年死于空气污染的人数达到65.6万人，相当于世界总量的近五分之一。

第三，过去20年，全球水泥产量增长了2.9倍，而中国大大超过这一增长。1990年中国水泥产量为2.11亿吨，到2012年中国达到22.1

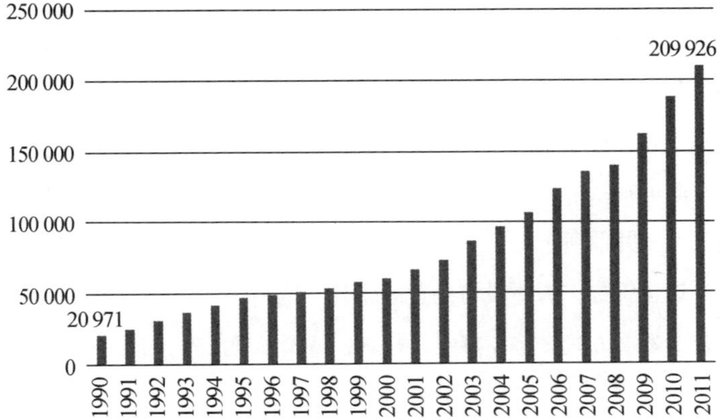

图 1　中国的水泥产量（1990—2011，万吨）

亿吨，相当于 1990 年的 10.5 倍（见图 1）。

第四，过去 20 年，全球二氧化碳排放量增长了 50%，而中国增长了 3.76 倍，大大超过全球增长率，与此同时中国二氧化碳排放量占全球比重迅速上升，已占世界的四分之一，超过了中国 GDP 占世界总量（10%）和中国总人口占世界总量（19.7%）（见图 2）。

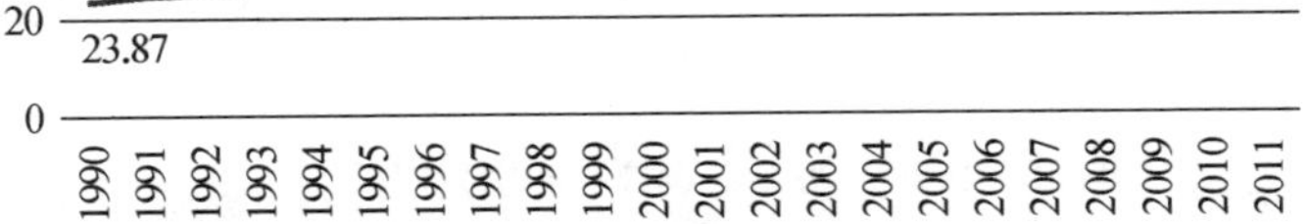

图 2　中国的二氧化碳排放量（1990—2011，亿吨）

第五，世界的煤炭增长迅速，其中中国原煤产量从1990年的10.8亿吨上升至2011年的36.5亿吨，相当于1990年的3.38倍。与此同时，中国还从煤炭净出口国变成煤炭净进口大国，也是世界上最大的二氧化硫、二氧化碳排放大国。

由此可知，中国的坏消息就是世界的坏消息。**中国的坏消息对世界影响最大，并前所未有。不过，好消息还是多于坏消息，好事还是多于坏事。这也符合"天下没有免费的午餐"的道理。**但是，我们还是希望加快转变发展方式，将坏事变成好事，减少发展成本，减少坏消息。

二、发展模式与发展结果

中国的发展为世界的发展既带来好消息，对世界发展作出巨大贡献，也为世界的发展带来坏消息，对世界发展产生巨大挑战。为此，我们的确需要一分为二地看待中国的发展。这反映了不同的发展模式会有不同的发展结果，也会对世界产生不同的贡献和影响。从发展模式来看，大体有三种（见表1）：

表1　绿色发展思想与第四次工业革命

	黑色发展	可持续发展	绿色发展
发展背景	人类从古典文明迈向现代文明	人类初步反思现代文明对于自然的巨大破坏	人类全面改变文明与自然的关系，进入绿色文明阶段
哲学渊源	人类中心主义	修正的人类中心主义	"天人合一"思想和马克思主义自然辩证法
主导国家	美国、英国、法国、德国	美国等西方发达国家	中国等新兴南方国家

（续表）

	黑色发展	可持续发展	绿色发展
发展特征	高投入、高排放、高消费	高投入、高排放、高消费，有限控制生产环节	低消耗、低排放、生态资本不断增加，增长与排放脱钩
发展目标	经济增长	人类可持续发展	社会、经济、自然三大系统和谐、可持续发展
主要产业增长点	工业	工业、服务业	绿色产业
本　质	杀鸡取卵，竭泽而渔，吃祖宗饭，造子孙孽	不留后遗症，不断子孙路	前人栽树，后人乘凉；功在当代，利在千秋

一是黑色发展，其本质就是经济发展与资源消耗、污染排放成比例上升，这是典型的“吃祖宗饭，断子孙路”。这基本上是过去两百多年传统工业化、城镇化、现代化的发展模式，已经极大地加剧了人与自然之间的矛盾。

二是可持续发展，经济发展与资源消耗、污染排放非比例增加，并有所减少，这是过去20—30年期间一种对黑色发展模式的修正主义，随着发展规模巨大并持续增长，无论是资源消耗规模还是污染排放规模，尽管速度减缓，但是对生态系统的影响越来越巨大，并没有能够根本解决人与自然之间的矛盾。

三是绿色发展，即经济发展与不可再生资源消耗、污染物绝对排放量开始脱钩，进而绝对量明显下降。与此同时，极大地促进了绿色能源、绿色建筑、绿色交通、绿色城市、绿色消费和新兴的能源产业与消费市场，我们称之为第三次工业革命（信息通讯技术革命）之后的第四次绿色工业革命。这是典型的“前人栽树，后人乘凉”。对中国而言，是一场新革命、新机遇、新创新。

对中国而言，需要从加快发展转向科学发展，从黑色发展转向绿色发展，从无限发展转向自律发展。为此，**党的十八大报告提出了生态文明建设作为中国社会主义现代化“五位一体”总体布局的重大部署。这不仅为中国带来最大的好消息，也将为世界带来最大的好消息**。

三、生态文明建设：绿色投资与绿色改革

尽管第四次工业革命即绿色工业革命，尚处在孕育期、发动期，但已见端倪，已见曙光，已成基本趋势。中国曾先后失去第一次、第二次工业革命的机会，只赶上了第三次工业革命（信息革命），而这一次将带头发展这场革命，创新这场革命，先行一步，占据制高点，成为创新者、领先者、引领者。

可以认为，**2011年国家“十二五”规划就是世界第一个国家绿色发展规划。党的十八大报告是世界第一个执政党的生态文明宣言。中国将开展有史以来最大规模、最具创新的生态文明建设**。

这包括两个方面的建设：一是加强生态文明投资建设，我们称之为绿色投资。**所谓绿色投资指增加自然资本的投入**。它包括了三个指标：一是对生态建设的投资，如对林业、治理水土流失、水利建设等方面的投资，这意味着增加了生态资本；二是对环境保护的投入，这意味着减少了污染物排放，提高了人民健康水平；三是对节能减排的投入，这意味着提高了能源效率，减少了温室气体排放，缓解了气候变化。

上述总物质资本投入，对自然资本具有替代性，因而就增加了全国自然资本流量和存量。根据我们的计算，2001年绿色投资为1 859亿元，相当于GDP比重的1.70%，到2010年绿色投资为15 820亿元，是

2001年的8.5倍，相当于GDP比重的3.94%（见表2）。这是中国历史上最大规模的绿色投资，也是同期世界各国绿色投资增长最快的国家，还是世界各国积累绿色投资规模最大的国家。这些投资进一步强化了中国的生态资本，加速从生态赤字转向生态盈余，这是一个典型的用物质资本换取更多的生态资本的案例。这就是我们所视为的“绿色投资”、“绿色发展”、“绿色财富”。

表2　中国绿色投资（2001—2010）

年　份	营林投资（亿元）	水利投资（亿元）	环境投资（亿元）	节能投资（亿元）	绿色投资合计（亿元）	绿色投资占GDP比重（%）
2001	192	561	1 107		1 859	1.70
2002	298	819	1 363		2 480	2.06
2003	389	743	1 627		2 760	2.03
2004	399	784	1 910		3 092	1.93
2005	442	747	2 388		3 577	1.93
2006	478	794	2 566	1 944	5 782	2.67
2007	622	945	3 388	2 416	7 370	2.77
2008	837	1 088	4 490	3 092	9 507	3.03
2009	1 116	1 894	4 525	4 113	11 648	3.42
2010	1 194	2 320	6 654	5 652	15 820	3.94

第二方面是绿色改革，即旨在建立有效激励机制，促进绿色投资、绿色生产、绿色消费的制度安排，就是十八大报告所提出的“加强生态文明制度建设”。为此，党的十八大报告还提出了更为详细的制度建设框架。例如，要把资源消耗、环境损害、生态效益纳入经济社会发展评价体系，建立体现生态文明要求的目标体系、考核办法、奖惩机制。这

是解决“指挥棒”的问题，使各地方从加快发展转向科学发展。又如建立国土空间开发保护制度，完善最严格的耕地保护制度、水资源管理制度、环境保护制度。这是建立基本制度，保护最稀缺的自然资源、自然生态。再如深化资源性产品价格和税费改革，建立反映市场供求和资源稀缺程度、体现生态价值和代际补偿的资源有偿使用制度和生态补偿制度。这是保证生态资本升值、补偿、积累的主要制度安排。

党的十八大报告关于生态文明建设、绿色发展的构想、目标和论述，不仅是中国最大的政治共识，也是中国最大的社会共识，将激发十几亿中国人民一同绿色创新、绿色创造、绿色创业。这标志着21世纪中国将成为生态文明建设、绿色发展创新的典范。这将会为世界带来越来越多、越来越大的好消息。

四、结语：同一个世界，同一个梦想，同一个行动

同一个世界，就是指“人类只有一个地球，各国共处一个世界”（胡锦涛，2012年）。我们清醒地意识到，中国人民的利益与世界各国人民的共同利益不是对立的，而是统一的。因此中国与世界是利益共同体、命运共同体，一荣俱荣，一损俱损，我们不仅追求本国利益最大化，同时也追求世界利益最大化；我们不仅追求本国成本最小化，同时也追求世界成本最小化。我们有着与世界同一个梦想，这就是“为全球生态安全作出贡献”（胡锦涛，2012年）。这就需要我们与世界同一个行动，这就是与人类、与世界各国“同舟共济，权责共担，增进人类共同利益”，“为全球生态安全作出贡献”（胡锦涛，2012年）。

中国好，世界好；中国坏，世界坏。我们会努力“将坏事变成好事”，我们希望力争做到为世界带来越来越多、越来越大的好消息。

谈中国的机遇与挑战[1]

(*2013* 年 *3* 月 *11* 日)

问：您也说过21世纪的前20年间，即到2020年为止是中国发展的重要战略机遇期。那么，对于全国人大的论评，以及对于习近平时代的展望，还有到2020年为止中国需要将发力点置于哪里等问题，您如何看待?

答：早在2002年，党的“十六大”报告就明确提出：“21世纪的头20年，对我国来说，是一个必须紧紧抓住并且可以大有作为的重要战略机遇期。”其核心目标就是“要在本世纪头20年，集中力量，全面建设惠及十几亿人口的更高水平的小康社会。”在2002年11月8日，我将其视为“构建中国大战略：‘富民强国’的伟大目标”，所谓“富民”，就是全面建设小康社会，将使全体人民朝着共同富裕的方向稳步前进；所谓“强国”，就是不断提高国家综合国力占世界总量比重，进一步缩小与美国的相对差距。[2]

现在回过头来看，中国共产党和中国政府加速实现了这一“富民强国”的大战略，大体可以分为两个十年。

---

1 此文系2013年3月11日胡鞍钢教授接受林玄镇（President-elect Korean Social Science Research Council, Director Asia Center, Seoul National University, Seoul 151-742, KOREA）的采访书面稿。背景：本次采访将被刊登在韩国中央日报企划的10期年终系列报道“走向亚洲的中心（暂定）”中的一期中，预计于3月中旬刊载。这次采访将以亚洲文明的转换为题，与美国智库“战略预测公司总裁”乔治·弗里德曼（George Friedman），以及韩国首尔大学亚洲研究所所长林玄镇共同进行。作者写于2013年3月11日。

2 胡鞍钢主编：《国情报告》，第五卷（下），2002年，党建读物出版社、社会科学文献出版社2012年版，第527—555页。

首先，以胡锦涛为总书记的党中央在国际金融危机（五年）的大背景下，已经完成了他们的重大历史任务：在2000—2012年期间，中国人均GDP由1 000美元达到5 000多美元（美元现价），中国的人类发展指数（HDI）由0.620（为中等人类发展水平）上升至0.703（进入高人类发展水平），这是“富民”的阶段目标；中国经济总量由世界第六位上升至世界第二位，中国进出口贸易总额由世界第八位上升至世界第一位，中国工业增加值由世界第四位上升至世界第一位，这是“强国”的阶段目标。

我们最近有一项很专业的中期评估，**中国在实现全面建成小康社会这一核心目标方面已经“时间过半，任务超额完成过半”，已经为未来8年如期实现这一目标奠定了更加坚实的基础，更高的历史起点**。从国际比较看，在五年的国际金融危机应对方面，中国是G20中表现最好的国家，中国还是对促进全球经济复苏、缓解全球贸易不平衡、促进全球技术创新贡献最大的国家。

其次，**以习近平为总书记的党中央从现在起到2020年将要完成的重大历史任务是：中国人均GDP将达到1.5万美元以上（美元现价），中国的人类发展水平将达到0.760（高人类发展水平）；中国经济总量将超过美国，居世界第一位，中国进出口贸易总额将占世界五分之一，中国将成为世界创新强国，无论是从事研究与实验发展的科学家、工程师，还是发明专利拥有量、国际学术论文发表量都居世界前列**。

我们会在十年之后，就像评估胡锦涛一样，评估以习近平为总书记的党中央所完成的历史任务和历史使命。对此，我们有充分的信心，也有充分的把握。

从这个意义上看，中国的确不同于美国等西方国家，也不同于日本、韩国等东亚国家。众所周知，各国政府首脑换届、执政党轮替都会提出不同的施政目标、施政纲领，很难做到施政目标、施政纲领的连续性，形象地讲，这如同开一部汽车，可能会出现一会向左开，一会向右开，一会向前开，一会向后开。中国与此相反，由于制定了十分明确的长远目标，如“两个一百年”，又制定了如何实现目标的路线图，如每五年一次的党代会报告，每五年一次的五年规划，又由于党和国家的领导是集体领导和集体决策，而不是一个人领导和决策，因此就会沿着这一发展道路，按着这一相互衔接的路线图，一心一意驶向“两个一百年”的目标。

早在 1982 年，党的十二大报告提出“两步走”战略目标；1987 年，党的十三大报告提出“三步走”战略目标。从实际效果来看，1987 年提前实现了第一步走战略设想；1995 年提前实现了第二步走战略设想。

由此可知，在 21 世纪的头 20 年，由四届党中央和中国政府领导十三亿人口，要做并要做成一件中国最大的事情就是“全面建成小康社会”，这一目标是 13 亿中国人民最大的利益和最根本的利益，是全国各族人民的共同目标和共同事业，充分体现了中国共产党“以人为本”、“执政为民”的根本宗旨和治国纲领。为了做好这件大事，从党的十六大（2002）、十七大（2007）到十八大（2012）报告先后三次围绕这一核心目标进行专题研究、阶段评估、经验总结、精心设计、深刻阐述、全面部署，这在世界各大国发展历史上也是绝无仅有的。

许多外国人并不清楚中国是如何成功地实现发展，又是如何成功地实现对发达国家的赶超，尤其是对美国的赶超。**读一读中国共产党第十八次全国代表大会报告，对比一下美国共和党和民主党全国代表大会竞**

选纲领，读一读中国政府工作报告，对比一下美国总统国情咨文，你就会发现中国不仅有十分明确的发展目标，还有更为具体的发展规划、发展政策、发展措施，这也使得我们既能够进行中期评估、后期评估，也可以使我们能够随时根据国内外形势变化而及时调整。

问：对于乔治·弗里德曼的见解，您的看法如何？他曾表示美国将在往后500年继续维持其帝国的地位，相对于此，中国则将在10年间面临危机。(1) 对于美国经济学家的“美国经济乐观论”，您的意见是怎样的？(2) 对于“中国危机论”，您的立场是什么？

答：乔治·弗里德曼是一位美国地缘政治家，我没有详细看过他的这本书，只是根据你的介绍作一些评论。

我先用数据“说话”：根据汇率法美元现价计算，2001年美国的GDP相当于中国的7.73倍，到2012年的最新数据，下降至1.90倍（见表1）；根据购买力平价（PPP）法美元现价计算，2001年美国的GDP相当于中国的3.31倍，到2012年的最新数据，下降至1.33倍（见表2）。尽管两种方法有所不同，但是基本结论还是比较一致的，即**过去十年，中国迅速追赶美国，在经济总量方面与美国的相对差距明显缩小；而美国GDP占世界总量比重大幅度下降，在可以预见的未来，还会持续下降**。**这就是美国从顶峰走向衰落的基本趋势**。2013年2月19日，《华尔街日报》发表文章：《美国下一次繁荣的宠儿》，作为唯一没有遭受第二次世界大战荼毒之灾的工业化强国，**美国曾经生产出这个星球近40%的商品**。**如今，这一比例已降至18%**。可以说，乔治·弗里德曼是个专家，但在这个问题上是很不专业的，如果他连这些基本的数据都不了解的话，连这一重要的基本事实都不晓得的话，他就更无法理解美国为什么会走向衰落。

表1　世界五大经济体 GDP（汇率法）占世界总量比重（2001—2012）

单位：%

	2001	2007	2008	2009	2010	2011	2012
欧　盟	26. 71	30. 43	29. 82	28. 17	25. 59	25. 11	22. 61
中　国	4. 12	6. 26	7. 38	8. 62	9. 38	10. 46	11. 52
印　度	1. 53	2. 22	2. 00	2. 35	2. 67	2. 64	2. 72
日　本	12. 94	7. 80	7. 92	8. 69	8. 68	8. 38	8. 36
美　国	31. 84	25. 01	23. 22	23. 99	22. 82	21. 42	21. 85
美国/中国（倍）	7. 73	4. 00	3. 15	2. 78	2. 44	2. 04	1. 90

计算数据来源：2001—2011 年数据来自世界银行数据库，2012 年数据来自 CIA 信息库。

表2　世界五大经济体 GDP（购买力平价法）占世界总量比重（2001—2012）

单位：%

	2001	2007	2008	2009	2010	2011	2012
欧　盟	18. 27	18. 23	16. 30	15. 63	15. 06	14. 61	18. 86
中　国	7. 01	7. 42	10. 05	11. 66	12. 84	13. 48	14. 87
印　度	3. 78	3. 87	4. 57	4. 83	5. 28	5. 50	5. 70
日　本	7. 62	7. 48	6. 58	6. 16	5. 87	5. 83	5. 55
美　国	23. 21	22. 95	21. 44	20. 17	19. 63	19. 24	18. 82
美国/中国（倍）	3. 31	3. 09	2. 13	1. 73	1. 53	1. 43	1. 33

计算数据来源：2001—2011 年数据来自世界银行数据库，2012 年数据来自 CIA 信息库。

让我们用预测来“说话”：根据我们估计，到 2016 年，根据购买力平价（PPP）法美元现价计算，中国 GDP 将超过美国；到 2019 年，根据汇率法美元现价计算，中国 GDP 将超过美国。到 2030 年，根据购买力平价（PPP）法美元现价计算，中国 GDP 相当于美国的 2. 17 倍，根据汇率法美元现价计算，中国 GDP 相当于美国的 2.04 倍。[1] 我想乔治·弗里德曼是不愿意看到这一预测的，尽管许多国际机构和研究机构已经作出了大致相同的预测。

1956 年，毛泽东在党的“八大”上作过预言：**在世界上，有资格、有能力超过美国的，应当是中国**。这是因为中国的人口比美国多几倍，资源也丰富，搞了社会主义，有优越性，赶上美国是可能的。他当时设想：从钢产量看，花五十年（指 2006 年）、六十年（指 2016 年）可以超过美国。[2] 而今天，中国的钢产量是美国的六七倍。中国货物进出口额已经超过美国，中国工业增加值（现价美元）也超过了美国。中国在不断地验证“毛泽东预言”，我每天的研究都在验证这一预言。**而中国 GDP（汇率法，美元现价）超过美国只是这一历史进程的比较靠后的一个标志**。

中国是讲究“知己知彼”，所以我一直把美国锁定为中国的追赶对象，总是在研究美国，我们才能够真正“知己”。而乔治·弗里德曼既不“知己”，也不“知彼”，从专业的视角看，他连二流的学者都不如。

谈到“危机”，从汉语的含义看，有“危”则有“机”，没有危险就不会有机遇。还以这场五年的国际金融危机为例，在危机之前的 2007 年，按照汇率法美元现价计算的美国与中国 GDP 的相对差距是 4.00 倍，由于有了这场危机，才能够出人（包括我本人）意料地迅速缩小至 2012 年的 1.90 倍。如果没有这场危机的话，美国也不会负增长（2009 年），那么中国也不会加速追赶美国。这告诉我们：在中国追赶美国的过程之

1　清华大学国情研究中心，胡鞍钢、鄢一龙、魏星执笔：《中国 2030：迈向共同富裕》，中国人民大学出版社 2011 年版，第 62 页。

2　毛泽东：《增强党的团结，继承党的传统》（1956 年 8 月 30 日），《毛泽东文集》第七卷，人民出版社 1999 年版，第 88—89 页。

中，有两个重要的因素：**一是需要中国“不犯错误”，甚至更加成功；二是美国在不断犯错误，甚至更加失败**。

你可能会问，是不是中国希望美国犯错误？我的回答正好是相反的，**我们不希望美国犯错误，但是美国总是犯错误，而且是大错误**。在发生危机之前，美国人自认为自己的金融体制是世界最好的，也是世界上最有效的，这本身就犯了一个最大的错误。是什么错误呢？就是毛泽东在1956年讲过的，“骄傲使人落后”。那么，**美国制造了百年以来最大的金融危机，不仅危害自己，也殃及世界**。但是，我们并没有看到像乔治·弗里德曼等美国精英有什么反思、反省。所以，美国犯大错误，与他们也有关系。在经济全球化的大背景下，**一个大国特别是像美国，作为世界最大的经济体、贸易体，犯下的错误都是由全世界负担的。1929年的大萧条是如此，2008年的金融危机也是如此**。**在经济全球化的时代，我们不希望美国犯错误，因为它会殃及中国，美国是中国的第二大贸易伙伴，我们怎么会盼着美国犯错误呢？**

通过这场国际金融危机，不仅美国人民付出了巨大的成本和代价，直接摧毁了数百万的就业岗位，而且全世界239个国家和地区同样也付出了巨大的成本和代价。这里就有一个问题，如何保证和制止美国犯错误？许多美国政治学家和学者发现，**美国的决策机制出现了极大的问题，他们把美国的体制称为“否决体制”**，其总统的决策，国会否决；民主党的议案，共和党否决；共和党的议案，民主党否决。最近的一个例子就是美国的“财政悬崖”，到联邦政府开支自动削减。连白宫官员都认为：国会的做法是“直接扼杀经济增长和就业”。奥巴马总统更是感叹道：“我们不能从一场人为的危机踉踉跄跄地走向另一场危机。”由此可知，**美国的危机本质上是美国的制度危机，美国的制度危机本质上**

又是美国的制度僵化。任何一个好的制度，不能与时俱进，不断创新，就会僵化，而僵化的制度就会走向它的反面。我们很难设想，200 多年前，美国制宪家所制定的宪法和决策机制不仅能管到现在，甚至还要管到将来。所以，我毫不怀疑，美国还会犯错误，全世界都需要有思想准备，当美国犯错误时，我们怎么办？这是非常现实的，这是我们所有国家和地区从国际金融危机中吸取的最大教训。

问：弗里德曼预言，中国产业的工资没有以往便宜，因此在无法保证收益的同时，走向高附加值产业，相比于其他国家（美国、德国、日本、韩国）则竞争力很弱。对此您的意见是？

答：中国的劳动工资与劳动生产率的关系是什么呢？可以从两个方面来看：没有劳动生产率的上升就不会有劳动工资的上升，因为劳动生产率的提高是提高劳动工资水平的基础。同样的是，没有劳动工资的上升，就不会有劳动生产率的上升。因为，劳动者没有激励或积极性去提高劳动生产率。

实际上，**只要劳动生产率的增长速度不远低于工资水平的增长速度，那么工资在单位劳动产出中的占比就不会大幅提高，从而继续维持劳动成本竞争力**。中国的制造业的平均工资水平在 2009—2012 年期间保持了 12% 的稳定的增长率。另一方面，这一时期中国的制造业劳动生产率同样维持着 9% 的增长率，从而消化了大部分工资上涨带来的压力。

工资水平与劳动生产率之比就是所谓的“单位劳动成本”，是国际上比较相对劳动成本的关键指标。根据联合国工业发展组织的数据计算，中国制造业这一指标从加入世界贸易组织之后经历了先下降后上升的过程，2006 年达到低点（仅相当于美国的 60%）之后开始反弹，

2009 年回到 2000 年的水平，而后进一步上升到 2012 年相当于美国四分之三的水平，基本与墨西哥持平。因此，**中国仍然保持着相当的劳动成本优势**。

另一方面，越是资本技术密集的高附加值产业，劳动成本在其中所占据的比例就越低，中国在产业升级的过程中更多的是依靠快速完成从代工、模仿、追赶、并驾齐驱再到超越，从而实现中国制造向中国创造的过程。可以说，2012 年大唐电信成为世界两大 4G 电信标准之一的制定者，华为成为世界最大的电信设备制造商等一系列事件，则标志着这一时代的开始。

中国是一个多种要素并存的巨型国家、巨型经济体、巨型贸易体，形象地讲，中国作为“东方巨人”，需要“两条腿走路”，各类要素同时并举，发挥其各自的优势，例如：国有企业与民营企业同时并举；大中型企业与小微企业同时并举；传统产业改造提升与大力发展新兴产业同时并举；劳动密集型产业与资金密集型产业同时并举；工业化与信息化同时并举；生产性服务业与生活性服务业同时并举。由此，中国的各类企业、各类行业、各类产业、各类经济都会在全球竞争中形成自己的比较优势，甚至竞争优势。这也解释了为什么中国现在成为世界制造业最大国、工业生产最大国、制成品出口最大国、货物出口最大国。

问：美国之所以拥有世界性的支配能力，不仅仅因为“资本主义”，当然更因为将“民主主义”的价值观标榜为人类普遍的价值观。中国若要成为引领世界的国家，也需要提出这样的人类普遍价值观内容。那么应该标榜何种价值观呢？孔子学院所强调的儒家思想是否有着中华主义的局限呢？

答：当今世界70亿人口，分布在239个国家和地区，也有着几千个民族与文化，对他们而言，提出所谓的普遍价值并不适宜，因为世界是极其多元化、多样化的。不同的民族有不同的文化，不同的国家也有不同的主流文化，这如同万物生长的生态世界的生态文化。所以说，**我们不一定承认或认同美国的文化、美国的价值，同样我们也不会让美国去认同中国的文化、中国的价值**。**至于说到中国的文化，包括儒家学说等，我们也只是限于中华民族，也从来没有强制性推广到其他民族**。**即使将来中国非常强大，我们也不会做控制话语权和文化霸权的超级大国，而是提倡"和而不同"，凡是民族的就是世界的，凡是世界的也一定是各民族的**。这是我的观点。

如果从中国官方的观点看，就反映在2007年党的十七大报告所提出的"文化上（各国、各民族）相互借鉴、求同存异，尊重世界多样性，共同促进人类文明繁荣进步"。这也反映了**中国政府的文化观就是倡导相互学习、相互借鉴、相互吸收，而不是相互对立、相互攻击、相互排斥，更具有开放性、包容性，也更具有发展性、进步性**。**对此我也是认同的**。

问：您对外强调中国的崛起，而对内则更多是批判的声音。对于中国的优点，您提出了五点，那缺点有哪些呢？例如，您曾批判中国的腐败问题，2009年因腐败而导致的经济损失占GDP的13.2%—16.8%。那么，（1）从2009年至今，您认为在程度上有了怎样的变化？（2）反腐斗争的有效方案是什么呢？（3）其他问题的现状以及应对方案、展望又如何呢？

答：我是2001年在《国际经济评论》（第5—6期）发表了《中国

90年代后半期腐败造成的经济损失》，我在文中指出："就中国而言，腐败造成十分惊人的巨大经济损失。根据作者对中国经济转型时期四种主要腐败类型的经济损失计算（寻租性腐败；地下经济腐败；税收流失性腐败；公共投资与公共支出性腐败），初步估计，在20世纪90年代后半期，仅以上四种主要腐败所造成的经济损失平均每年占GDP比重的13.3%—16.9%。"2002年我在《中国国情分析研究报告》（第20期）发表了《巨大的腐败黑洞：公开披露各类腐败的经济损失》，文中根据国家各部门公布的数据将其分为10类系统性腐败，仅1999—2001年这一损失竟平均每年高达GDP比重的14.5%—14.9%。这两项研究结果都表明，官员个人直接腐败的经济损失比例是非常小的，而由于系统性腐败造成的损失的比例是非常大的。但当时没有数据来源，无法计算土地出让的某些损失。这一结论还意味着随着中国主要领域的市场化改革，这些系统性腐败损失的比例是不断减少的。当然，目前我还没有用同样的方式来估算，但很多领域的改革都取得了明显的效果，例如民航领域取消垄断价格控制，转向市场机制，使其行业租金消失；又如实行城乡电费同网同价也会使垄断租金有明显减少；再如加入世界贸易组织之后，大幅度降低名义关税税率，也使得因减免税率的税收流失大幅度减少，政府采购采取公开招标竞争也会减少公共支出性腐败损失。这需要逐项的估计和计算。

从世界上看，腐败是无处不在、无时不有的。只要有公权，就会有人利用公权谋取私利。所以说腐败是国家权力、公权的伴随物，如同一个健康的人总会有细菌、有疾病，甚至有癌症。有细菌就要消毒，有疾病就要治疗，有癌症更需要早检查、早医治，防止扩散，否则就会置人于死地。一个人是如此，一个政党是如此，一个政府也是如此。

腐败既是中国最大的政治毒瘤，也是中国最大的政治挑战，那么反腐败就是中国最大的政治任务，或者说就是习近平总书记的首要的政治任务。2012年11月17日，习近平在十八届中共中央政治局第一次集体学习时说："大量事实告诉我们，腐败问题越演越烈，最终必然会亡党亡国！"这反映了中国政治领导人强烈的政治意愿，这是中国反腐败并战胜腐败的政治前提。

我们需要认识到，腐败是长期存在的，反腐败是长期的斗争。1989年9月，邓小平就明确提出："在整个改革开放过程中都要反对腐败，搞廉洁政治。"只要腐败是魔高一尺，那么反腐败就需要道高一丈。**腐败是见不得阳光的政治交易，反腐败就需要阳光、需要透明、需要公开**。**不仅使腐败分子付出高昂的经济成本，还要付出臭名远扬的政治代价**。

防治腐败的过程本身就是党和国家制度建设的过程，又是制度实施的过程。中国共产党提出了"坚持标本兼治、综合治理、惩防并举、注重预防方针"，"全面推进惩治和预防腐败体系建设"。我认为这一防治腐败的基本思路和基本方针还是正确的，主要是在具体的实施过程中，如何深化体制机制改革和制度创新，不仅要铲除腐败，还要铲除滋生腐败、蔓延腐败的土壤。

问：您强调中国在迈向强国的道路上，需要人力资源开发。在这一点上，应该将被认为是国家性负担的中国巨大的人口转化为丰富的人力资源作为目标。那为实现这个目标，需要怎样的过程？当今中国，在接近目标的道路上处于哪个进度？全国人大上胡锦涛主席强调了中国特色社会主义建设中青年人的作用以及青年人的创新能力，您认为青年人才的开发、青年创新能力的培养，具体意味着什么？

答： 1989 年我们在一份国情报告《生存与发展》之中将中国的基本国情概括为人口膨胀与老化、就业负担沉重，成为世纪之交国际竞争力与现代化赶超过程中一个十分沉重的人口包袱。[1] 从那时起，我们就设想**如何将沉重的人口包袱转化为最丰富的人力资源**。[2]

2002 年，我通过计算发现：过去 20 年（1980—2000 年）中国总人力资本存量（指劳动年龄人口与平均受教育年限的乘积）翻了一倍，占世界总人力资本存量的比重高达 1/4，已经从世界人口大国成为人力资本大国，这成为中国 21 世纪经济持续发展，并成为世界经济强国的最具竞争优势的重要的战略资产。我称之为受惠于“计划生育红利”和“教育投资红利”。为此我提出未来 20 年全面建立世界上最大的学习型社会，进一步提高全体人民的人力资本。[3]

2000—2010 年期间，全国大专及以上人口由 4 571 万人上升至 1. 19 亿人，年平均增长率高达 10. 05%，这可能是世界现代历史上高等教育人口增长最快的。目前，中国各类专业人才总数达到了 5 800 万人，大大超过了韩国，这也解释了为什么中国申请专利数已居世界首位的原因。全国从事研究与开发（R&D）活动人员超过了 300 万人年，已居世界第一，这也解释了为什么中国国际学术论文发表量居世界第二，也会很快超过美国。此外，中国也是世界上企业数最多、企业家数最多的国家。根据国家工商总局的数据，截至 2012 年底，全国实有企业 1 366. 6 万户，2007 年 6 月至 2012 年 6 月，全国实有企业数增长了 49. 1%，年

1 中国科学院国情分析研究小组，胡鞍钢、王毅执笔：《生存与发展》，科学出版社 1989 年版。
2 胡鞍钢：《中国：走向 21 世纪》，中国环境科学出版社 1991 年版。
3 胡鞍钢：《从人口大国到人力资本大国：1980 ~ 2000 年》，《中国人口科学》2002 年第 5 期。

平均增长率为 8.3%，注册资本金增长了 146.8%，年平均增长率为 19.8%，户均注册资本金增长了 65.4%。这不仅意味着中国企业家和经营管理人才爆发性增长，而且经营的企业资本金也是爆发性增长。这也解释了为什么中国经济发展最快的最重要的原因，就是几千万企业家的巨大创新。

我们估计到 2020 年，全国大专及以上人口将超过 2 亿人，到 2030 年，将超过 3 亿人。尽管那时中国的总人口、劳动年龄人口被印度所超过，但是中国仍是受高等教育人口最多的国家，也是各类人才最多的国家，例如中国从事研究与开发（R&D）活动人员总数超过美国和欧盟（27 国）总和。

这是我们最新的研究成果，至今无论是美国、日本、韩国，还是欧盟 27 国，对此知之甚少。你可以设想，当 3 亿高等教育人口和人才一起创新时，将会对中国乃至世界产生什么影响？这使我想起毛泽东在 1949 年指出的："世间一切事物中，人是第一个可宝贵的。在共产党领导下，只要有了人，什么人间奇迹也可以造出来。"[1] 不过那时毛泽东并没有说这个人是什么样的人？当时的中国是一个充斥文盲、半文盲的人口大国，文盲、半文盲占总人口的 80%，全国的大专以上人口只有 18.5 万人，占全国总人口比重的万分之三点六。中国今天可以说有两亿多这样的人才。中国只要有了更多更优秀的人才，什么人间奇迹都可以创造出来。

---

1 毛泽东：《唯心历史观的破产》，1949 年 9 月 16 日，《毛泽东选集》，第 4 卷，人民出版社 1991 年版，第 1512 页。

对《中美气候变化联合声明》的评论[1]

（*2013*年*4*月*15*日）

问：这次美国国务卿克里访华时，就中美在气候变化问题，网络安全问题，朝鲜问题等方面交换了意见，并且达成了共识。对此，想请教胡教授的意见和看法。您是怎样评价中美这次达成的共识？您又是怎样去解读这个事情呢？

答：近期美国国务卿约翰·克里首次访问中国，取得了重大成果。不仅同习近平主席、李克强总理、杨洁篪国务委员、外交部王毅部长进行了密集的会谈，在许多重大问题上达成了共识，而且也达成了重要的双边文件，例如《中美气候变化联合声明》（以下简称《联合声明》）。我想就这一联合声明作以下评论：

众所周知，全球气候变化已经成为21世纪全世界最大的发展挑战，无论是发达国家还是发展中国家都无一幸免。全球每时每地都在遭受气候异常变化导致的自然灾害，仅在中国，每年受灾人口就高达4.6亿人次。全球还会因气候变暖，海平面上升遭受难以预见的损失，从1980—2012年，中国沿海海平面上升速率为2.9毫米/年，高于全球平均水平，中国最富庶的沿海地区将直接受到海平面上升的影响。可以认为中国是全球气候变化最大的受害者。为此《联合声明》指出："中美两国特别注意到，对于人为气候变化及其日益恶化的影响已形成强有力的科学共

1　本文系作者2013年4月15日接受日本《每日新闻》中国总局记者石原圣采访书面稿。

识，包括过去一百年全球平均温度显著上升、海洋酸化令人担忧、北冰洋海冰迅速消失，以及世界各地极端天气事件频发。”这表明，作为世界两个最大的经济体、贸易体、能源消费国、温室气体排放国，中美首次以两国政府联合声明的方式，对全球气候变化及其危害达成政治共识。这也是两国政府主动承担应对全球气候变化领导者角色的政治前提条件，不过这比 1997 年《京都议定书》的政治共识还是晚了 16 年。

《联合公报》还明确指出：“中美两国采取强有力的国内适当行动，包括大规模的合作行动，比以往任何时候都至关重要。这些行动对于遏制气候变化和树立可以鼓舞世界的强有力榜样，都是极为重要的。”这同样表明，中美两国政府充分意识到在国内采取强有力的减排措施以及大规模的国际合作，比以往任何时期都更加重要，只有这样才能够成为“世界榜样”。同时也意味着中美两国政府有可能就未来时期共同减少温室气体排放量，进而推动全球减排行动，遏制全球气候变化，带来更大更好的消息。不过，这仍然比 1997 年《京都议定书》所提出的“在 2008 年至 2012 年间，全球主要工业国家的工业二氧化碳排放量比 1990 年的排放量平均要低 5.2%”的目标晚了 5 年。

问：达成共识的背景是什么？在这样的背景下中国与美国达成共识的理由又是什么？您是怎么解读中方的立场的？

答：我一直认为如果中美两国不能够减排，那么世界各国，包括欧盟、日本等工业国家减排行动都将会无济于事——因为中美两国煤炭消费量超过了世界总量的 60%，二氧化碳排放量也超过了世界总量的 40%。2008 年我曾经向中国政府提出应当带头公开承诺减排义务，明确到 2050 年的减排时间表，中国应该主动、也可以尽全力为世界作出更大的绿色贡献。中国不但会成为应对全球气候变化的最大受益者，而且也将成为应对全球气候变化的世界领导者和推动者。2009 年 3 月我又进一步提出“中美需要绿色发展、绿色合作、绿色革命”。应对全球气候变化是全球最大的公共产品之一，作为联合国常任理事国的中国和美国，都必须作出公开承诺：确立“同一个世界”，即唯一的地球村；“同一个梦想”，即人类的绿色家园；“同一个行动”，即共同采取减排行动。

我们今天总算看到了希望与曙光，真正要实现上述目标还有赖于中美两国政府的政治意愿及其合作。从这个意义上来看，用中国的话来讲，是“解铃还须系铃人”。中美两国领导人要坚定不移地站在全球减排行动的前列，做领导者，不做跟随者；做先行者，不做落伍者；做创新者，不做搭车者。如果真的能这样做，对中国和美国而言，是福音，对世界而言，更是福音。

经济全球化进程下的中国[1]

(*2013* 年 *5* 月 *29* 日)

问：我今天是从日本飞过来的，坐飞机的时候阅读了日本那些学者写的关于胡教授的书。知道胡教授是关于中国国情研究的领头人、带头人，不光是经济、社会，各个领域中关于中国的所有的情况，都可以请教胡教授，今天我们是专程来拜访您的。

第一个想请教的就是今年的 3 月份，全国人大过后，是新一届政府上台开始执政。从前一届，就是上一届政府执政的这一段时间，中国的经济表面上看是不错的，但是还是有很多结构性的问题，上一届政府没有对这些问题进行深入的调整，比如像地区的差异，还有收入差距，像国有企业的改革这样的一些问题，都是对中国今后经济的可持续发展影响非常大的，现在的政府已经开始要进行这些问题的改革了，那么想请教一下胡教授对这个问题您是怎么展望的？或者是怎么看的？可以给我们介绍一下吗？

答：其实每一届政府都会，或者每一代领导人都有他自身遇到的挑战，同时也有他提出的一些施政纲领，但总的来看他不会因为换届或者换代就轻易改变我们认为比较成功的政策，他们只是做一些我们称之为比较灵活的调整，就像十多年前，胡锦涛和温家宝接手江泽民、朱镕基，他们就会提出他们的思路。比如像十多年前，十六大报告，其实胡

1 本文系 2013 年 5 月 29 日胡鞍钢教授会见日本贸易振兴会副理事长及其驻北京办事处主任的访谈记录稿，由马伟协助整理，作者又作了修改和补充。

锦涛是起草组组长，这一次实际上是习近平担任十八大报告的起草组组长，其实他们在没有当国家主席之前，就已经知道中国遇到什么问题，并且知道今后怎么解决这个问题。

如果我们要了解他们每一代人都要完成什么样的历史任务，要完成这个历史任务他需要解决什么样的问题，那么我们可以看到，胡锦涛、温家宝，他们就是把中国从十多年前的世界第六经济体变成了第二经济体，世界第八大贸易体变成了第二大贸易体。那么在这个过程中，他们应该说是完成了这个历史任务，也解决了他们力图解决的一些主要的历史问题，而不是全部问题。

我们可以看一下习近平和李克强他们未来10年，就算未来5年也没关系，他们会完成什么样的历史任务？他们要完成这些历史任务需要解决哪些现实的和未来的挑战和问题？那么我们看到，其实习近平和李克强他们就是要把中国从第二大贸易体变成第一大贸易体，我想不是今年就是明年（指2014年）就可以实现了，用不着等10年；第二个是将中国经济总量从第二位变成第一位，这也是他们的一个核心任务，如果按照购买力平价方法计算的话，2016年就可以实现了，如果按照汇率法计算的话，我们认为在2019年左右就可以实现了。

此外来看，就是中国有各种问题也没有关系，关键是他们有没有能力，特别是我们说的国家财政能力。在2000年、2002年的时候，中国的财政收入只有1.9万亿人民币，当然人民币也在升值，也在通货膨胀，但去年实际上就已经达到11.7万亿人民币了，这也为习近平、李克强，我们说的解决我们的现实问题，提供了一个财力基础，所以我们也设想，这个财力，就从现在的11.7万亿元算的话，5年后他就可能会超过20万亿元，10年后可能会超过也许就是40万亿元，所以他们解决问题的能力也在不断地提高。

实际上对于中国来讲，面临最大的挑战是三大差距了，一个是我们说的地区差距，一个是城乡差距，还有一个是居民收入差距。特别是用基尼系数来表示的话，那么我们已经看到了一些好消息了，比如讲按照人均 GDP 的角度来看，31 个省市自治区差距最大的点在 2004 年，而后持续下降，因为我们是长期研究地区差距的；第二个好消息就是城乡差距缩小，实际上从 1985 年以后持续拉大，到 2009 年达到最高峰，现在有所缩小；第三个指标是基尼系数，也是持续拉大的，它在 2009 年达到高峰了，现在开始有所下降，这也反映了随着国家财政能力的提高，他们有能力解决这三大差距。所以我们也会相信，未来 10 年，或者未来 5 年中国这三大差距是可以持续性地下降。

过去我们说，你财政赤字最好占 GDP 比重不超过 3%，现在我们基本上可以不超过 2%，比如 2011 年只有 1.1%，我这都是最新的数据了，2012 年是 1.6%，那么今年“两会”的时候财政部提出来，就要控制在 2%。所以说这种情况如果你要和日本比较，中国这些指标都是非常好的了，不像日本现在债务已经相当于 2 个多 GDP，我们基本上还是有效地控制了这些财政赤字、一般性政府债务，特别是中央政府的债务。所以说我们不是因为解决了这个问题，又冒出另外的问题，这一点非常重要。

所以我又反过来要问你们一个问题了，一般日本媒体都说，中国是一党执政国家，日本是民主国家，或者说是亚洲的民主之星，那么为什么日本在过去这么多年，六七年中就换了五六个首相，而且这个债务，一般性债务占 GDP 比重持续地上升？严格地说，我可以说日本中央政府早已经在财政上破产了，谁来解决这个债务呢？在我看来，这种情况非常像古人说过的一句话，就是“哪管我身后洪水滔天”。就是对这些债务，欠下的债，后来的人来负责任吧！这是我给你提的很实际的问题。

问：的确日本的债务问题是很严重的，但是不能说因为它是个民主国家，可能就跟这个债务的扩大有什么联系，主要还是因为它的政权不稳定，过去几年之间换了那么多届政府，没有稳定的政府，没有一个稳定的政府的引导能力，就不能保证财政的稳健，所以说他（指安倍）现在的新政府，在7月份的时候要进行参议院选举，可能这个选举之后，能够稳定执政的话，日本的财政能够稍微稳定下来。

还有一个可以从日本的发展的阶段来看，也就是说因为现在日本它是一个比较成熟的发达国家，它的社保制度是比较完善的。日本的债务的刺激的很大一部分理由，就是因为社保制度，因为日本的人口老龄化比较严重，而且人口现在是在减少，所以社保的支出造成财政很大的赤字。中国现在已经慢慢开始老龄化，而且以后人口也会达到一个下降点，而目前阶段的中国的社保相对来说还不是很完善，随着不断地完善，社保财政支出就会加大，可能那个时候中国社保对财政来说也是一个负担。

答：当然这个问题也不只日本是如此了，包括美国现在也是如此。实际上在小布什时代之后，美国财政赤字占GDP比重，就一般性债务来说占GDP比重就已经迅速上升了，奥巴马时代也是如此，而且现在（2013年）突破了103%了，当然不像日本那么高，但是这种机制，或者说加速债务占GDP比重这个机制，我看在欧洲等国家都是普遍存在的。其实美国的老龄化程度也没有我们想象的那么高，不知道这个问题您怎么解释？

问：主要还是因为财政对社保的支出的增长太大了，因为日本的人口的构成结构，少子化、老龄化的不断加深，财政对社保的支出是越来越多、越来越大，这成为日本财政赤字很大的一个原因，如果说这个社保制度没有那么完善，不去完善可能还不会遇到这样的问题，但是可能会引起社会稳定的问题。所以说中国迟早也会面临这样的问题。

还有财政赤字与经济增长率也有关系，就是现在的发达国家，因为他们市场发展都比较成熟了，经济增长已经降下来了，像以前日本在高速增长时期，比如 GDP 增长有 10% 左右的时候，财政收入也是非常大的，而且那个时候比较平衡，没有那么大的财政赤字，发达国家现在普遍面临这样的问题。中国现在 GDP 增长还有 8%，应该说财政收入还不错，将来这个 GDP 增长率降下来以后，可能也会出现这样的问题，就是说现在随着经济成熟不断地发展，可能也会慢慢面临这样的问题。

答：能不能这么讲叫“发达病”？

问：的确是，不光日本、美国，像其他的发达国家，成熟经济体遇到的问题也可以这样说。还有经济增长可能跟人口的问题也是关联性比较大的，就是现在的发达国家人口都在减少，像美国其实人口增长率也是在下降的，所以它的经济增长也在开始放慢。胡教授，您也说过中国人口的问题和经济增长的关系，现在中国的出生率在降低，就是到了某一个点以后人口也会出现下降，这个问题是不是也会影响中国经济的发展？

答：肯定会，但是不是得了“发达病”我们就很难预测了，因为中国现在还没有真正发达起来。不过我想中国的领导人，或者说我们的学生会比我们更聪明。因为到那个时候我也不一定在了，所以他们年轻人可能比我们更聪明。至少我们可以避免像这种“发达病”，当然能不能避免我们也说不清楚了，只能让他们去回答这个问题。

我比较关心的一个问题就是，因为我们和日本的贸易，从中方统计数据来看，原来日本是中国的第一大贸易伙伴，后来变成第二，后来又变成第三了，现在东盟又超过你们了，日本是我们第四大贸易伙伴了。另外从统计数据来看其实也挺惊人的，就是去年（2012 年），从中方的统计来看是 3 295 亿美元，但是如果要比较一下 2011 年，实际上绝对数是下降的，2011 年是 3 428 亿美元，我的问题就是比如今年、明年（指 2014 年）、后年（指 2015 年），双方的贸易额是不是绝对量持续下降，还是一个什么样的趋势我不知道，你们怎么预测或者说是什么感受，当然中国和所有的贸易伙伴的贸易额都是增加的，特别是东盟，也特别是非洲国家、拉丁美洲国家，包括南亚国家。

第二个问题跟第一个问题相关，就是原来日本是我们的第一大入境旅游客源国，比如像 2007 年曾经达到了将近 400 万人次，但是去年只有 352 万人次，还不如 2007 年，也就是六七年前的高峰，所以我们也关注这个问题。当然中方访日人次还在不断地提高，我们也非常关注两边的经济合作，是进一步发展还是有所倒退，这就是说，我们到其他国家，或者是其他国家到我们这里都是做加法，但是我们发现日本方面却在做减法，我们也比较关注这个趋势。

问：第一个关于中日贸易的问题，我现在手头上没有具体的数字，不能具体讲解，但是我有一个主观的印象就是，关于中日贸易的总量，去年没有增长，就相当于是出现了减少。没有得到增长的一个很直观的原因，要从贸易总量来看，从日本来说，包括从中国的进口，还有对中国出口两方面。先说日本的对华出口，就觉得贸易额没有得到很大增长的原因，就是中国经济放慢，引起了日本的对华出口下降，这是一个原因。还有中国对日本的出口还是增长的，但不如其他经济体，比如东盟或者是拉美这样的一些地方的增长率高，所以也导致了中国对日本的出口增长不大。

还有一个比较大的原因，可以说因为去年秋季以后，中日的关系进入到了一个不好的状态，可以这样说，这个就是因为政治关系直接影响了经济关系。刚刚胡教授您说的，比如说第二个问题提到关于双方人员方面的交流和往来，对这方面的影响是比较大的，如果说把去年 9 月份作为一个点分开来看，更可以看出这么一个关系。

对今后的中日贸易的看法，我是这样看的，如果中国经济能够保持在 8% 这样一个增长速度，我觉得中日的贸易，就是说日本对华的出口也不会出现很大的变化，应该都是稳定增长的状态。另外日本方面随着安倍经济学不断地显现他的一些效果，日本的市场应该出现一些变化、一些转机，就是说日本会引起中国对日本的出口出现比较好的一个增长。

目前在中日的政治关系比较困难的状况下，所以显得经济方面的交易更加重要，我们觉得今年应该比去年好，我们刚刚也讨论了中日贸易问题，也达成了共识，越是这样困难的情况下，作为我们促进双方经济贸易、投资往来的中间机构，更应该发挥我们的作用，我始终认为经济贸易投资的往来，能够与政府脱钩，能够进一步地活跃起来，我们是这样想的。

答：我也同意这个观点，最好是政治、经济不要扯在一块，经济是主流，因为无论是经济全球化、贸易全球化，包括旅游全球化等等，都是一个大的趋势。政治因素，我作为分析框架，一般是把它作为外部冲击，它不会改变基本趋势，但会局部地、暂时地影响基本趋势。

我们作了一项2030年的中国研究，和讨论的这个话题是有关系的，我们不仅预测了中国的经济增长，未来10年，甚至20年的，因为是2030年，我们也预测了中国的出口以及进口，而且这本书已经在日本正式出版了，我不知道你看没看过这本书？

从我们的预测的结果来看，中国货物出口，不包括服务贸易，到2020年会达到世界总量比重的18.0%，进口会达到19.0%，大体相当，肯定是世界第一了，特别是从进口的角度来看，我们认为未来8年，包括今年在内累计下来会超过20万亿美元，因为每年很快达到2万亿美元以上进口额。我不知道这个趋势会对日本产生什么样的好的机遇，日本方面又怎么样来利用它。

问：我回去以后买一本学习一下。的确，像您说的，关于相互之间经济一体化这个是非常重要的，你也知道了，中日韩的自由贸易协定（FTA）已经开始进入谈判了，三国都是在政治关系比较困难的情况下启动了，这也说明是一个非常好的事情。另外包括中日韩三国，在东盟十国发起的区域全面经济伙伴关系（RCEP）这样的东亚地区的经济合作，也在这个月开始启动，所以从这个方面来说的话，也应该是一个好的趋势。

我想介绍一下，关于东盟的进展情况，才召开了第一次的谈判，以东盟为中心来提出推进东亚地区经济合作，他们没有想到，在第一次谈判当中，中日韩三国能够联合起来提出，以这三国为主的这么一些建议来，所以他觉得这也是对三国的合作来说非常好的一个事情。

答：可惜这件事做得太晚了，我认为至少晚了十多年。因为在2001

年我当时到庆应义塾大学做了2个月的访问教授，其实我作了很多调研，你也知道，那个时候中国已经决定要加入世界贸易组织了，所以我就向朱镕基总理建议，加快实行所谓区域一体化和贸易自由化，就提出“3+1”自由贸易协定（FTA）构想，“3”就是中国、日本、韩国，再加上中国香港，尽快实现自由贸易协定（FTA），而且朱镕基总理非常重视，过了不久我们又进一步提出中国和东盟“1+10”自由贸易协定（FTA）构想，最后的结果你都知道。第二个建议在后，但是第二个建议中国与东盟早就实现了。所以我也感觉到和韩国、日本打交道，我们认为自由贸易协定（FTA）拖的时间太长。

所以说即便中日韩谈成了自由贸易协定（FTA），也包括“3+10”，或者在更大的范围内，我个人认为也是迟来的自由贸易协定（FTA）。为什么当时提出要首先做“3+1”呢，因为日本是中国第一大贸易体，东盟占我们贸易总量非常之低，但是今天东盟是中国第三大贸易体，取代了日本。客观地说我一直是在推动中国政府的实施贸易自由化、投资自由化，包括服务业、服务便利化，特别是旅游、签证这些便利化的推手，昨天我们还向中国政府进一步提出来，中国如何大幅度减少关税税率，如何进一步开放市场，使得中国取代美国，成为世界最大的进口市场。这个大市场是什么意思呢？如果要是根据我们刚才预测的话，到2020年，中国的进口量应当占世界总量的19.0%，19.0%是什么概念呢，到那时候美国是持续下降，可能只有10.5%，中国就相当于将近2个美国的进口市场，这是我们的一个设想。

当然，是不是会达到这一目标，咱们10年后，也不用10年后了，等到2021年就可以验证了。所以说全世界239个国家和地区都想分享中国这个市场，我们希望日本方面别失去这些机会。

问：我非常赞同胡教授您谈到的设想，当时您跟朱总理建议“3+1”地区合作的这么一个建议，我其实当时也有这样的一个想法，而且我也看到过胡教授相关的一些资料，我那个时候正好是在日本产业经济这个部门负责工作，所以那个时候有这样的建议就是说，把人均 GDP 在 5 000 美元左右的国家或者是圈，比如说那个时候可能是日本、韩国，对中国来说可能是沿海比较发达的地区，包括台湾。就是在这样一个圈实现它的经济一体化，这个时候我们也有这样的想法，而且对此也进行过一些讨论和研究。

的确像胡教授您刚刚说的，即使实现了也是晚到的自由贸易协定（FTA），因为那个时候日本整体的方针还是想实现全球化的，比较多元化的世界贸易组织的这么一个框架，而对这个合作地区的一体化的探索起步很晚，最早也是到了 2000 年才开始与新加坡谈这个自由贸易协定（FTA）。

而之后世界贸易组织（WTO）的谈判在多哈以后就出现了一些停顿了，从此地区间的一体化才开始活跃起来，虽然现在有点晚了，但是我们希望能够把它提速，然后我们都全力以赴地来做这个地区的一体化，就像胡教授您在书上写的那样，这个经济区域的一体化，会对中国进口的扩大有贡献、有帮助，而日本通过中国的进口的扩大，会在提供安全、放心的产品服务的时候，也能够得到一些好处。所以说最后希望通过地区一体化的不断地加深，能够对中日都有帮助，能够是一个双赢的结果。所以说希望通过这个市场的进一步开放、扩大，能够使自己国家的产业越来越强，使自己国家的制度更加合理和有效。

答：我也表示同意。因为世界是越来越一体化了，当然也会出现贸易摩擦或者说纠纷，但总的趋势就是一体化，也包括区域的一体化。所以说这就是为什么我们也在推动中国政府下一个10年的对外开放，因为下一个10年的开放，我们希望比如说关税税率能不能从现在的9.8%降到5%，甚至更低，这样的话我们十几亿的消费者收益更大。此外来看，就是中国更有效地利用全世界的资源技术，就用不着我们的游客到外国、到香港去买什么奶粉等一系列的消费品。

再一个比较现实的就是，签证的便利化，比如说实行72小时免签，比如说落地签证，比如说多次往返签证。因为现在我们的学生到你们那里留学，你们的学生到我们这里留学，圣诞节、春节要回家，所以说你怎么让他们能够多次往返，像这些的便利化可能会加快人员之间的交流。

所以还不只是三国之间的自由贸易协定（FTA）了，其实像我们说的服务业的便利化，交往的便利化，签证的便利化其实更重要。因为我们作为智库，我们是希望给中国政府出好主意，不是出那种馊主意，不是怎么妨碍一体化，而是强化一体化，怎么样强化互利共赢，而不是说我赢你输这样一个格局。

问：非常感谢今天胡教授用这么长时间与我们进行非常有意义的交流，我们也同意胡教授您说的，通过强化一体化，达到一个互利共赢的目的，我们日本贸易经济机构也作为中介机构，积极帮助日本与中国的贸易投资，还有共享经济交流，也希望能够得到胡教授大力支持，今后我们一起来为中日的双方的贸易更加活跃，经济交流的进一步深入作出努力，非常感谢。

答：我也很感谢与你的交流。

中国改革进程现状与展望[1]

（2013年8月5日）

问：胡鞍钢教授，非常感谢您能够接受我的访谈！我这次访谈主要希望了解您如何评估到目前为止中国改革的进展，以及您认为目前改革存在哪些难点？又应该如何解决？首先想请您谈谈您对中国改革进程的看法。

答：你能够关注中国的改革进程，说明你已经在比较深入地了解中国了。在看待中国改革进程方面，从很早开始就有许多人在讨论，但一直缺乏较为专业化的分析和评价。

在我看来，中国改革始终有自己的历史逻辑，特别要抓住几个关键的历史时间点。对此党中央作出了三次重大决定：

1984年是第一个关键时间点，中共十二届四次全会作出了《关于经济体制改革的决定》，全面启动和部署以城市为重点的整个经济体制改革；1993年是第二个关键时间点，中共十四届三次全会作出了《关于建立社会主义市场经济体制若干问题的决定》[2]，希望到20世纪末初步建立社会主义市场经济体制；第三个关键时间点是2003年，中共十六届三中全会作出了《关于完善社会主义市场经济体制若干问题的决定》，改革的主题就是“完善社会主义市场经济体制”，希望通过完善社会主义

---

1 本文系2013年8月5日胡鞍钢教授接受《华尔街日报》驻华记者裴杰（Jeremy Page）的采访记录稿，由沈若萌协助翻译整理，作者又作了修改和补充。

2 《中国共产党第十四届中央委员会第三次全体会议公报》（1993年11月14日）。

基本经济制度、宏观经济调控体系等制度和机制，全面提高对外开放水平。

那么，今年即将召开的中共十八届三中全会又是一个重要的关键时间点，将根据党的十八大报告提出“全面深化社会主义市场经济体制”的要求作出重大决定。有两个关键词：一方面“继承”，也就是坚持社会主义市场经济改革方向；另一方面“深化”，即在基本建立了社会主义市场经济体制之后，要全面深化改革，破解多年改革的难题，清除改革的障碍。就像习近平总书记所提出的“敢于啃硬骨头，敢于涉险滩，既勇于突破思想观念上的障碍，又勇于突破利益固化的藩篱”[1]。这样梳理来看现在，我们确实站在改革进程的一个关键点上，并且已经有了比较明确的中国经济体制改革目标，当然也还面临许多亟待解决的改革难题。

问：那么您如何看待此次改革的方向，是更加走向民主，还是更加走向权力和决策的集中呢？

答：首先我们不能把民主与集中看作背道而驰的两个方向，或者相互矛盾对立的两个方面。中国的实践恰恰是将这两个方面组合在一起，利用民主与集中的不同又是互补不断凝聚政治共识的过程。

在这方面，我要介绍三部重要研究成果。一是我的学生，鄢一龙博士最近的著作《目标治理——看得见的五年规划之手》（中国人民大学出版社 2013 年版），对五年规划等国家决策机制进行了很专业化、系统化的研究。特别是解释了中国作为一个拥有 13 亿人的国家，如何民主？如何集中？又如何作出重大决策？实际上中国共产党在这方面已经找到

1　中国新闻社北京 2013 年 1 月 1 日电。

了自己的道路。二是我的长期合作者，王绍光教授与他的学生樊鹏博士的著作《中国式共识型决策："开门"与"磨合"》（中国人民大学出版社2013年版），这是以新型农村合作医疗改革在中国的政策过程为例，分析了在中国如何实现民主与集中并最终达成共识的过程。三是我出版了《中国集体领导体制》（中国人民大学出版社2013年版）一书，也试图从更专业的角度来解释中国共产党领导层新老交替的政治进程，解释他们是如何通过集体分工协作、集体交接班、集体学习、集体调研和集体决策五个机制来实现集体领导的。比如近期习近平等一系列的改革调研也正是这些机制环节中的一部分。

这些研究都指向了中国未来的经济体制改革的政治方向，是基于自信的中国政治体制之路，必然是民主与集中相互融合的共识之路。这可能让外国人难以理解。

从具体的政策制定来讲，中国的政策制定正在不断走向制度化、专业化和民主化。在制度化方面，有了明确的多个步骤和程序来实现政策制定的民主集中，比如"十二五"规划就花了近两年时间，先后经历了十一个步骤。在专业化方面，包括世界银行、联合国开发计划署（UNDP）和我们国情研究院等许多第三方研究机构参与到了重大政策的研究和决策咨询过程中，仅"十二五"规划前期研究阶段，国家发改委就拿出了8个领域39个题目向全社会招标，最后有70多家单位参与了相关课题的研究，其中名牌大学就占了一半以上，这是历史上从来没有的，可能在世界上也是没有的。

问：这些变化在政策决策方面确实比较显著，也可以看到一些细节上的鲜明变化。那么从大势上来看，未来10年改革的核心议题将是什

么、主要改革战略将是什么，这些改革是否会与中国今天的模式有所差别？

答：应该说中国改革一直在继续，但在改革进程中也存在“改革版本”的升级换代。1978 年以来中国经济改革 1.0 版本，是以“先富论”为主题，以建立竞争性市场为目标，以“效率优先、兼顾公平”为基本原则，以加快发展为手段的。1978 年 12 月邓小平在中央工作会议闭幕会上明确提出“先富论”，成为改革的基本思路。1984 年党的十二届三中全会的决定明确提出“鼓励一部分人先富裕起来的政策，是符合社会主义发展规律的，是整个社会走向富裕的必由之路”；1993 年党的十四届三中全会的决定，首次确立了“效率优先，兼顾公平”的改革原则，提出了“提倡先富带动和帮助后富，逐步实现共同富裕”；2003 年党的十六届三中全会的决定，重申了“效率优先、兼顾公平”的原则，但是也提出了“以共同富裕为目标”的思路，这是对 1.0 版本的升级。

目前中国正处在第二代改革阶段，也就是要将改革升级到 2.0 版本，它以“共同富裕”为主题，以“构建和谐社会”为目标，以“维护社会公平”为基本原则，使改革开放成果更多更公平，惠及全体人民。2.0 改革版本要同时追求三大目标和进行三大改革：

一是追求经济更有效率，继续推进竞争改革。今后，提高经济效率、提高国际竞争力仍然是中国经济改革的重要目标之一。建设公平竞争、公正竞争、公开竞争的全国或区域统一市场体系，真正发挥市场在资源配置中的基础性作用。

二是追求经济更加公平，需要实行公平改革。在社会公平方面，基尼系数在 2009 年达到顶点后已经开始逐渐下降，还有城乡居民收入相对差距先缩小（1978—1984 年）、后扩大（1985—2009 年）、再缩小

（2010年之后）；各地区人均GDP（按不变价格计算）相对差距也是先缩小（1978—1990年）、后扩大（1991—2004年）、再缩小（2005年之后）。在地区发展方面，西部、中部和东北地区经济增长率逐渐超过沿海地区，说明地区差距也正在缩小，而不是在扩大。可以看到中国在社会不公平方面开始在改变，未来还要为人们提供更多的机会迁徙，让人们有更多自由来选择工作和教育。

三是追求经济可持续发展，需要创新绿色改革。在经历30多年的高速增长后，从基本国情看，生态资本已经成为当今中国最为稀缺的资本，生态赤字已经成为中国的最大约束，生态危机已经成为中国的最大危机。2011年中国煤炭生产量和消费量占世界总量比重分别为49.5%和49.4%，分别相当于美国（14.1%和13.5%）的3.51倍和3.66倍；2011年，中国二氧化碳排放总量占全球26%，相当于美国（15.56%）的1.67倍。因此，中国最需要“绿色改革”。现在，我们要说，不管黑猫、白猫，促进“绿色发展”（即“绿猫”）才是好猫。

三大目标、三大改革产生三大效益和红利：经济效益和红利，社会效益和红利，生态效益和红利。从中华民族的长远发展来看，生态效益和红利更为重要。2.0版本的改革不仅继承了1.0版本的改革，还超越了1.0版本的改革，中国的改革将更加丰富、更加成功。

问： 您认为下一步政治改革的重点是什么？

答： 首先要循序渐进，尤其要明确务实的改革目标。中国的政治体制改革含义将更加丰富、更加理性、更加智慧。如果形象地讲，制度建设是“立”，体制改革是“破”，在我们充分汲取了“文化大革命”的历史教训之后，应当是：立字当头，破在其中；不立不破，先立后破；

立重于破，破为了立。

每个人都说要民主，问题是我们需要什么样的民主，民主不只有两党制、多党制的形式。从中国的实践来看，政治改革的重点是让政府政策有益于全体人民，政策设计、政策讨论和政策决策应该更加民主化，要在政策制定过程中听取各方声音，有更加透明的信息公开和更强的监督。比如我们参与“十一五”和“十二五”的中期评估，就是一种切实可行的国家治理监督，客观评价国家治理绩效。还有就是制度化，比如中央领导集体新老交替制度化、规范化、程序化。

问：在您看来，习近平和胡锦涛最大的差别体现在哪方面？习近平有一定的军队背景，并且在近期他在作风建设等方面，有许多不同以往的举措，也作了许多变化，您怎样看待这些变化？

答：我知道美国人在看待总统时更看重每个人不同的个性，实际上就是关注个人在国家治理或全球治理中的作用，这可能也是你提出这个问题的一个原因。

在我看来，评价中国共产党的领导人，确切地讲是领导集体。首先要看执政纲领的继承性，历届领导人始终在继承，在继承的基础上进行改革的推进，所以他们并不会突出个性，他们需要代表中国共产党一贯的形象并保持政治路线的连续性和政策的延续性，这可能与美国政治生态和形态并不相同，美国是换个总统就会换个政策，具有很大的易变性和不确定性，不仅对美国影响大，对世界影响也大，全世界都要等到美国选举了总统之后才晓得美国的政策。而中国是“铁打的营盘，流水的兵”。从宏观政策看，实际上也是基本稳定的、连续的。

问：那么您认为在政治自由化方面是否会有推进，包括扩大舆论监督等。

答：民主并不等同于选举。我认为中国的民主进程始终在继续之中，对于普通民众和专家学者来讲并非没有机会献言献策，我们的国情研究院十多年以来一直能保持与政府的顺畅沟通、政策咨询，关键还是在于能否提供专业化、高水平的分析政策报告，只要你的研究是足够专业性而具有建设性的，始终可以参与到影响决策的民主化过程中。

问：但上次“两会”上，温家宝总理曾经说如果不继续推进政治体制改革，中国可能重蹈“文化大革命”的覆辙，目前的改革是否是避重就轻，没有触及关键的问题，比如舆论自由等问题。

答：我认为这方面的改革已经在开展了，讨论这个大题目不要太抽象，一定要具体。比如在如何加强智库对决策的支持和监督方面。前一段（5 月 30 日）刘延东副总理主持了关于建立新型智库的讨论会，邀请各大学负责人和各智库负责人参加，政府是鼓励决策民主化、科学化、专业化的。没有专业化，就没有决策科学化，没有决策科学化，决策民主化就是一句空话。

从国际竞争看，中国缺少有全球影响力的中国智库。那么我们怎么才能跨越发展，早日登上“世界舞台”，与他们“同台比武”。我们如何在中国问题上有更大的发言权即“中国声音”，在世界的重大问题上有“中国主张”或“中国议案”。

从国内发展需求看，各类矛盾凸显期，各种思想观点交锋期，“无奇不有”的社会现象，“五花八门”的社会思潮，各方都在争夺“国内话语权”。

从党和国家决策需求看，对智库需求与日俱增，我们如何及时、适时提供战略思路、政策建议，使其更具有指导性、战略性、针对性和可操作性。为此，中国社会科学院、中国科学院、中国工程院等国家研究机构都拿出了建设新型智库的实施方案。

还是回到你提到的一个问题上，实际上目前在中国参与政治改革进程的途径是开放的，有“请进来”，如邀请到中南海（指党中央、国务院）参加座谈会，有“走出去”，如他们到基层调查研究，最近在讨论经济体制改革思路和举措，中南海有关方面就到北京大学、清华大学、中国人民大学等来调研，我还参加了座谈会。关键是要提供专业化与建设性的研究成果，对决策的影响力其实来源于专业化水平和科学创新力。

问：那么您认为在这个决策过程中您的政策影响力变强了吗？

答：我始终认为自己实现建言献策的渠道是稳定和畅通的，十几年来国情研究院一直与政府保持了良好和稳定的互动，其根本原因还是在于我们能够提供专业化的研究和分析，也始终专注于国情与国策的研究。

问：您认为自己是新左派还是右派呢？

答：我始终认为我是“实事求是派”，就是我的研究始终是与中国改革开放实践紧密相连的，不迷信所谓“理论教条”，不“言必称希腊”，而是针对中国的具体问题进行“具体分析”，包括理论分析，也包括实证分析。

问：目前很多人在研究中国的政治体制，他们认为党的领导在不断变迁。

答：看待中国共产党不能从个人性格角度去分析和评论，还是要作专业化分析。我的《中国道路与中国梦想》（浙江人民出版社，2013年）一书第一篇就是“介绍党的十八大背景与过程”，因为我既是十八大代表，又是专门研究决策的专家，从整个过程来研究十八大。比如准备党的十八大的进程，准备时间约一年，无论是十八大报告，还是党章修正案，都是中国政治民主的实践过程，先民主、后集中，再民主、再集中，是中国政治智慧之大成。首先是世界最大政党的集体智慧之大成，在党内广泛地征求意见，至少几千人；其次是民主党派智慧之大成，十八大报告也征求了他们的意见。大会报告稿提前在大会召开之前征求党外人士的意见，这已经更加制度化、规范化和程序化。该报告不仅集中了中国共产党的政治智慧，也集中了民主党派的政治智慧。这说明中国共产党在传承性上是有一套稳定规范的流程在作保障的。

问：目前还有一些学者在支持重庆模式，你认为重庆模式对中国可行吗？

答：我坚持一些重要原则，中国作为大国，不同地方有不同条件，有不同的问题，就会有不同地方的创新，有不同的经验，鼓励地方创新是一个重要原则。第二，模式是一种固定形态，并不存在中国模式，而是中国之路，因为道路是始终在调整与变化的，允许各地创新不同的做法，而不是固定化、教条化。第三要允许地方创新失败，不能因为有失败就不创新，中央要帮助地方总结教训，还可以使其他地方少犯同样的错误，少走弯路。中国与世界其他国家或地区相比是尤其具有独特性的，在中国内部又是有其多样性、差异性的。

问：我在1995年开始参与中国的报道。我曾经在俄罗斯、印度和中国都做过记者。我看到俄罗斯快速的转变的过程，也看到印度自独立以来的民主进程。我目前比其他的西方记者更接受中国的独特性，也能理解中国实际多样化的看法，即使在共产党内部在政治进程上也存在认识上的不同。所以我更想了解，中国未来到底会作怎样的选择。

在我就中国政治改革问题采访一部分学者和官员时，我感觉他们的观点与你的并不相同。他们的一些研究和结论，与你的也并不相同。我更能感受到中国目前思考的多元化。

答：看中国就要看到差异性，更要看到中国共产党在如何凝聚政治共识上的能力和作用。我在《中国2020：一个新型超级大国》（美国布鲁金斯学会出版社2011年版）一书里就曾经谈到过，西方读者怎样理解中国，西方学者怎样研究中国，必须基于事实而非猜想。中国目前的改革始终是务实主义的。为什么会有不同的观点呢，就是在务实程度方面有差异，但最终都会在实事求是的基础上达成政治共识，进而作出政治决策。

谈目标治理与集体领导体制[1]

（*2013* 年 *8* 月 *14* 日）

奥利弗·米尔顿：我对于中国的五年规划非常感兴趣。请问您如何看待中美在国家发展战略上的差异呢？

胡鞍钢：历史上一共有四次工业革命，前两次工业革命中国并没有赶上，而第三次是计算机与信息技术革命。事实上，早在 1964 年，毛泽东的助手陈伯达就曾写了一个名为《工业问题》的建议书，提出重点抓电子技术，作为发展工业之路。毛泽东还曾推荐过这篇文章，但很可惜 1966 年毛泽东发动了“文革”，这个机会就错过了。当前，尽管第三次工业革命还没有结束，但第四次工业革命已经开始。为此，中国应该与美国更好地合作，在减排碳方面作出更多的贡献。

中国一直以来都没有长远的能源与气候变化规划。一般来说，短期规划是五年规划，中期是十年，长期是二十年。所以我认为要研究中国问题，短期、中期、长期必须结合起来。除了规划以外，还要有长远战略，这个战略的时间跨度应当最少是 30 年。正如 1956 年毛泽东提出的要在 60 年内超越美国[2]；邓小平则提出到 2050 年中国要成为

1　此文系 2013 年 8 月 14 日胡鞍钢教授会见美国国务院经济局负责中国经济事务研究的经济学家奥利弗·米尔顿（Oliver Melton）、林太炎（美国驻华大使馆经济处一等秘书、经济和金融事务官员，85314139）、余相冰（Catherine Yu，美国驻华大使馆经济处，85314836）的访谈记录稿，黄瑜协助翻译整理，作者又作了修改。

2　1956 年 8 月，毛泽东在八大预备会议上提出了“超美”设想：“我们这个国家建设起来，是一个伟大的社会主义国家，将完全改变过去 100 多年落后的那种情况，被人家看不起的那种情况，倒霉的那种情况，而且会赶上世界上最强大的资本主义国家，就是美国。”《毛泽东文集》第 7 卷，人民出版社 1999 年版，第 89 页。

中等发达国家。[1]

我个人认为，美国不属于有长远目标和长远规划的国家，但美国有长远的国防目标与国防规划。但我并不认为美国国防目标对于美国而言是利益最大化的。事实上，我们最近的研究发现，美国实际上验证了保罗·肯尼迪的大国兴衰论[2]，即过度军事扩张，过度的国防军费支出会导致相对衰落。长期以来，美国军费占世界总量比重是40%以上，高峰时达到46%，去年刚降到39%。但美国的GDP只占世界总量的20%，人口是世界二十分之一，贸易量不到10%，出口额只占8%左右，美国很难负担如此高的军费支出，在海外属于过度军事扩张的情况。但是，它对世界的发展援助（ODA）是发达国家中占GDP比重最低的国家，“大炮”大大超过了“黄油”。

相比之下，中国恰恰属于始终有长期发展战略的国家，这是中美两国之间很大的差异。中国的国家发展规划在世界上是十分独特的，也是中国发展成功的关键所在。我认为我们很熟悉美国，但美国方面的专家并不熟悉中国，总是猜错，这是双方信息不对称之处。我研究了奥巴马第一次的国情咨文，也研究了欧盟里斯本战略与欧盟2020战略，我们发现：欧盟在战略目标的制定与规划方面就比美国专业化。而我们对于中国的规划研究比欧盟更加专业化。举一个例子，我们曾跟踪性地对“十五”计划、“十一五”、“十二五”规划进行研究。“十五”计划是我

1　邓小平在《在武昌、深圳、珠海、上海等地的谈话要点》（1992年1月18日—2月21日）中提出：“如果从建国起，用一百年时间把我国建设成中等水平的发达国家，那就很了不起！从现在起到下世纪中叶，将是很要紧的时期，我们要埋头苦干。我们肩膀上的担子重，责任大啊！”《邓小平文选》第三卷，人民出版社1993年版，第383页。

2　保罗·肯尼迪在《大国的兴衰：1500—2000年的经济变化和军事冲突》中指出：美国在世界上是一个庞大的帝国，但是存在着军事过度扩张的问题，其国际影响可能由于帝国过度扩张而相对衰落。

们第一次对中国五年规划进行评估，当时曾培炎副总理负责“十一五”规划，看完后提出“十一五”规划一定要评估，而且还要有中期评估。因此后续的“十一五”规划、“十二五”规划我们又进行了专业的中期评估与终期评估。

目前，我们对于全国“十二五”规划的中期评估已经完成，很快我们的评估报告会在《经济参考研究》上公开发表。不仅是我们，中央各部委、地方政府也都在进行中期评估。通过引入中期评估机制，我们可以对政策实施效果进行很好的评价，以便后续作出调整。比如我们现在发现“十二五”规划 24 个指标中最突出的问题是节能减排，指标完成不够好。但是我们并不担心，因为五年前我们对“十一五”规划进行中期评估时，当时的节能减排任务也没有完成，但后期政府加强了政策力度，很快转变了被动局面，最终完成了这些指标。

奥利弗·米尔顿：在我的认识里，中期评估与终期评估的结果最终会影响到中央地方政府干部的绩效考核，同时也会影响到部门的绩效考核，请问是这样的吗？

胡鞍钢：这些指标，特别是约束性指标，是要纳入考核机制的。一方面是通过中期/终期评估手段进行考核，另一方面这些目标还将被分解为年度目标，每年都要向同级人大报告。此外，中央的目标还要层层分解到省、地市、县，并将这些目标又与政府的绩效考核机制挂钩。在考核中，首先要对目标的完成情况进行公布。此外，还要进行打分，包括目标完成情况、投入情况、具体实施情况等。

此外，不仅仅是针对政府，重点企业——包括 1 000 家国家级重点企业与一大批省级重点企业，也要纳入到这个绩效考核体系之中，国家目标也与企业是挂钩的。

20 年前，我与王绍光的研究认为中央与地方政府之间激励不相容，出现机会主义，而现在中央与地方已经比较激励相容，机会主义的现象在减少，彼此的目标比较一致。形象地说，地方目标是横坐标，中央目标是纵坐标，现在最佳路线是 45 度。举例而言，20 多年前，我呼吁生态建设、环境指标，中央可以做到，但地方政府还是一味追求经济增长。而现在地方政府已经发生了很大的变化。我认为在这个转变过程中，起最关键作用的是五年规划，尤其是五年规划中的量化指标，特别是这些量化指标中的约束性指标。“十二五”规划中规定的 PM10 排放量及地级以上城市空气质量达到二级标准以上的比例达到 80% 以上的指标目前已经提前实现，因此就从 2013 年开始采用 PM2.5 的新标准，全国也已经有 100 多个城市开始定期公布空气质量达标天数等数据，很快将扩展到 400 多个城市。因此，我们发现：地方政府正积极作为，努力实现“十二五”规划制定的一系列指标，中央政府与地方政府的政策目标达到了很好的一致性。而我们进行国情研究，不仅要清楚中央政府是怎么做的，还要清楚地方是怎么做的，关注地方究竟能否如期完成目标。

奥利弗·米尔顿：那么，您认为在中国的规划过程中是否存在问题呢？

胡鞍钢：现在，我认为唯一一个比较大的问题是：很多规划不是仅仅关注五年就能成功的，比如能源、基础设施、交通运输等，需要在更长远的时间跨度中、用更广阔的战略眼光进行规划设计。比如京津唐高速公路的设计就有其局限性，后来就不得不再修一条。而如果重复建设就会造成浪费，成都、重庆等其他地市也同样存在这样的规划设计问题。一方面是由于汽车的发展速度之快是大家始料未及的，另一方面也与我国基础设施建设缺乏预见性，缺乏宏观考量的总体规划设计有关。

因此，当前中国已经不是讨论是否要进行中长期发展规划，而是讨论要进行怎样的中长期发展规划，才能保证现代化进程。事实上，现在鲜有经济学家再批评中国的规划本身了，转而强调规划应当如何调动市场的积极性与活跃性。所以我认为，政府与市场，要两只手同时作用，两只手都要硬。但要硬而不死，不能僵化。同时，两只手都要活，但要活而不乱，不能天下大乱。

奥利弗·米尔顿：我非常同意您的观点。我认为需要针对不同的问题，来决定采取不同的手段。比如像环境保护管理，这个一定是需要规划来解决的。高速公路建设，也一定要有一个区域性的规划与建设。这些都需要政府作用。但是我认为像产业规划、行业发展规划等，可能需要市场发挥更多的作用。

胡鞍钢：你提出的这个问题是比较有争议的，大家一直都在讨论产业规划究竟应不应该进行。《人民日报》发表的林毅夫教授的文章，主要提出应当“甄别”比较优势产业，因势利导发展城市产业。我们并没有很多地参与到发改委等产业发展规划之中，但我个人认为，产业规划还是应当进行的。

应当怎样进行呢？如果你去看“十二五”工业信息规划，你会发现它实际上是一个典型的节能减排规划，而且它提出的若干发展指标都是预期性的，但是节能环保指标都是约束性的，这就充分体现了“两只手”的作用。因此，从某种意义上来说，它带有很强的战略性、长远性和指导性。中国真正将信息产业作为产业发展是在 90 年代末期，江泽民通过对国外的一系列考察意识到信息化的重要性。因此在 2002 年十六大报告中正式提出两化：工业化与信息化。并将其界定为新型工业化。[1] 我认为，中国经历了三个版本的工业化战略：一是从 1953 年到 1977 年，毛泽东提出的国家工业化，只有国有企业、集体企业，消灭了私营企业，保留了极少数的个体经济。二是 1978 年以后，邓小平的混合工业化。即由国家发动，既有国有企业，也有私营、外资企业的工业化，且轻工业比例逐步提高。三是江泽民提出的信息工业化，充分利用第三次工业革命。第三次工业革命现在还没有结束，不仅是信息化，还要加上绿色能源、绿色制造。因此，工信部的规划实际上是引导产业向绿色化、高附加值化和竞争多元化的方向发展。加入世界贸易组织（WTO）时我们最担心的是中国汽车业受打击，而实际上没有人想到中国的汽车工业很好地发展了起来。中国有一定的市场规模，且国家引导产业发展方向。美国的汽车工业发展模式是不停地更新换代，造成了大量的废弃汽车和环境问题。对此，日本提出了回购的方案。我认为中国将来就要进行强制性的回购，以保障汽车工业的可持续发展。

中国在产业规划中较早地提出了自主创新，但还没有能力消化外资的创新与技术。我们的调研发现：但凡较早进行技术创新的公司现在大多已经成功了，而依靠引进国外技术的公司都出现了许多问题，缺少核心技术和能力，有一些失败。中国一直在推动“走出去”战略，这意味着中国企业将面临更为激烈的国际竞争，这就需要企业具备很强的创新

1　江泽民在十六大报告中指出：走新型工业化道路，大力实施科教兴国战略和可持续发展战略。实现工业化仍然是我国现代化进程中艰巨的历史性任务。信息化是我国加快实现工业化和现代化的必然选择。

与再创新能力。当时的领导人具有非常远大的战略与视野，提出了自主创新的理念，但是部门跟踪得不够，因此没有得到很快的发展。而事实证明，越是绿色的、智能的、信息的，其发展就越有潜力。因此国家依然在通过五年规划、主体功能区规划、不同部门的规划，引导着产业朝这个方向发展。

中国的这种规划和发展对于美国而言是一个非常大的挑战。因为美国政府没有办法为美国企业提供这些引导性的信息，美国到底应该发展什么样的制造业，应该在全世界的制造业中扮演什么样的角色等，美国企业没有办法得到明确信号。这就不利于美国企业发展，也不利于中国企业到美国进行长期投资。所以我认为，市场机制是自发性地搜索，我们需要依靠它进行创新。但这个搜索过程中，失败的多于成功的。比尔·盖茨、乔布斯的成功是建立在更多人的探索失败之上的“小概率事件”。但是政府的规划则不同，它以成功者作为标杆，激励许多人争做行业龙头，激励大家去竞争龙头，使得成功的概率高于失败概率。

当然我们并不排除政府很多信息是有问题的，但从经济学角度来说，市场经济是寻求分散知识的，而一个国家的发展需要整体知识。过去我们更多关心的是分散知识，忽略整体知识。从信息角度应该是将这两种信息和知识有机地分享和结合，让企业进行自主选择。我们作过海航的专业研究，它表面上只是一个航空公司，但实际上它还有大量的制造业和金融服务业务。因此它与天津市政府签订了一个长期发展协议，包括海航怎样帮助天津发展其物流、现代服务业等，也包括海航如何利用天津优势打造自身。通过调研，我很快发现，中国的首席执行官（CEO）非常聪明，学得非常快，他们具备两种知识：一是他们比美国的首席执行官（CEO）更关注中国的宏观经济整体走势；二是他们关心中国未来产业政策导向。政府提倡什么、鼓励什么、限制什么？对于企业发展而言是十分关键的，这是重要的外部信息和知识。

此外，当前的中国企业家已经超越了熊彼特当年提出的“企业战略”的创新，已经从企业战略转变为企业规划。企业家在考虑如何将国家规划、地方规划与企业规划之间进行很好的融合。我曾经问海航的首席执行官（CEO）：“你们如何界定自己的增长率？”他特别简单地回答道：“我们必须是国家的两倍甚至更高。因为只有这样才能达到企业的长期发展目标。”过去的企业从来没有想过要制定自身十年、二十年后的发展目标，而现在的中国企业很多已经有了自己的《2020 规划》、《2030 规划》，这是他们的梦想。中国企业明确将美国企业作为自身的追赶对象，对自己的竞争对手作出深入的研究，沿着“追赶——并驾齐驱——超越”的路线图跨越式发展。现在中国注册企业最新数据是1 400万，保守估计万分之一的大企业都有自己的长期发展目标，且这些企业都有自己的战略规划部，根据市场信息、国家规划等制定自己的规划。

客观地说，规划的英文词“PLAN”其意思太狭隘，不能涵盖中国在实际运作过程中的规划的意思。因此，我们提出“目标治理”，中国的规划其实是包含了目标的国家治理、目标的地方治理、目标的企业治理，甚至目标的大学治理。

奥利弗·米尔顿：据我了解，现在有一个趋势，一方面国家层面精简机构、权力下放；另一方面在规划层面提出主体功能区规划，将具体权力与操作性的规划下放到部门与地方。那么，我想请问，您怎样看待这种趋势呢?

胡鞍钢: 应当说这也是中国政府职能转变的一个重要方向，从计划到发展规划转变。事实上，这一设想从 20 世纪 80 年代就提出了（指令性与指导性五年计划），但始终没有找到实现的途径，所以一直摸着石头过河。用了 30 年左右的时间，到了“十一五”规划才真正实现了这一转变。

从“十二五”规划的制定过程来看，是从党中央决策到国务院决策，再到全国人大决策。通过召开十七届五中全会（2010 年），提出规划的经济社会主要目标、指导方针、重要原则、重点战略和主要任务，为制定“十二五”规划纲要奠定基础。这之中受国务院委托，国家发改委根据会议精神参与党中央《建议》起草工作，另一方面也同步起草《纲要》草案。起草过程中不断与各地方、各部门、各行业协会进行信息沟通，包括国家发展规划专家委员会（我是成员之一），听取各方意见；征集意见过后，就变成了国务院的决策；而国务院又广泛听取各方意见，最终正式提交全国人大会议报告；全国人大在会议上再进行讨论。所以我将其总结为“中国特色的民主集中制”，先民主后集中，再民主、再集中，“十二五”规划的制定过程就是不断的反复的民主集中过程。

之前不断有人提出在中国要搞民主制，实际上在中国如果纯粹实行民主制就会变成一盘散沙，有民主没集中，则是无政府主义。有集中没民主，则是专制主义。既有民主又有集中，就是我们说的“两条腿走路”，从党中央决策到国务院决策，再到全国人大决策，都是既有民主又有集中。所以中国其实是形成了一个完整的国家规划体系，在国家五年规划的后面，是一系列的部门规划、行业规划、省市规划、企业规划等的支撑。这也是中国在面临 2008 年金融危机时，能够迅速地提出四万亿一揽子计划，同时保证经济稳定增长的原因，因为在“十一五”规划中，中国已经对这五年期间整体发展道路作出了详细的规划与判断。

奥利弗·米尔顿：您刚刚提到“十二五”规划制定过程，从中央到发改委，再由发改委到国务院，这样不断民主、集中的过程。请问这就是“十二五”规划制定的全部过程吗？

胡鞍钢：不是的，“十二五”规划的制定过程，其实可以分为相互连接的 11 个步骤。在中央提出规划建议之前，事实上已经有中期评估，以“十二五”规划制定为例，就是对“十一五”规划已经进行了中期评估。除部门、地方政府进行的评估之外，还有第三方独立评估。国务院发展研究中心、清华大学国情研究中心和世界银行驻华办事处三家机构分别以各自的视角和独立的分析提交了评估报告。然后由国家发展和改革委员会集中各方意见，起草《“十一五”规划实施情况中期评估报告》，并受国务院委托，向十一届全国人民代表大会常务委员会第六次会议报告，同时附上三家独立评估报告摘要。全国人大常务委员会开始审议这一报告——包括哪些应该增减，应该如何调整保证目标实现等。

第一个阶段为前期研究（2008 年底至 2009 年底）。在中期评估的基础上，2008 年底至 2009 年初，国家发改委向全社会公开招标，其中有 60 个单位的选题入选，加上直接委托研究，发改委系统内部研究，选题大约有数百个之多，参与专家数千人、研究人员达上万人，形成几百万字的研究报告。其中大学贡献了 50% 以上。比如，行政体制改革，就由清华大学公共管理学院王有强教授，还有国家行政学院的教授两家分别进行研究。国家发改委会充分利用大学资源、智库资源，它扮演的角色是：组织者、协调者和集成者。而美国就没有这样一个正式的机构。

你可以去阅读一下我的文章《中国特色的公共决策民主化——以制定“十二五”规划为例》[1]，你就会明白“十三五”规划的制定是怎样重复这一过程。实际上，我们现在完成了“十二五”规划的中期评估报告，已经开始启动“十三五”规划的研究，正处于这十一个步骤的第一个阶段。

奥利弗·米尔顿：海内外对于十八届三中全会的召开都抱有很大期待。现在改革规划的范围看起来非常大，已经提出财政体制改革、户口改革、土地管理改革、金融方面改革等。请问您现在有参与这些方面的讨论吗？

胡鞍钢：很多改革现在已经开始了，比如营业税改增值税、对收入不到两万元的企业免税等。此外，你已经注意到，中国现在在对外方面简化出境入境手续，这也是改革的方案。应当认识到，中国的改革是一旦这个方案成熟了就会马上推行，而不是非要等到三中全会之后才公布，中国的改革是一个连续、递进的过程。我们评估过去十年的改革，发现改革不是说只要宣布就可以成功。它必须经过试点、试验，不同方案的比较等流程。改革实践相比改革规划来说，会更加复杂一些。

奥利弗·米尔顿：国有企业改革是一个比较敏感的话题，可以请您具体谈谈吗？

---

1 胡鞍钢：《中国特色的公共决策民主化——以制定“十二五”规划为例》，《清华大学学报（哲学社会科学版）》2011 年第 2 期。

胡鞍钢：现在已经开始了。包括公司治理结构、监管机制的完善、如何进一步提高国有企业的竞争力、如何有效与民营企业合作形成利益共同体、如何建立创新机制、人才流动机制等。这是一系列的改革。事实上，中国每天都在改革，中国改革采取的是一种“投石问路”的机制。去年我写了一篇文章，认为中国改革是“顶层设计”与“摸着石头过河”相结合[1]。后来习近平总书记在总结经验时就将这作为改革开放五条成功经验中的其中一条。[2]所以说，中国的改革与美国的改革确实是完全不一样的。

奥利弗·米尔顿：国内外学者、观察者都特别期待三中全会。您认为他们会感到失望吗？

胡鞍钢：今年下半年召开的十八届三中全会将第四次作出关于中国经济体制改革顶层设计、战略部署的重大决定，根据党的十八大报告第四部分“加快完善社会主义市场经济体制和加快转变经济发展方式”的精神，提出下一个十年经济体制改革的主题、思路、目标和任务。我认为，全面深化社会主义市场经济改革的标准，就是从“三个有利于”逐渐演变为更加全面的“五个有利于”：是否有利于发展社会主义生产力；是否有利于增强社会主义国家的综合国力和国际竞争力；是否有利于提高人民的生活水平；是否有利于构建社会主义和谐社会；是否有利于实现人与自然之间的和谐。我们并不在乎国外是否对中国改革感到满意，

1　胡鞍钢：《顶层设计与“摸着石头过河”》，《人民论坛》2012年第9期。

2　习近平在2012年12月31日下午中共中央政治局第二次集体学习时的讲话中指出：“摸着石头过河，是富有中国特色、符合中国国情的改革方法。摸着石头过河就是摸规律，从实践中获得真知。摸着石头过河和加强顶层设计是辩证统一的，推进局部的阶段性改革开放要在加强顶层设计的前提下进行，加强顶层设计要在推进局部的阶段性改革开放的基础上来谋划。”

我们真正在意的是中国十几亿人民的想法，他们是最大的客户。

奥利弗·米尔顿：老百姓们希望的是有具体的结果，希望每天的生活能够变得更好一些。那您觉得这次会议会达成具体的结果吗？

胡鞍钢：我认为会达成一些具体结果，比如财税体制改革。它不仅是口号式的改革，而是会提出具体的不同种类的税的改革，包括营业税、增值税、所得税等不同税种的改革路径。又比如医疗体制改革、社会保障体制改革。但是并不等于这个决定一宣布中国就已经改革了，而是对于三中全会的报告还要进一步细化、进一步具体化、进一步落实。五年规划是有量化指标的。“十二五”规划24个量化指标，加上各章所提出来的量化指标，使得我们可以很方便地用科学专业的方法对规划的实施情况进行评估。但是改革没有量化指标，所以对改革的评估要难于对五年规划的评估。

对于改革的评估我们最近作了一些突破性的研究，对于十六届三中全会的改革决定首次作出了后期评估。我们希望这次的改革也能够考虑到未来五年、十年，进行中期和终期评估，作出客观的评价。

当然，也有一些改革是非常难以推动的，所以需要时间。比如医疗体制改革就算比较成功的，但还没有完全到位。现在以药养医的问题还没有完全解决，主要问题在于政府对于医疗机构的资助不够，且医疗服务费用还没有完全放开，但毕竟已经迈了一大步。所以要在具体的改革上总结经验，包括成功的经验和失败的教训，要认识到改革不一定总是成功的，有的可能不得不拖延下来。但是考虑到美国医改已经进行了20年仍然在扯皮，而中国只进行了几年的时间就已经卓有成效，因此我们要对中国改革持有信心。

奥利弗·米尔顿：现在国外都在讨论宪政主义是不是中国可以走的方向，请问您怎样看待这一问题?

胡鞍钢：我认为现在中国不是要不要改革的问题，而是应该进行什么样的改革的问题。这中间可能有意识形态的冲突，但是对于改革的讨论应当越来越理性，越来越成熟，也越来越专业化。那些十分空洞的口号式的讨论也没有多大意义，所以我们的研究与讨论主要是针对具体问题进行的。

就中国政治体制而言，今年我出版了《中国集体领导体制》[1]，这本书去年（指 2012 年）5 月就已经写完了，而这个问题我早在 2002 年就已经提出来了，一直在研究。我认为，中国政治家集团的成员构成，质量水平及团结程度，是中国创新社会主义现代化道路、实现伟大民族复兴的决定性因素。党的十八大已实现新老交替的制度化、规范化、程序化，把由毛泽东奠基、邓小平开辟、江泽民和胡锦涛所继承、坚持和发展的新老交替“中国之路”顺利往下传递。

在这本书中，我还特意将中国的集体领导体制与美国“个人总统制”作了比较。美国只有总统和副总统，美国总统个人权力过于集中，特别是对外决策几乎是由个人作出的，如发动阿富汗战争，攻打伊拉克等，但是国内重要经济决策又常常因为搞不定国会使得政策出台受限。而中国则不同，无论是 7 个常委还是 9 个常委，是“集体成员”，而不是代表“个人”，是代表“机构”；是“多个机构”，而不是“一个机构”；是“集体智慧”，而不是“个人智慧”；是“集体决策”，而不是“个人决策”。它的实际运行体现在五大机制：集体交班、接班机制；集

1　胡鞍钢著：《中国集体领导体制》，中国人民大学出版社 2013 年版。

体分工协作机制；集体学习机制；集体调研机制；集体决策机制。你们应当客观地看一下这本书。

奥利弗·米尔顿：您这本书主要是讨论中央政府，那么请问省市级政府是否也一样呢？

胡鞍钢：应该说是差不多的。

奥利弗·米尔顿：我同意您所说的，美国在国内政策，比如医改政策的实施上有一些薄弱，但我认为美国在国外政策、国防力量上还是很强的。

胡鞍钢：我认为这恰恰是美国的问题所在。阿富汗战争、伊拉克战争，这样重大的战争决策仅靠总统、副总统就决定了，这实际上是有很大问题的。因为这存在一个信息不对称的问题，即便最终取得了战争的一定效果，但在这个过程中所付出的巨大成本是决策者在最初无法预见到的，事实证明也是如此。邓小平讲过一个简单真理：把一个国家的前途和命运放在一个人身上是危险的。中国是如此，我看美国也是如此。所以我们认为，集体的信息优越于个人的信息，集体的知识优于个人的知识，集体的智慧优于个人的智慧，因此集体的决策必定优于个人的决策。基于这个假设，集体领导制就非常重要。

奥利弗·米尔顿：那如果从制度角度考虑这一问题，怎样管理这七个人呢？

胡鞍钢：看起来是七个人，但实际代表的是七个机构或方面。举个例子，张德江代表全国人大，全国人大不仅有常委会，常委会中又分专门委员会，每个专门委员会都有研究室，全国人大也有自己的研究室。

同样地，中央军委、国务院也都有类似的架构。而中国的七常委每个人背后都有不止一个部门，所以，不同的机构参与到了重大事项的讨论之中。所以我们说的“集体”的含义，我把它（指中央政治局常委会）称为超级规模国家的超级国家机构。中国已经创造了极具中国特色、极具政治优越性、极富治理效率的民主决策制度。

但是有很多人将中国的这种体制视为专制体制，实际情况并不是这样的。首先，古代的国家治理与现代的是不同的。其次，超级国家与小国、大国的治理也是不同的。因此如果我们从最终实际结果出发，无论是医保案例，还是应对国际金融危机，显而易见，中国制度创新是优于美国制度体系的。从具体的角度来看，我们通过数据搜集发现中国七常委经常进行各省市、海外调研，以取得一手的、丰富的实践素材；而美国总统很少去地方调研。中国七常委大多有40年以上的从政经历，是专职专业的、具有丰富经验的政治家；而美国总统有点“业余爱好”，从政经历常常不超过十年、二十年。

我们说中国的领导是职业专业政治家，这种情况不仅发生在中央领导层面，还发生在地方领导层面。因为中国一个省就相当于一个国家的国土规模、人口规模，地方治理就相当于国家治理，除国际和外交之外。所以我们认为，中国的选举制度实际是将现行体制与中国历朝历代“选贤任能”的机制有机结合起来，将历史与现代有机结合起来，“两条腿走路”。

而且，在这种集体领导、集体交接班体制之下，保证了党的思想路线、政治路线和组织路线以及重大政策的连续性、继承性和创新性，不会因领导人的改变而改变，从而能保证中国继续开创社会主义现代化道路。

奥利弗·米尔顿：我认为这确实是中国政治体制的一个很大的创新，也保障了中国政治的稳定性，同时也很适合中国的国情。但是现在美国的制度是比较符合美国的国情的，所以只能是大学、社会组织（智库）来非正式地扮演这些角色，奥巴马总统没有这样一个正式的、专业的领导体系来调动全国资源。

胡鞍钢：10 年前，就有哥伦比亚大学教授、诺贝尔经济学奖获得者斯蒂格利茨指出，美国进行伊拉克战争将付出 7 000 亿到 10 000 亿美元的代价，但是他的意见并没有很好地传达给美国总统，这也从结果证明了美国制度的缺陷。我认为，世界上没有不犯错误的领导人，但关键是不能重复之前犯过的错误。美国的个人总统制使得美国不断重蹈覆辙，前一个总统决定发动战争，后一个总统决定结束战争，如杜鲁门与艾森豪威尔、约翰逊与尼克松、小布什与奥巴马。而中国的集体领导体制恰恰是保障中国能够不重复犯错误，至少是不重复犯类似错误的关键所在。

中国梦与世界大同[1]

(*2013* 年 *12* 月 *7* 日)

中华民族是一个历史的巨人，不管她是兴盛还是衰落，是富强还是贫弱，她始终是一个世界巨人。她不仅不懈地追求中国梦，还不断地追求世界梦，这就有了“天下太平”、“天下为公”、“世界大同”的梦想。

早在两千多年前，孔子就提出“天下大同”、“小康”社会的中国梦。近代以来，康有为再次重申并发展了古已有之的“大同理想”。孙中山先生提出了“真正的三民主义，就是孔子所希望的大同世界”，是要真正做到古人所说的“公天下”。[2]他还发出“振兴中华”的呐喊和夙愿，但是多次的努力多次的失败，始终就找不到民族复兴之路，中国仍然加速衰落。

根据安格斯·麦迪森按1990年国际美元价格计算，[3]中国GDP占世界总量比重从1900年的12.0%下降至1950年的4.6%。此时的中国是创下了两千年来特别是两百年来，占世界GDP总量最低的历史纪录，也是世界绝对贫困人口最多的国家。中国GDP相当于美国的水平，由1900年的69.8%下降至1950年的16.8%，即使如此，中国仍然是一个

1 本文系2013年12月7日胡鞍钢教授在上海社会科学院参加“中国梦的世界对话”国际研讨会的讲话稿。该论坛由国务院新闻办公室主办，中国外文出版发行事业局、上海社会科学院承办；2014年5月10日，作者又作了修改。

2 孙文：《三民主义》，汉文会馆藏书，1924。

3 Angus Maddison, World Population, GDP and Per Capita GDP, 1 - 2008 AD, 2010, http://www.ggdc.net/maddison/.

典型的传统经济体系，GDP 中具有现代经济的成分也只有 10% 左右，这只相当于具有现代化的美国经济总量的 1.7%。作者采用发电量[1]作为衡量的现代化因素，中国相当于美国的水平，1900 年只有 0.01%，1913 年相当于 0.26%，1937 年达到了 2.1%，但是到 1950 年又降至 1.2%（见表 1）。仅从以上两个最重要的现代化指标看，中国是典型的“一穷二白”的国家，即现代化因素几乎是“空白”的局面，只相当于美国现代化水平的 1%。这是中国现代化的历史起点，中国要追赶美国，如果照人家走过的路走，实现现代化几乎是不可能的。除非中国独辟蹊径，开拓和创新出“中国之路”，即中国特色社会主义现代化道路。[2]

表 1　中国主要指标相对美国的水平（1900—2030）　　单位：%

年　份	GDP（购买力平价法，1990 年美元）[a]	GDP（购买力平价法，现价美元）[b]	GDP（汇率法，现价美元）[c]	出口额（汇率法，现价美元）[f]	发电量[d]	发明专利申请数[e]
1900	69.8				0.01	
1913	46.7				0.26	
1937	35.5				2.1	
1950	16.8			5.3	1.2	
1960	21.6				6.8	
1970	20.7			8.2（1973）	6.7	

1　发电量是指发电机进行能量转换产出的电能数量。发电量包括全部电力工业、自备电厂、农村小型电厂的火力发电、水力发电、核能发电和其他动力发电（如地热能发电、太阳能发电、风力发电、潮汐发电和生物能发电）。发电量的计量单位为“千瓦时”。作者在这里假设“没有发电量就没有现代化”；反之“只有发电量才有现代化”，因为一个国家的现代化因素都要基于发电量，发电量才能使各种现代化因素扩散、传播和应用。该指标比其他指标（包括 GDP）更好地代表了一个国家与最发达的现代化国家（如美国）的相对程度。因为发电量是代表了现代化因素的可测量的“实物量”，而 GDP 是代表了现代化因素的可计算的“价值量”，由于计算方法不同就会有不同的价值量。

2　胡鞍钢著：《中国道路与中国梦想》，浙江人民出版社 2013 年版。

（续表）

年　份	GDP（购买力平价法，1990 年美元）[a]	GDP（购买力平价法，现价美元）[b]	GDP（汇率法，现价美元）[c]	出口额（汇率法，现价美元）[f]	发电量[d]	发明专利申请数[e]
1980	24.6		6.8		12.1	
1990	36.6	15.7	6.2	18.0（1992）	19.5	5.9
2000	53.8	30.2	12.1	31.9	34.0	17.5
2010	114.1	70.2	41.3	123.4	97.2	79.8
2012	129.3	79.5	53.3	132.4	116.0	120.3
2013[g]	137.0	80.0	54.6	140.3	126.5	
2020[h]	173.0	133.5	109.7		152.7	
2030[h]	220.5	217.7	204.4		177.8	

计算数据来源：

a. 1950—2008 年数据来自：Angus Maddison：Historical Statistics of the World Economy：1 - 2008 AD。

b. 1990—2012 年数据来自：World Bank，World Development Indicator 2013。

c. 1980—2012 年数据来自：World Bank，World Development Indicator 2013。

d. 数据来源：发电量数据 1985 年之前来自《新帕尔格雷夫世界历史统计》，之后来自 BP Statistical Review of World Energy 2013。

e. 数据来源：世界知识产权组织（WEPO）数据库，2013。

f. 商品出口额数据：1950—1992 年系安格斯·麦迪森著：《世界经济二百年回顾》，中文版，改革出版社 1997 年版，第 162—163 页；2000—2012 年数据系世界贸易组织（WTO）数据。

g. 2013 年计算数据来源：美国中央情报局（CIA）：The World Factbook，2014；国际货币基金组织（IMF）数据库，2014。

h. 2020—2030 年数据系胡鞍钢、鄢一龙、魏星：《2030 中国：迈向共同富裕》，中国人民大学出版社 2011 年版。

只有新中国成立之后，中国人才找到了通向中国梦的道路。毛泽东在 1956 年党的八大上提出用五十年、六十年时间在钢产量方面超过美国的设想，这就是赶超美国的中国梦。[1] 他还提出了“中国贡献论”，即

1 《毛泽东文集》，第 7 卷，人民出版社 1999 年版，第 88—89 页。

进入21世纪，中国应当对人类作出较大的贡献。[1]这既是中国梦，又是中国的世界梦。

到20世纪70年代末，中国共产党人已经实现了中国从传统国家到现代国家的转变，建立起了独立的、比较完整的工业体系和国民经济体系，到1980年，按1990年国际美元价格计算，[2]中国GDP相当于美国水平的1/4，发电量相当于美国的12.1%。（见表1）此外也加速了例如人力资本的积累，15岁以上人口平均受教育年限由1949年的1.0年提高至4.2年。这些物质资本、人力资本和现代化因素为中国改革开放奠定了决定性基础。

邓小平在1979年首次提出“小康之家”的中国梦。根据邓小平的设想，1987年党的十三大又以“三步走”的战略设想将中国梦进一步具体化。中国共产党在这一战略设想的指引下开辟了中国特色社会主义现代化道路，实现了开放发展、跨越赶超和加速崛起。到2000年，中国如期实现了“三步走”战略的第一步、第二步“富民强国”目标，人民生活总体达到小康水平。

按照汇率法计算的中国国内生产总值，1978年占世界比重为1.75%，居世界第10位；到2000年提高到3.75%，居世界第6位；到2012年进一步提高到11.5%，居世界第2位。按照购买力平价计算的中国国内生产总值（1990年国际美元价格），1978年占世界比重为4.9%，居世界第4位；到2000年提高到7.8%，居世界第3位；到

---

1 《毛泽东文集》，第7卷，人民出版社1999年版，第156—157页。

2 Angus Maddison, World Population, GDP and Per Capita GDP, 1 - 2008 AD, 2010, http://www.ggdc.net/maddison/.

2012 年进一步提高到 19%，居世界第 1 位。[1]2007 年中国货物出口额超过了美国，2009 年中国又超过德国，跃居世界第一位，到 2014 年中国商品出口额相当于美国的 140.3%。反映现代化因素的发电量，中国相当于美国的水平从 1980 年的 12.1% 上升至 2000 年的 34.0%，到 2010 年又上升至 97.2%，2011 年超过了美国，2013 年达到了 126.5%。由于中国是从 1985 年 4 月 1 日正式实施《专利法》，在此之前中国发明专利是"空白"，但是到 2012 年中国发明专利申请量已经超过美国，相当于美国的 120.3%（见表 2），中国花了 27 年走完了美国自 1790 年制定第一部专利法至今 222 年的路程。这些指标都充分体现了独具特色的"中国道路"的赶超优势。

表 2　南北国家 GDP（购买力平价法）占世界总量的比重（1820—2030）　单位：%

	1820	1870	1913	1950	1973	2000	2010	2020	2030
南方国家	70.3	53.1	42.1	39.5	39.9	43.0	52.4	60.5	66.9
亚洲发展中国家	56.5	36.1	22.2	15.3	15.8	29.2	40.9	49.1	58.2
中　国	33.0	17.1	8.8	4.6	4.6	11.8	20.7	28.9	33.4
印　度	16.1	12.2	7.5	4.2	3.1	5.2	8.0	12.2	18.6
俄罗斯	5.4	7.5	8.5	9.6	9.4	2.1	2.4	2.7	3.0
巴　西	0.4	0.6	0.7	1.7	2.5	2.7	2.6	3.6	5.1
北方国家	29.7	46.9	57.9	60.5	60.1	57.0	47.6	39.5	33.1
美　国	1.8	8.9	18.9	27.3	22.1	21.9	18.4	16.7	15.1

1　1978 年、2000 年数据 Angus Maddison, World Population, GDP and Per Capita GDP, 1 - 2008 AD, 2010, http://www.ggdc.net/maddison/，2012 年数据系作者推算。

（续表）

	1820	1870	1913	1950	1973	2000	2010	2020	2030
欧　盟	23.3	32.0	35.8	27.1	27.1	21.5	18.1	15.7	13.1
日　本	3.0	2.3	2.6	3.0	7.8	7.2	5.4	4.4	3.2
中国/美国	18.3	1.9	0.5	0.2	0.2	0.5	1.1	1.7	2.2

说明：1820—2008 年数据来源：Angus Maddison, Statistics on World Population, GDP and Per Capita GDP, 1－2008 AD, 2010, http://www.ggdc.net/MADDISON/oriindex.htm。

2020 年和 2030 年数据由作者计算，胡鞍钢、鄢一龙、魏星：《2030 中国：迈向共同富裕》，中国人民大学出版社 2011 年版。

进入 21 世纪，中共中央提出了伟大中国“三部曲”：第一部曲，用 20 年时间，到中国共产党成立 100 年时全面建成小康社会，现在时间过半，任务超额过半，十八大又围绕这一核心目标系统地设计了经济建设、政治建设、文化建设、社会建设和生态文明建设“五位一体”的目标体系。第二部曲，再花 30 年时间，到新中国成立 100 周年，全面实现中国特色社会主义现代化。第三部曲，在整个 21 世纪一步步实现中华民族伟大复兴。

这就是伟大人民、伟大国家、伟大民族的“中国梦想”的“三部曲”，也是中国共产党的伟大历史使命，领导十几亿人民一同建设、一同创造、一同分享、一同实现伟大中国梦想。

中国的伟大复兴根本上是文化和文明的复兴，中国的复兴是有根的复兴，有历史之根、文化之根、文明之根，才能形成参天大树，也才能形成浩瀚林海。中华文明所蕴含的自强不息、厚德载物的精神，经世致用、实事求是的哲学思想，“以和为贵、和而不同”的和合思想将成为中国文明复兴的不竭的“源头活水”。“亦古亦新”的 21 世纪中国文化，将如浴火重生的凤凰，以美妙的身姿展现在整个人类的面前。

中国的伟大复兴是全面的复兴，是人类历史上前所未有的新天。中国将按照“五位一体”总体布局，不断夺取中国特色社会主义的新胜利，中国将创造人类历史前所未有高度的物质文明、政治文明、精神文明、社会文明、生态文明。我们预计在2020年之前，中国按照汇率法和购买力（1990年国际美元）计算的GDP总量将超过美国，相当于美国的1.1—1.7倍，将终结美国100多年来居世界首位的地位；到2030年，不论按照何种方法计算中国GDP总量都相当于美国的2.0—2.2倍；中国消费市场的规模相当于美国的1.7—1.9倍。[1]到2030年，反映现代化因素的发电量，中国相当于美国的1.8倍（见表1），这就是在大致相同的两国国土面积（960万平方公里）上，中国现代化因素将大大超过美国，尽管中国的人均水平还不及美国，但是这些现代化因素却可以为全体人民所分享，还显示了人口的规模效应和共享效应。中国在现代化方面全面超越美国已经成为大势所趋，并向全世界展示了“中国道路”的赶超优势。

21世纪，中国的世界梦到底是什么呢？我们把它概括为“大同世界”。在当今世界，有240个国家和地区、几千个民族、70多亿人口，他们共生一个地球，共处一个天下，是利益共同体、命运共同体，就需要构建美好的世界。这就是持久和平的世界，不是战争动荡的世界；是共同发展的世界，不是极不平衡的世界；是共同繁荣的世界，不是贫富悬殊的世界；是绿色生态的世界，不是环境灾难的世界。这一“大同世界”不仅是中国人民自身的需求和梦想，也是世界各国人民共同的愿望和梦想。

---

1 胡鞍钢、鄢一龙、魏星：《2030中国：迈向共同富裕》，中国人民大学出版社2011年版。

未来20年，世界将迎来南方国家的集体崛起，结束过去两个世纪由北方国家主导世界的局面。南北经济比重由目前的“五五开”变为“七三开”（见表2）；南北贸易格局由目前的“六四开”变为“七三开”；南方国家成为对外投资的主要接受方和输出方。南方国家主要经济指标占世界比重与其人口比重趋同。世界走向更加均衡、更加平等。[1]

“大同世界”并不是乌托邦，更不是可望而不可即。这就是中国领导人提出的“互利共赢”的主张，反映在五个方面：

第一，经济上，世界各国相互合作、优势互补，共同发展、互利共赢，共同推动经济全球化朝向更加平等、更加公平、更加均衡的方向发展，促进南北国家大趋同趋势，根本改变过去两个世纪的大趋异趋势，使世界走向共同繁荣、共同富裕、共同进步。

第二，政治上，世界各国相互尊重、平等协商，和平共处、和睦相处，共同推动全球治理朝向更加民主、更加公正、更加平衡的方向发展，提高南方国家在世界与区域事务的发言权和投票权，根本改变长期以来由北方国家垄断世界事务的话语权和决策权的局面，世界各国共同承担、共同协商、共同治理世界事务。

第三，安全上，世界各国互不侵犯、互不干涉，尊重独立处理安全事务的自主能力，反对颠覆别国合法政权，反对武力干预或威胁，根本改变长期以来由北方国家主导的世界格局，促进世界多种形式的多边安全、合作安全、集体安全，积极应对各种全球性、地区性传统不安全和非传统不安全挑战，维护世界和平。

第四，文化上，世界各国和而不同、以和为贵，相互交流、相互借

1 胡鞍钢、鄢一龙、魏星：《2030中国：迈向共同富裕》，中国人民大学出版社2011年版。

鉴，促进和保护世界各国、各民族文化的多样化、多元化、民族化，倡导世界各国文化开放包容、继承创新，“百花齐放”、“百家争鸣”，根本打破长期以来北方国家的文化霸权、媒体霸权，使世界各国文化更加丰富多彩，“各美其美，美人之美，美美与共，天下大同”。[1]

第五，生态上，世界各国相互帮助、协力推进，共同应对全球生态环境危机、气候变化危机，构建“天人合一”的世界，共同走绿色发展道路，共同呵护人类赖以生存的地球家园，共同建设绿色世界。

中国的伟大复兴将推动人类走向世界大同。中国与世界各国同舟共济，中国人民与世界人民“同呼吸、共命运”，共同富裕、共同繁荣，共同呵护地球家园。中国的世界梦就是对人类发展作出更大、更多、更重要的贡献。这就是天下太平、天下为公、世界大同。21 世纪的中国将成为和合型的世界大国，致力于维护世界和平、促进人类的共同繁荣、构建和合型的国际秩序，为人类发展作出巨大贡献。

1　摘自费孝通于 1990 年 12 月所作的主题演讲——“人的研究在中国——个人的经历”。

对中国经济发展的看法[1]

（*2013* 年 *12* 月 *11* 日）

问： 在经济发展方面，大家对中国的新一届领导集体（习近平—李克强）的期望很高，但众所周知经济的发展强调的不是量，而是质的飞跃。从目前情况来看，中国经济的发展是否能按照政府的意愿进行呢？

答： 从中国经济发展的历史轨迹和发展主题主线看，经历了一个先“加快发展”阶段，后到“科学发展”阶段。前者主要是追求经济高增长，后者主要追求高质量增长、高效率增长。但是从“加快发展”到“科学发展”并非那么容易，也并非能在很短的时间内实现，我们估计需要经过三个“五年规划”过程：[2]“十一五”期间“初步纳入”科学发展轨道；“十二五”时期“基本纳入”科学发展轨道；“十三五”期间“全面纳入”科学发展轨道。

实际上，“十一五”规划提出的基本思路就是“加快转变经济增长方式”，确定 GDP 年平均增长率为 7.5%，增强自主创新能力，推动发展，促使经济增长由主要依靠资金和物质要素投入带动向主要依靠技术进步和人力资本带动转变。

2012 年，党的十八大报告更加明确地提出“加快转变经济发展方

---

1 此文系 2013 年 12 月 11 日胡鞍钢教授接受韩国易得财经（Edaily）北京特派记者金庆旼的书面采访稿。

2 参见胡鞍钢、鄢一龙：《中国：走向 2015》，浙江人民出版社 2010 年版。

式”的要求，实施创新驱动发展战略，推进经济结构战略性调整，以扩大内需为战略基点。

我们已经对国家“十二五”规划作了中期评估：规划的七大目标有六个目标进展顺利，24个（实际28个）主要指标有3/4提前完成或完成。其中，反映经济高质量增长、高效率增长的指标有很大的进步。例如，以创造就业指标为例，平均每年城镇新增就业为900万人，2001年和2012年分别为1 221万人和1 266万人，相当于预期指标的1.38倍，今年有可能突破1 300万人，实现了经济增长率有所下降，但是创造就业能力大幅度提高。

我们估计，经过后两年的努力，“十二五”规划有条件成为历史上第一个全面实现目标和指标的五年规划。

现在我们开始着手进行“十三五”规划的前期研究，其核心目标是如何确保到2020年全面建成小康社会。我们要根据党的十八大报告和刚公布的十八届三中全会《关于全面深化改革若干重大问题的决定》，来详细设计“十三五”规划。

这一做法在全世界来看，也是极其独特的，这也解释了为什么中国不仅发展得最快，而且还发展得最好。就是因为她有“两只手”，不仅有看不见的市场之手，还有看得见的国家规划之手，“两只手”总比“一只手”要灵活得多，要好得多。我们知道，韩国曾实行过7个五年计划，也是长达35年的高增长时期，但是于1996年取消了国家五年计划这只手，随后又不幸遇上亚洲金融危机，这也解释了为什么韩国目前发展不如此前的时代。形象地讲，由“两只手”砍掉了“一只手”，变成了“一只手”，不管这只手多么灵巧，还是不如“两只手”灵巧。无论是韩国的政府，还是韩国的社会，都是需要研究中国的“两只手”，再从“一只手”变成“两只手”。

问：请您预测一下明年中国的经济。

答：观看中国经济增长需要从当今世界大背景来看，全球金融危机发生至今五年过去了，但是世界经济目前仍处于混乱状况之中。2012年世界经济增长率为2.2%，据联合国贸易和发展会议预测（2013年9月），2013年世界经济增长率也只有2%，其中发达国家表现最差，只有1%，发展中经济体为4.5%—5%增长率，而中国则最高，达到7.7%，这也略高于中国政府提出的经济增长7.5%的预期目标。在全球金融危机的大背景下，取得这一成绩实属不易。最重要的是中国保持了7.5%的经济增长率，对世界经济增长作出了最大贡献，估计贡献率在27%，相当于美国的两倍多。

从进出口贸易增长来看，由于来自发达经济体的外需依然疲软，全球贸易增长率相当低，但是中国还是保持一定的增长，今年有可能超过美国，成为世界第一大贸易体。今年前11个月，我国进出口总值3.77万亿美元，同比增长7.7%。其中出口2万亿美元，增长8.3%；进口1.77万亿美元，增长7.1%；贸易顺差2 341.5亿美元，扩大18.3%。估计全年中国进出口总值会超过4万亿美元。

中国明年经济增长率目标可能在7.5%，实际增长率可能在7.7%—8%之间，可能会略高于2013年的7.7%。

从改革开放以来的35年看，中国GDP年平均增长率为9.8%，其中农业增加值年平均增长率为4.6%，工业增加值年平均增长率为11.4%，服务业增加值为10.8%。但是近年来中国经济增长率有所下降，从生产结构看，主要是因为工业和服务业增长率已经低于长期增长率，如2012年工业为7.9%，服务业为8.1%。从需求结构看，货物和服务进出口对GDP增长的贡献由正变负，这与出口增长率明显下降有关系，2001—2007年期间出口年平均增长率为28.8%，2008—2012年期间下降为9.4%。显然受全球金融危机的影响，也使得中国经济增长率从2001—2007年期间的11.2%下降为2008—2012年期间的9.2%，到2012年进一步下降至7.8%。

由此可知，从外部需求来看，中国经济增长率很难再达到两位数；从内部结构调整来看，中国经济增长率也没必要再达到两位数，最好能够保持在8%左右这一合理的增长区间。根据改革开放35年来经济增长的实践，从经济增长的“上限”角度来看，一是防止高通货膨胀率，保持物价总水平基本稳定，从历史记录和历史经验来看，居民消费价格指数（CPI）上涨率底线不要超过5%，我把它称为高通货膨胀“上限”约束，最好控制在3%左右，属于适度的、温和的低通胀。第二个“上限”约束是“资源环境约束”，这就体现在“十二五”规划所提出的八项资源环境指标，有的与GDP挂钩，如单位GDP能源消耗降低，单位GDP二氧化碳排放降低，有的不与GDP挂钩，如主要污染物排放量，作为约束性指标，它们不是软约束，而是硬约束。凡是超过了这些指标，就使得资源环境的生态代价大幅度增加。从这个意义上来看，经济增长率能够保持在8%左右的区间上，是可以实现既好又稳、稳中求进、稳中向好、好中又高（效率）的多重目标的。

为此，中央经济工作会议明确提出2014年“两个坚持”、“一个保持”的经济方针：**“坚持”稳中求进工作总基调，“坚持”统筹稳增长、调结构、促改革，“坚持”宏观政策要稳、微观政策要活、社会政策要**

托底有机统一，“保持”政策定力，创新调控思路和方式，深处着力、精准发力，推出一系列创新性政策措施，经济社会发展稳中有进、稳中向好。

问：我很关注中国经济的发展，想请问您，未来中国经济的持续发展，需要什么样的推动力？

答：中国政府已经提出了实施创新驱动发展战略。因为科技创新是提高整个社会生产力和国家综合国力的战略支撑。为什么中国能够迅速缩小与发达国家的经济差距、发展差距？就是因为中国能够迅速缩小与发达国家的科技差距、知识差距。中国是典型的科技创新落伍国，也是典型的后来居上的科技创新新兴国，进而也成为世界科技创新强国。以发明专利申请量为例，因为中国是在20世纪80年代初才开始实行专利法，1990年中国专利申请量只占世界总量比重的0.9%，美国相当于中国的14.9倍；到了2000年，这一比重上升为3.1%，美国相当于中国的6.45倍；根据世界知识产权组织刚刚公布的《2013年世界知识产权指标》报告，2012年中国专利申请量已超过美国和日本，居世界第一，占世界总量的27.8%。这也使得中国提前实现了国家“十二五”规划所规定的“每万人口发明专利拥有量2015年提高到3.3件”的预期目标，2012年就已经达到3.23件，今年肯定会提前实现这一目标。

从中国科技发展战略演变过程看，20世纪50年代曾提出“向科学进军”的战略设想；后来邓小平又提出“科学技术是第一生产力”；1995年中国政府正式提出“科教兴国”战略，作为国家发展战略之一；2006年中国政府提出“提高自主创新能力，建设（世界）创新型国家”，并制定了《国家中长期科学和技术发展规划纲要（2006—

2020)》，提出了若干个2020年目标的量化指标，如全社会研究开发投入占国内生产总值的比重提高到2.5%以上；力争科技进步贡献率达到60%以上；对外技术依存度降低到30%以下；本国人发明专利年度授权量和国际科学论文被引用数均进入世界前5位。现在又提出了实施创新驱动发展战略，就是“科教强国”战略。现在看来，除了“全社会研究开发投入占GDP比重提高到2.5%以上”指标外，其他量化指标均提前实现。我们预计，在2020年之前，即使是按汇率法计算，中国GDP总量也将超过美国，除研发投入这个指标之外，中国主要科技指标都会超过美国。这两者之间是有个互动关系的，中国经济增长越来越多地依赖于创新驱动，反过来，GDP规模越来越大，用于研发的投入也会越来越多，甚至明显地超过GDP增长率，使得研发强度（指研发投入占GDP比重）不断提高。

从十八届三中全会提出全面深化改革决定为标志，中国已进入“全面深化改革时代”，这也是十几亿人民的“全面创新时代”，将无数人民群众的微创新、无数企业的小创新、无数基层的中创新、无数地方的大创新汇集在一起就成为中国持续的巨大创新。这解释了为什么中国成为当今世界最大的专利申请国、商标申请国、各类企业注册国，这也预示了为什么中国惊人般地超过了世界最大的也是最发达的美国。我们预计，无论是按汇率法还是按购买力平价方法计算，到2030年中国经济总量相当于美国的2.0—2.2倍；货物贸易出口额相当于美国的2.7倍；货物贸易进口额相当于美国的2.8倍。

问：最后，请为我们韩国的读者留几句您对韩国想说的话。

答：对中国而言，如何在全球金融危机背景下，世界经济与贸易低迷趋势下，通过扩大内需保持经济平稳增长、贸易平稳增长是相当重要的。因为中国GDP的规模居世界第二位，进出口贸易规模居世界第一位，只要中国经济和贸易平稳增长，就会对世界经济增长和贸易增长作出最大的贡献。

对韩国而言，在同样的国际背景条件下，最重要的经济方略，无论是政府还是企业，需要考虑如何利用中国机遇、中国市场。中国已经是韩国的第一大贸易伙伴，除2009年因为全球贸易的影响，双边贸易出现了负增长，而后很快恢复增长。尽管，韩国总人口大大低于美国总人口，韩国经济总量也大大低于美国经济总量，但是韩国有天然的地理区位优势，2012年与中国的贸易总额已经达到了2 563亿美元，这相当于美国与中国贸易总额的一半以上，这也相当于韩国进出口总额的24%。因此，加快中国与韩国之间的自由贸易区谈判进程，并早日建立，对韩国来说是至关重要的经济方略。这非常像20年前建立的北美自由贸易区，加拿大和墨西哥成为美国的第一大、第二大贸易伙伴。目前，欧盟是中国第一大贸易伙伴，其次是美国、东盟、日本和韩国，韩国人口远比加拿大的人口多得多，如果90%以上的货物和服务贸易实行零关税的话，韩国是完全有可能从目前中国的第五大贸易伙伴超过日本上升为第四大贸易伙伴。这是典型的“互利共赢”的成功范例。从这个意义上来看，对韩国来说，中国市场就是“我们的市场”，中国机遇就是“我们的机遇”。关键的是，要抓住机遇，不要失去机遇；要拥抱机遇，不要拒绝机遇。从更广泛的意义上看，一个国家的成功还是要取决于天时、地利与人和。对中国是如此，对韩国也是如此。

台湾应该向大陆体制学些什么[1]

(*2014* 年 2 月 *12* 日)

问：台湾现在也开始思考一些体制问题，过去30年的改革，一直都是以西方的政治模式、思想模式为圭臬，建立了新的政治体制。可是现在看来，台湾这30年来的发展有一些结构性问题，我认为是台湾实行西方体制引起的。我们中国人有着很深的中华文化因素，实施西方政治制度就有一些格格不入。所以我个人，包括台湾很多人都在思考这个问题。我知道您一直致力于研究比较政治体制，所以想听听您的看法。

答：我最近正好刚出了本新书《中国集体领导体制》，英文版本叫 *Collective Presidency*。从政治学角度来看，世界只有 president 没有 presidency，这个可能是我创新的一个政治学概念或词语，只不过我是以当代中国为案例。这种体制讲的是多人领导比一个人领导要好，这个多人就是包括七人到九人的常委制。这本书最早完成于2013年3月12日，当时两会还没有开完，我把书送给中央领导同志看了，在内部影响非常大。这本书总结了六十多年的成功与失败，包括对毛泽东的评价，将中国集体领导体制概括为五大机制（集体分工协作机制、集体交接班机制、集体学习机制、集体调研机制、集体决策机制）。

随后的8月份，我在《人民日报》海外版发表一篇文章：《中国集体领导制明显优于美国总统制》。这篇文章的学理基础就是我提出来的，

1　本文系2014年2月12日胡鞍钢教授接受台湾《旺报》主笔戎抚天的采访记录稿，后经观察网整理并于2014年3月30日发表。

正确与失败实际上和决策有关系，决策又和两个不对称性有关系：一个是信息不对称，中国这么大，你一个人怎么能了解那么多信息呢？而常委人多了信息来源就多了。而且每一个人实际上代表一个机构，后面还有个研究室，然后分委员会，实际上是有自己内部的智库，搜集各种信息。

第二个方面就是我们所称的权力不对称性。如果这几个人权力基本上比较接近，就不会出现毛泽东晚年的失误。这个理论框架既可以解释为什么毛泽东在1949年到1956年甚至到1957年都是比较成功的，也包括和蒋介石博弈的过程，因为当时有五大书记可以共享信息、集思广益。我实际上是把中国的这个核心问题抓住了，最后研究发现不只是这几个常委的问题，它实际上代表着若干机构，是有分工的，因此就超越了西方的三权分立。孙中山先生讲五权而不是三权，就已经和西方有所不同了。但中国共产党的创新在于不止是五权，而是多个机构构成国家超级机构，这种情况只有欧盟有。欧盟就有欧盟理事会、委员会、议会，还包括中央银行、欧盟各类其他委员会等，但它没完成秦始皇的创新和毛泽东的创新。无论是现在的俄罗斯还是台湾地区，基本上都是照搬照抄了美国模式。

所以，我开篇就讲到“三个臭皮匠，赛过一个诸葛亮”，这句话实际是对中国集体智慧的概括。你可以在这本书里看到中国的民主实践，也可以看到中国的新老交替、中国的政治家是如何历练出来的。以工龄为例，中央政治局常委参加工作的平均年龄为43.6年，党龄为38.9年，习近平1953年生，1969年参加工作，1974年入党，工龄有45年，党龄有40年。即使成为中央委员后，还需要好几个政治台阶。所以说我把省委书记的职位称为学习国家治理最好的学校，学好了就上去，学不好就基本退休了。它有一个政治筛选的过程，所谓“辨材须待七年期”，其实何止七年，估计得四五个七年，才能把最优秀的政治家筛选出来。如果说，真理要靠实践来检验，那么优秀的政治家同样要靠实践来检验。

今年3月由中国人民大学出版社出版的修订本《民主决策：中国集体领导体制》，我添加了一个附录：《踏遍青山，问计于民》，根据不完全统计，习近平总书记自上任起至2013年12月末的400余天时间里，共用了39天，进行了14次国内考察调研，遍及全国超过1/3的省、自治区、直辖市及七大军区。举个很简单的例子，比如这次十八届三中全会决定中的农村土地所有权、承包权、经营权等问题一直存在争议，为此，习近平特意到武汉去问老百姓，他也会听汇报，听专家意见，但最终还是要到实际中去问农民本人的看法。特别是在部队，他把七大军区全走遍了，也体现了他的强军思想。

问：作为一个经济学家，您后来的研究重点为什么转向了政治体制、领导体制这一方面？

答：客观来说，我是属于问题导向型、挑战导向型的研究者。如果你看我这二十多年来的国情研究历史轨迹，我的兴奋点在不断地转移。比如，上世纪80年代末我比较关心人口、资源、环境和粮食四大问题，到了90年代上半段的时候，开始关心五大关系：经济增长和经济稳定的关系、中央和地方的关系、沿海与内地关系、党和人民群众的关系、国家和军队的关系。等到90年代以后，随着失业问题凸显，我又开始研究就业与发展。亚洲金融危机后，又开始关注通货紧缩与扩大内需，然后又接着考虑西部大开发，更多地去深入讨论环境问题。我觉得有两个基本国策都是我们比较早期建议的，比如80年代末建议构建资源节约型国民经济体系，来应对我们资源短缺的既是短期又是长期性问题，第二个是在90年代末又提出了建立环境友好型社会，发展环境产业，来应对我们环境保护问题，同样既是短期又是长期性问题，“十一五”规划都变成基本国策了。90年代末期我们就提出基本公共服务均等化的概念和思路，后来又变成了基本国策。到了21世纪以后，我们主要围绕2020年全面建成小康社会这样一个大的战略目标去研究设计，又涉及更多方面了，而且这个十几年来我们出的《国情报告》，十四卷二十七部，由党建读物出版社和社会科学文献出版社出版，基本是记录了当今中国变迁的过程，而且是现场记录、现场分析、现场建议，后来都逐渐变成主要的基本国策。

问：中国这么大的经济体，按说是没有办法经受这么高的外贸依存度冲击的，那么，您觉得中国经济保持长期高速增长的原因是什么？

答：我觉得关键在于中国的制度安排，比如国际金融危机发生时，九位中央政治局常委全部出去调查研究，很快达成共识，作出4万亿元的一揽子刺激方案。这套体制能够非常有效地应对外部挑战。毛泽东时代，我们基本上是在封闭条件下进行国家治理的，老百姓也不知道世界发生什么事，但今天不一样了，信息非常透明，领导人可以很快知道世界发生了什么，政策是否好坏、是否有效无效也可以通过实践很快检验出来。

问：1989年我第一次到上海时，浦东还是一片稻田，当时提到要开发浦东，我觉得简直是天方夜谭。30多年过去了，浦东的发展超乎了所有人的想象。而回顾台湾这30年的发展，经济增长从10%下降到7%。根据我的观察，台湾经济模式是把农业生产改成家庭制，然后农业生产力提高带动工业生产，之后政府开始做公共投资，经济成长得更好了。在我看来，大陆也基本是这种模式？

答：你说大陆改革可能有点像东亚模式，但还是不一样。为什么不一样呢？本质上还是共产党这套体制。但共产党选的这套体制，也不能叫威权体制，因为现在有时候政治学把威权体制称为狗皮膏药，贴在蒋介石身上也可以，蒋经国身上也可以，李登辉身上也可以，但没什么学术意义或价值，如同一张狗皮膏药。大陆的这套体制具有非常高的灵活性、适应性、竞争性。邓小平1980年就提出判断一个国家体制好坏有三条：第一，经济上能不能赶上最发达的资本主义国家，实际上是指美国；第二，政治上能不能创造更高更切实的民主，这还是指美国；第三，在人力资源方面能否培养更多更优秀的人才。

我觉得中国会超越东亚模式发展。除了本身巨大的经济体以外，还在于大陆体制具有非常强的学习能力。在干部调职过程中，就把学习过程给完成了。包括中央党校的设立，所有人到中央党校都是为了信息沟通和交流。这种学习的特点和能力是很突出的。

比如说我现在作为清华大学教授，除了要给学生上课外，还要给在职干部上课，专门讲中国国情与改革问题。你可以看到，他们这种学习的欲望，以及学习安排都已经制度化了。过去是中央党校、国家行政学院，后来拓展到清华大学、北京大学、北京师范大学、中国人民大学和国防大学等各类高校。

干部必须能上能下能东能西能南能北。我曾经详细计算过领导干部工作过几个省份，您只在一个地方待是不行的。小布什就是只在得克萨斯州，严格地说奥巴马都没当过州长，在中国是没有资格进常委当主席的。你是凭选举上去的，不是通过我们说的绩效、政绩和能力上去的，这是不一样的。

问：今天中国共产党的领导体制，怎么能去控制基层官僚的腐败，包括基层政府单位的效率问题？

答：中国是个地域大国，目前有 8 500 万党员分布在全国各地，这里面就存在严重的信息不对称问题。因此我认为腐败问题无时不有，无时不在，只能说我们要尽力有效地去遏制它，想完全解决是不大可能的。就像毛泽东也想搞一个纯而又纯的社会主义一样，但他在 1956 年也曾说过，“不要迷信社会主义，社会主义也有坏东西”。因此腐败问题资本主义社会有，社会主义社会也有，外国有，中国也有，但是我们的领导人有强烈的政治意愿，是能够有效遏制腐败的。

中国进入绿色发展时代[1]

（*2014* 年 *3* 月 *22* 日）

我非常感谢日本侨报社正式出版我的新作《中国：创新绿色发展》的日文版，由日本朋友翻译并出版发行此书。我希望告知日本读者：中国进入绿色发展时代。这里我有必要介绍该书的影响和背景。

一、中国进入生态文明时代

2012 年 1 月 18 日下午，我参加国务院研究室举办“加快转变经济发展方式”座谈会。座谈会主题是讨论下一步加快转变经济发展方式的总体思路和重大举措，主要内容是分析我国经济发展方式存在的主要问题、原因。实际上是为准备党的十八大报告进行前期调查研究，征求各方面专家的意见，这也显示了像党的十八大报告这样重大决策的民主化、科学化和制度化，党中央、国务院都是广泛听取各方面的建议，充分吸收各方面的智慧，也包括大学智库的专业化研究。此时我已经完成了《中国：创新绿色发展》书稿，在随后的 4 月份正式出版。因此基于该书，我在会上提交了题为《绿色发展是转变发展方式的“牛鼻子”》[2]的文稿。之后，于 2012 年 2 月 8 日，该文正式编发《国情报告》（2012 年第 5 期），分送中央领导同志参阅。

1　本文系 2014 年 3 月 22 日胡鞍钢教授参加日本侨报社举办该社出版的中国学者著作的北京首发式的发言，3 月 23 日作了修改。

2　此文作者写于 2012 年 1 月 18 日。

我在本文中提出了绿色发展的原则和目标，即：

——绿色发展是科学发展的重要组成部分之一，也是科学发展的基本要求；

——绿色发展是“**尊重自然、顺应自然、保护自然、受益自然、利用自然、反哺自然**”，旨在人与自然和谐；

——绿色发展是走生态文明发展道路[1]，建设低投入、高产出、低消耗、少排放、能循环、可持续的国民经济体系，建立节约型生产方式、生活方式和消费模式；[2]

——建设资源节约型、环境友好型社会，建设气候适应型社会，发展循环经济、低碳经济和绿色经济，实施国家综合防灾减灾战略，建设绿色中国。

2012 年 11 月党的十八大报告第八部分“大力推进生态文明建设”中，这部分提出：“必须树立**尊重自然、顺应自然、保护自然的生态**文明理念，把生态文明建设放在突出地位，融入经济建设、政治建设、文化建设、社会建设各方面和全过程，努力建设美丽中国，实现中华民族永续发展。”“坚持节约资源和保护环境的基本国策，坚持节约优先、保护优先、自然恢复为主的方针，着力推进**绿色发展、循环发展、低碳发展**，从源头上扭转生态环境恶化趋势，为人民创造良好生产生活环境。”

此外，《党章》修改部分专门加上一段文字：“中国共产党领导人民建设社会主义生态文明。树立**尊重自然、顺应自然、保护自然**的生态文

---

1 党的十七大报告首创性地提出了中国生态文明的道路，就是“坚持生产发展、生活富裕、生态良好的文明发展道路”。（胡锦涛：《高举中国特色社会主义伟大旗帜，为夺取全面建设小康社会新胜利而奋斗——在中国共产党第十七次全国代表大会上的报告》，2007 年 10 月 15 日。）

2 温家宝：《中国坚定走绿色和可持续发展道路——在世界未来能源峰会上的讲话》，人民日报阿布扎比 2012 年 1 月 16 日电。

明理念，坚持节约资源和保护环境的基本国策，坚持节约优先、保护优先、自然恢复为主的方针，坚持生产发展、生活富裕、生态良好的文明发展道路。着力建设资源节约型、环境友好型社会，形成节约资源和保护环境的空间格局、产业结构、生产方式、生活方式，为人民创造良好生产生活环境，实现中华民族永续发展。"

至此，生态文明理念及绿色发展首次写入党的纲领性文献，这标志着中国进入生态文明时代。

二、中国向污染宣战

2014 年 3 月 5 日，李克强总理在《政府工作报告》中首次向世界宣布，"坚决向污染宣战"。他还表示，要"下决心用硬措施完成硬任务"。所以我把李克强总理称为"环保总理"或"绿色总理"，环境保护与绿色发展成为他在任期间最重大的基本国策。

为什么李克强总理要向污染宣战呢？这是中国基本国情所决定的，又是应对中国新的发展挑战所要求的，还是亚洲地区和全世界所最关注的，直接影响 21 世纪人类发展的前途与命运。

进入 21 世纪之后的十几年，中国先后成为世界第二大经济体（2010 年）、世界最大工业生产国（2012 年）、世界最大货物进出口贸易体。与此同时中国也成为世界最大的能源生产国和消费国、世界最大电力（发电量）生产国和消费国、世界最大主要污染物排放国、世界最大温室气体（特别是二氧化碳）排放国，2011 年排放量就已经相当于美国的 1.58 倍。中国成为名副其实的、世界最大的"黑猫"。

30 多年前邓小平是根据第一代"猫论"，非常务实地启动了中国改革开放，也启动了中国经济起飞，取得了令世界瞩目的巨大成就。不过它也符合“天下没有免费的午餐”这个经济学原理，这是以资源消耗、环境污染、生态破坏为其代价的。我在1989年就警告“生态赤字：未来中华民族生存的最大危机”。进入21世纪，我又进一步提出中国需要新猫论，中国要从世界最大的黑猫变成世界最大的绿猫。这说明猫的颜色也是十分重要的。

因此向污染宣战，也就成为中国政府最重大的任务、最难啃的“硬骨头”之一。时势造英雄，**中国迫切需要一位“环保总理”、“绿色总理”，使中国从世界最大的黑猫向世界最大的绿猫转型**。

三、中国进入全面淘汰黑猫的时代

国内外各方面都在关注：中国能不能转型与“变色”呢？对此，**李克强总理作了明确的回答：“出重拳强化污染防治。”他宣布了“向污染宣战”的2014年行动目标和具体措施：**以雾霾频发的特大城市和区域为重点，以细颗粒物（PM2.5）和可吸入颗粒物（PM10）治理为突破口，实施大气污染防治行动计划；淘汰燃煤小锅炉5万台，推进燃煤电厂脱硫改造1 500万千瓦、脱硝改造1.3亿千瓦、除尘改造1.8亿千瓦；淘汰污染产能，包括2 700万吨钢铁产能、水泥4 200万吨、平板玻璃3 500万标准箱；淘汰600万辆黄标车和老旧车；发展新能源，推进燃煤电厂脱硫、脱硝和除尘改造（今年计划进行1.8亿千瓦除尘改造）；提高燃油标准，在全国供应国Ⅳ标准车用柴油，并在今后几年对炼油产能进行升级改造；提高建筑标准，包括在所有公益性建筑和2万平方米以上公共建筑强制执行“绿色”建筑标准；调整能源和公用事业价格，包括工业用天然气价格、水价和电价，对煤炭从价计征资源税；推进重点流域污染治理和水环境整治，实施水土保持和土壤恢复等工程等。由此，中国开始进入全面淘汰“黑猫”的时代。

这是世界上 200 多个国家和地区中最严格、最大规模的污染治理“大会战”，也是世界上参与最广泛和**规模最大的“人民战争”**。从这个意义上看，如同中国向贫困宣战，进而对世界减贫作出了最大贡献一样，中国向污染宣战，也将对世界减排和污染治理作出最大的贡献。我把它称之为“中国绿色贡献”。

向污染宣战不是向别人宣战，而是向自己宣战，不是向别国宣战，而是向本国宣战，改变“猫”的颜色，改变人的行为，也就是加快转变经济发展方式，从黑色发展到可持续发展，从可持续发展到绿色发展，从工业文明到生态文明。这正是《中国：创新绿色发展》一书的意义所在。

中国面对不平等的挑战[1]

(*2014* 年 *3* 月 *25* 日)

今天我再次有机会对斯蒂格利茨教授的讲演作一评论，很荣幸。

我受到斯蒂格利茨学术理论的影响时间比较长了。早在 20 多年前，我还在美国耶鲁大学经济学系做博士后时，就读过他的《公共经济学讲义》（1981 年），对我认识政府与市场的关系影响非常大。而后，王绍光和我合著《中国国家能力报告》（1993 年）的许多思想也是受他的学术影响。

1998 年，在时任世界银行副行长兼首席经济学家的斯蒂格利茨领导下，正式出版了《1998 年世界发展报告：促进知识发展》（1998 年）。该报告对我研究中国影响非常大，我于 1999 年纪念新中国成立 50 周年撰写了文章《中国的新追赶战略：知识发展战略》，就引用了他的许多重要学术观点。

今天我们可以看到，斯蒂格利茨教授，大家知道他几乎是每年都要来北京访问，我在此之前也跟他聊了聊，其实从他内心的角度来看，因为他介绍美国，他觉得没有什么太大希望能改变利益集团，但是他把希望寄托在中国。所以他比我们更觉得中国更加需要成功。那么中国如何才能成功？他刚才说的最后一句话，是一个新型模式，就是社会主义市场经济。从这个角度来说，我们应该感谢斯蒂格利茨教授给我们中国增

---

1 本文系 2014 年 3 月 25 日胡鞍钢教授在清华大学公共管理学院举办的对诺贝尔经济学奖得主斯蒂格利茨教授讲座《日益增长的不平等：原因和后果》的评论稿。

加了正能量，也请大家鼓掌。

下面我想就他的介绍进行评论，虽然时间比较短，但是还是给我们传递了很多重要的信息。因为他关注中国存在的不平等的问题时间比较长了，他有一套自己的理论框架、理论基础和理论体系，他今天作的这些问题的分析，是非常到位的，也有助于我们认识中国存在的不平等的现象、原因等各个方面。特别是他出版的那本书（指《不平等的代价》），应该说是提出一个很重要的框架了，不同于一般地去讨论不平等，只是一个经济问题或者经济因素，他把它放在政治因素里去讨论。这里有很多我们的学生，我希望大家好好去读斯蒂格利茨的这本书，英文版图书馆有，中文版也出版了（机械工业出版社 2013 年版）。最重要的是你们从书中能读到什么是经济学，或者说什么是真正的政治经济学，而且这是非常前沿的，并且从斯蒂格利茨的写作风格来看，他更符合我们一般说的雅俗共赏，它认识和理解知识的门槛很小，但是具有极其丰富的思想性。所以斯蒂格利茨是一个很优秀的经济学者，也是一个非常重要的思想家，而且他给予经济学的分析以及他对世界各国，包括世界历史上的讨论非常有价值。我们今天看到斯蒂格利茨教授给了我们非常专业的数据，我们来看这张图。这张图实际上可以说，计算了从 80 年代以来的收入分配不平等，就是我们说的基尼系数，当然他前面几年的数据是基于陈少华（世界银行专家）的分析，因为我在 2006 年也曾经用过这个数据。尔后的数据就接上了国家统计局的数据，大家可以看到，1985 年世界银行评估过中国的基尼系数，当时改革开放之初不到 0.3，然后我们快速经历了 30 多年的不平等性，基尼系数迅速地提高。而且这个速度之快、时间之短，当然也就大大超过美国了，所以目前我们的这个基尼系数大体上相当于美国的水平。

但是从这张图上看我们得到一个好的结果，第一是基尼系数大体上在过去十年经历了一个高峰，2009 年前后达到高峰，现在开始缓慢下降。因此我们去理解这张图，我们可能用 30 年走完了美国上百年的过程，但是我们要想使这个数据进一步下降，我们要问用多少年，用十年肯定不够，二十年也可能不够。当然我们也要做相应的分析。

第二个来看，他又用了一个我们国家统计局的数据，大家可以看到，城乡收入差距，当然这两个差距从曲线来看，它可能是用名义的，我们既用名义的，也用了不变价格的数据作为实际的差距。但是结论大体差不多，它确实经历了一个不断上升的过程。当然我们在前面可以看到 1978 年到 1995 年，是先下降后上升，特别是在 90 年代明显地上升，到 2009 年达到高峰。现在的数据已经开始下降，我们也希望这个数据能够进一步地下降。

从这两个数据的研究来看，就非常专业地使我们得出一个结论来了，是不是中国不平等的程度，大体走到了它的尽头，是不是未来会走向不平等的下降过程。当然我们说中国的差距实际上表现不仅是城乡差距，还包括地区差距。因此借这个机会，我也想向斯蒂格利茨教授介绍我们一项持续的研究成果。

我们来看这张图，这张图用了 1978 年以来 31 个省市自治区，按照不变价格的人均 GDP 差异系数，中国走了几个阶段，第一个阶段是下降阶段。实际上正好是 1978 年到 1985 年城乡收入差距下降起了重要的作用，因此这个数据是持续下降。从 1980 年的 0. 90 下降至 1990 年的 0. 60，可以说 80 年代，大家都是赢家，没有什么太多的输家。而后来这个数据就开始上升了，2004 年达到高峰。大家知道我们在此就开始实行比如说西部大开发战略，这是 1999 年。随后又实行了东北老工业基地振兴、中部崛起等这方面的战略。我们就可以看到这条曲线达到高峰以后持续下降，现在我们用的数据，到 2010 年已经下降至 0. 56。如果把这张图再和欧盟的作个对比，这是我们最近的一项研究，很有意义。因为我们把中国看成一个经济体，我们的人口是 13. 6 亿人，大陆 31 个省市自治区；从欧盟的角度来看，是 28 个国家，5 亿人，它本身内部也存在很大的差距。通过这张图大家可以看到，实际上在 2000 年的时候，大家知道欧盟是一个人类历史上的创新，使得这么几十个国家能够形成统一的大市场和经济体。其中它的一个目的就是能够缩小它们内部的差距，因为通过统一市场，这个规模市场要素流动，可以看到它的差异系数也是人均 GDP 按不变价格计算的从 0. 50 下降至 0. 45，也就是以平均每年 5% 的速率下降。中国非常惊人，中国从 2004 年的 0. 751 下降至 2012 年，这是我们刚刚算的数据，是 0. 46，几乎和欧盟差不多。我们可以看出来，如果我们来看一下中国的变化率，可以说每年相当于不断地下降将近 2. 5% 。如果我们再看这个数据就可以发现，就是欧盟实际上在 2000 年的时候比我们低只有 0. 05，但是到了 2012 年我们开始接近，如果这个趋势持续下去的话，我们想中国的地区差距甚至就会低于欧盟，当然这背后的机制在很大程度上也正是斯蒂格利茨在他这本书中所提出的政治经济学的分析框架。如果我们的领导人没有强烈的政治意愿，我们不可能进行大规模的转移支付，同时我们也通过市场机制的做法，也就是说让人们用脚投票，所以说大体过去 12 年，有 7 个内陆省区总人口数从 1979 年开始下降，从内地到沿海，从农村到城市，这在一定意义上也能够减少地区差距。

从人类发展指数（HDI）的角度来看更有意义，我们可以看出来在 2000 年的时候，中国的差距（13. 4% ）相当于欧盟（6. 2% ）的两倍，但是到了2012年的时候，大家可以看到，就已经比较接近了。中国是7.54%，欧盟也下降了，它是4.61%。这两张表也告诉我们，确实我们要搞社会主义市场经济，如果不搞社会主义市场经济，可能这条曲线还会继续上升，也根本不可能实现我们所说的共同富裕，共同发展，共同分享。如果我们进一步去讨论未来，特别我们看到中国的差距的变化，譬如像我们可以用人均收入来表示，这里我们更多的是用恩格尔系数，因为恩格尔系数更好地剔除了价格因素，来表明我们的发展是不是趋同。如果我们把31个省市自治区作为一个分布来讨论，按照恩格尔系数的绝对贫困、温饱、小康、富裕、更富裕这样一个逻辑来进行推断的话，你可以发现实际上在改革开放之初，中国的城市人口还有相当多的人属于绝对贫困，而现在已经绝大多数进入到富裕阶段。到2020年，我们保守地估计至少有60%以上的城镇人口，它的恩格尔系数是可以低于30%的。2013年刚刚公布的数据，城镇的恩格尔系数已经下降至35.0%，所以说也许到2020年，可能还会有更多的人口进入到我们所说的富裕阶段。因此从这个角度也解释了，中国的地区差距是在整个人均收入水平提高，恩格尔系数不断下降情况下的地区差距。

如果我们再把关注的焦点转向农村的恩格尔系数，大家可以看出来，在1980年的时候，几乎有一半的人口都属于绝对贫困。但是到了2010年大家可以看出来，相当多的居民已经进入到富裕阶段，相当多的处在小康阶段，正好刚刚公布的统计，2013年中国的农村家庭恩格尔系数下降至31%。因此从这个角度来看，从平均数的角度，中国农村家庭实际上已经进入跨过小康阶段，到富裕阶段了。所以我们也在想，到2020年到底中国能不能实现小康社会，我们更关心的是农村。对于农村我们关心的不仅是恩格尔系数，还有人均收入。

最后一张表，前面已经看到了由于中国地区之间的人类发展指数（HDI）下降，这项研究要比我们用人均收入或者人均 GDP 更有意义。因此我们就关心中国的地理分布的经济版，是怎么变化的。我们可以看到在 1982 年，因为是第三次人口普查数据，所以我们可以推算出它主要的人类发展指数（HDI）。当时中国有 97.2% 的人是属于世界低人类发展水平，大体要低于 0.5。到 2010 年大家可以看到，极高的已经有 4.2%，沿海地区再加一些个别地区，高人类发展指数人口现在已经达到了 32.5%，还有 60% 多属于我们说的中等的水平。2020 年我们也在想，如果用人类发展指数（HDI）作一个很重要的小康指标的话，那么有没有可能大部分人口进入到我们说的高人类发展水平，即 0.70 以上这个水平，现在看来是有这个可能的。当然，从我们前面讨论的问题来看，前 30 多年来不平等的系数在增加，所以今后我们可能要花 10 年、20 年，甚至更长远的时间，要充分利用我们社会主义制度这样的一个制度优势，来降低恩格尔系数，降低基尼系数，缩小贫富差距过大的社会不平等。我们有没有优势呢？这就在很大程度上，需要来进行一个专业的定量的可评估的分析。所以我们有理由相信，如果中国能够成功地建设完善的社会主义市场经济体制，我们就有可能破解的不止是中国的难题，乃至世界的难题，即不平等问题。

对中美青年眼中双边关系的评论[1]

(*2015* 年 *9* 月 *17* 日)

问: 78.4% 的美国青年受访者认为中美贸易是互惠互利，对于这点，中国青年的认同比例为75%；您觉得“经贸互惠”是怎么得到两国青年这么高的认同度的?

答: 双方青年对于中美“经贸互惠”有如此之高的认同率（在四分之三以上)，对此，我并不惊奇。这是因为不仅美国是世界上最开放的社会，中国也是世界上最开放的社会之一，两国所发生的事情以及两国的相互关系（特别是经贸关系）的信息和知识，都能够及时获得。事实也是如此，中美经贸关系是互惠互利的关系，不是“零和博弈”，而是“非零和博弈”。从双边贸易数据来看，已经从2010 年的3 854 亿美元增长至2014 年的5 551 亿美元，增长了44%，双方不仅是世界两大贸易体，也已经互为第二大贸易伙伴，如果扣除欧盟或加拿大的话，两国则互为第一大贸易伙伴。这说明，中国和美国的相互依存度超过任何一个国家，不仅中国是美国国债最大的外国买家，美国也将成为中国最大的出口市场国家。未来中美还将成为双方最大的投资来源国和目的国，甚至中方投资将很快超过美方的投资。

---

1 背景：中国日报社在中国和美国对大学生关于中美关系的问卷调查，其中中国受访者为1 783 人，美国受访者为305 人。该社提供了《关于中美关系的中美青年比较调查》的报告。2015 年9 月17 日，作者应中国日报社记者聂立高之邀作了书面评论。

问：中国青年对美国是负责任的大国认同率比较低，不同意的占44.1%，同意的只有17.1%；美国对中国在这个点的表现评价也不高。

答：我想这与美国在过去十几年的几件重大事件有关：一是打了两场战争：伊拉克战争和阿富汗战争；二是制造并出口了全球性的金融危机；此外，最近在中东和阿拉伯地区所发生的大量难民事件，也都与美国有关。从我所教的中国学生来看，他们认为美国是霸权主义，而不是一个对发展中国家负责的世界大国或世界领袖，他们也认为美国有钱打仗、花钱出兵，也包括打击恐怖主义，但是对那些像阿富汗的穷国，其国际援助又十分吝啬。

当然，美国青年对中国的评价不高，首先有一个认知的问题。众所周知，美国爆发金融危机，殃及世界，正是中国在2008—2010年期间挺身而出，积极扩大内需，不仅美国经济增长率从2009年的－3.1%到2010年恢复正增长（2.4%），而且全世界经济增长率也从－0.6%恢复正增长（5.2%），中国不仅是世界经济增长的最大发动机，而且是世界经济增长的最大稳定器。对这一基本事实，美国的媒体既不报道，也不分析为什么美国会很快经济复苏，中国在其中扮演了什么角色？

即使他们对中国的评价不高，也是可以理解的，但是我想会不断改善。例如，中国是世界上最大的碳排放国家，一直没有对未来绝对减排作出公开承诺，但是2014年11月，习近平主席与奥巴马达成的各自减排目标，强有力地推动了全球减排。我想在巴黎高峰会议取得重大结果时，**无论是中国青年还是美国青年，都会对各自以及对方国家作为负责任的大国的认同感，不断提高**。这也反映了在应对全球重大发展挑战方面，**只要中美双方形成政治共识，共同合作、积极应对，不仅对两国是福音，对世界更是福音**。

问：81%的美国受访青年看好中国发展，并有70%认为中国发展有助于世界和平与稳定；您认为美国青年看好中国的原因是什么？由此我们可以得出什么结论？

答：我想这一结果是本次调研最有意义的成果之一。因为中美媒体在报道对方时，总会有这样和那样的争议，在很大程度上反映了媒体为了吸引眼球的轰动效应，并不代表下一代人是怎么看的。未来中美关系如何发展，不仅取决于现任领导人，还取决于下一代青年。本次调研客观反映了美国青年一代对中国的真实看法，同时也反映了他们的良好愿望，中国如果能够发展成功，也有助于世界发展成功。这与我们的看法基本是一致的。

客观地讲，除了双方领导人的往来之外，中美民间的往来越来越频繁。首先，中国已经成为美国最大的外国留学生来源国，中国留学生超过27万人，占美国外国留学生数的三分之一，他们几乎遍布美国的大学甚至高中，他们本身就是中国的民间大使。特别是2009年11月，美国总统奥巴马推动了十万留学生留学中国的计划，目的是打造美中下一代的沟通者。美国已经成为中国第二大外国留学生来源国，超过10万美国留学生，他们也是美国的民间大使。其次，双边的人员往来，越来越频繁，也越来越便利。尤其是两国简化改革签证手续，带头颁发长期多次签证，签证有效期最长可达10年，这将直接刺激双边民间交往。2014年中美人员往来超过430万人次，2015年将超过500万人次。

问：44%美国受访者认为中美关系会变好，是认为变坏的受访者（15%）的3倍，您怎么看？

答：影响中美关系是有多种因素及其力量构成的。但是从下一代的视角看，认为中美关系会变好的受访者，还是大大高于变坏的，在我看来，这就是所谓“人心所向”：这本身就可以看到两种不同力量的对比，也必然决定了中美关系总的来看是朝着变好的方向发展，但也会出现曲折或新的冲突。

问： 55.1%的美国受访者选择了中美关系为第一双边关系，这一比例比中国青年这边的数据都高，另外，美欧关系占比为20.7%，选择美日关系的占比仅为1.6%。两国青年都把中美关系排在了首位，是不是可以说两国的人民对中美双边关系的重要程度认知都已经统一。这跟您所提出的中国倡导的“共赢主义”有什么样的联系？

答： 这点既反映了中国与世界的关系发生巨大变化，我称之为当今的中国已经走进世界经济舞台中心，又反映了中国与美国的关系发生巨大变化，不仅双方领导人认为中美关系是第一大双边关系，而且也在双边的青年一代达成最大的政治共识，这将有利于促进中美合作，也有利于促进全球合作，因此，**当中国倡导共赢主义，本身就具有新的世界观，不仅告别殖民主义、帝国主义，而且还将告别霸权主义、单边主义，中美双边合作本身就会加强双方一体化，也会相互促进、塑造对方**。

问： 中美两国青年在对两国关系“合作、竞争、对抗”的选择中，“竞争”关系排在了两国青年的首选。

答： 竞争已经是全球现象，没有竞争就没有创新，没有创新就没有发展。但是竞争本身是中性的，既可以促进合作，这是良性竞争；也可以导致对抗，这是恶性竞争。因此，人类理性的选择还是良性竞争，避免恶性竞争。前者是共赢竞争，后者是共输竞争。

两国关系特别是两个世界大国关系的确会有多种形式同时存在。由于世界经济贸易投资创新格局发生了巨大变化，尤其是中国扮演了越来越重要的角色，与美国既会产生对抗，也会产生竞争，但是总的方面来看，还是合作高于对抗，合作多于竞争。举一个最简单的例子，在科学研究方面，的确两国都存在着竞争，我们也一直将美国锁定为追赶对象，美国和中国分别为世界第一大、第二大科学论文发表国，但是在全球比较来看，美国与中国科学家和教授联合发展的各类科学论文，尤其是高质量的论文，早已超过任何发达国家，对当今世界科学创新作出了最大的贡献。**这表明两国的关系，既有竞争也有合作，是“竞合”关系；既有合作，也有竞争，是“合竞”关系**。因此，从这个意义上来看，**这样的竞争是良性竞争，也避免了走向对抗的恶性竞争**。

关于 G2 战争的回答[1]

(2015 年 10 月 21 日)

问：中国成为全球规则制定者：威胁还是机遇？

中华人民共和国在过去 36 年来迅速地崛起吸引了全世界的目光。根据中国国家统计局的数据，以不变价格计算，中国 2014 年 GDP 是 1978 年的 28.6 倍，年均增长率达到 9.7%。以购买力平价计算，依据国际货币基金组织（IMF）的测算，中国 GDP 占世界比重为 16.3%，已经超过美国（16.0%）。通过出口贸易计算，从 2009 年起，中国已经超过德国，成为世界最大商品出口国。在 2013 年，中国进出口贸易总量成为世界第一，与之类似，美国在 1913 年超过英国，居世界进出口贸易总量第一。

尽管中国在过去 36 年取得了这些了不起的成就，但是在国际社会中依然存在对中国经济发展的争议。此外，中国在转型期，也遇到了一系列问题。

清华大学国情研究院胡鞍钢教授，将会详细介绍中国过去 30 年间经济、社会、人口、科技以及气候变化和环境挑战。基于专业的分析，胡鞍钢教授将介绍中国在"共赢"模式下，如何做一个负责任的新型的超级大国，同时还将勾画中国作为超级大国的未来以及它对全球地缘政治格局的影响。

---

1 此文系 2015 年 10 月 21 日作者参加韩国举办的世界知识经济大会的"G2 战争"专场讨论。

答：我从来都不认同 G2 是战争，因为 1950—1953 年中国与美国已经交过手，那时中国是“一穷二白”，是被迫参加这一战争的，美国也认为在错误的地点打了一场错误的战争。我们看到一个不断重复的“美国战争”循环：第一个总统贸然发动战争，下一个总统一定会结束战争，如杜鲁门与艾森豪威尔、约翰逊与尼克松、小布什与奥巴马，已经重复好几次了。今天的主题讲的“G2 战争”，是你们想象出来的，十几年前就有这种说法，十几年后仍有这种说法，再过十几年还会有这种说法，这就是历史泡沫或学术泡沫，因为它是不能被证明的，反倒可以被证伪的。

问：中国将来会成为全球规则制定者吗？

答：是的，我们还是愿意成为全球规则制定者之一。根据我们的最新计算，从经济实力来看，**2013 年中国的货物进出口额已经超过美国，**如同 1913 年美国超过英国一样，**2014 年中国的 GDP（PPP）也超过了美国，**也如同 1890 年美国超过了中国一样。另一项重要的指标就是**综合国力**，我们是按照八大类战略性资源（经济资源、人力资源、自然资源、资本资源、知识技术资源、政府资源、军事资源、国际资源）、17 个指标，计算的结果就是 **2014 年中国的综合国力已经超过了美国**。当然我们的另外一项研究《2030 中国》（2011 年）**预测，无论是用汇率法，还是购买力平价方法，中国的 GDP 总量到 2030 年相当于美国的 2 倍，因此未来不管怎么变化，这是一个基本趋势**。正在这个背景下我们才能够讨论其他问题。

问：中国要想成为全球规则的制定者，需要遵守哪些规则呢？

答：首先来看中国，我们有几个基本原则：**一是遵守现行的国际规**

则，如 UN 的规则、WTO 的规则、世界知识产权的规则，等等，我们不会挑战或推翻这些国际规则。

二是利用现行的国际规则，一方面对外开放，让世界投资中国，分享中国的市场、中国的机会、中国的技术等；另一方面走出去，让中国企业投资世界，分享世界的市场、世界的机会、世界的技术等，用国际规则不仅享有正当的权利，还可以保护我们正当的利益。

三是与各国一道不断地改革现行“游戏规则”中排他性、不合理、不公平的方面，使之更加包容、更加公正、更加合理。**不过修改规则也需要遵守规则**。

因此我们要主动地参与全球治理，这是因为全球面临众多的挑战，如减少全球绝对贫困人口，从 1990 年到 2015 年，**中国对全球减贫贡献达到四分之三**。

又如国际金融危机爆发之际，2009 年全球经济负增长，当年中国经济正增长高达 9.2%，次年又达到 10.2%，才使得世界经济增长率在 2010 年恢复正增长，避免了 1929 年的大萧条。中国并没有谴责美国，而是积极参加 G20 会议，共同应对国际金融危机。

又如应对全球气候变化挑战，2014 年 11 月习近平主席和奥巴马总统作出重要承诺，2015 年 9 月再次发表中美联合声明，宣布了各自的减排目标和路线图，这就为成功举办巴黎气候峰会、达成全球减排目标和协议奠定了基础。

此外还有全球挑战如恐怖主义、网络信息安全、能源资源安全、粮食安全、公共卫生危机、国家冲突、难民危机等。作为安理会常任理事国，还要支持联合国维和行动等国际责任。

我认为，**中国已经具备了制定国际规则的基本条件**，事实上，中国已经在应对亚洲金融危机、应对国际金融危机、应对全球气候变化，特别是大幅度全球减贫等千年发展目标（MDG）方面作出了重大的贡献，也能够在今后，特别是在2015年全球可持续发展目标（SDG）中作出重大的贡献。

问：中国是不是美国的潜在竞争对象？

答：中国与美国作为世界两个超级大国，具有极大的全球性的外部性，包括正外部性和负外部性。这表现在至少三个方面：

一是美国不好，全球遭殃。最近的一个例子就是由美国率先爆发的金融危机，导致全球性金融危机，从2008年以来一直影响全世界。正是在这种情况下，美国主动提出召开G20国峰会，中国带头扩大内需，积极参与国际合作，成为世界第一大发动机，使得世界经济增长从2009年的负增长转变为2010年的正增长，避免了一次1929年式的世界性大萧条。

二是中国有问题，也会增加世界性问题。例如，从2000年以来，中国碳排放高增长，先后超过欧盟28国和美国，成为世界第一排放国，也增加了全球碳排放总量。2014年11月，习近平主席与奥巴马总统达成两国共识，承诺各自减排目标，大大地促进了达成全球减排目标的世界共识。

三是中美关系好与不好，既会影响两国，**“一荣俱荣，一损俱损”；更会影响全球，“合作是世界之福，冲突是世界之灾”**。

客观上，中美之间始终存在着竞争关系。实际上，竞争本身是中性的，也是中间的，它与合作、对抗之间的关系就是：合作—竞争—对抗。不同的竞争关系会导致不同的结果：良性的竞争关系就是通过竞争进一步合作，这是“竞争—合作”关系，因竞争导致合作，进而发展成“合作—竞争”关系，因合作导致良性竞争；恶性的竞争关系就是通过竞争引发对抗，这是“竞争—对抗”关系，因竞争导致对抗，进而发展成“对抗—竞争”关系，因对抗导致恶性竞争。这两者的不同属性就在于，前者属于非零和博弈，是可重复、可持续、可长期的合作，互利共赢；后者属于零和博弈，是不可持续、不可长期的一锤子买卖。

问：如何认知并预测中国未来的发展趋势呢？

答：如何预测中国未来的发展趋势，是一个比较复杂的研究。从国际上看，大部分对中国的预测都过于保守，甚至误差极大，我们以最著名的世界银行为例，在1984年曾预测中国在1981—2000年期间，经济增长率为5.4%—6.6%之间，实际结果是9.9%。到2000年，中国的GDP比世行的预测值高出了87.5%。1997年，世界银行再次预测中国经济增长率，认为2000—2010年经济增长率将达到6.9%，但实际结果为10.5%，到2010年，中国的GDP比世行的预测高出44.6%。

事实上，中国的经济增长是很难用经济模型来预测的。因为经济增长背后的动力机制也很难采用模型来分析或应用。我们是要借助经济增长模型，但是更多的是基于对中国经济增长内在的机制来分析。实际上进入21世纪，**中国的经济增长动力更加多元化，形成了五大发动机：**新型城镇化（城镇人口从2000年的4.59亿人增长至2014年的7.49亿人）、新型工业化（中国制造业增加值占世界总量比重从2010年的16.9%到2014年的25.0%）、信息化与网络化（中国的互联网用户从2000年的2 250万人上升至2014年的6.49亿人）、基础设施现代化（高速公路营业里程从2000年的1.63万公里到2015年9月底上升至12

万公里；高速铁路营业里程从2008年开始，到2015年9月底达到1.8万公里）、农业现代化（2000—2014年农业增加值年平均增长率高达4.1%，大大高于世界平均增长率）。从国际比较看，没有任何一个世界大国能够具备这五大发动机，它们之间相互需求又相互供给，相互促进又相互带动。

从以上增长机制来看，未来中国仍然会保持7%的经济增长率。中国的经济总量，一是按汇率法计算，今后占世界总量的比重每年会提高一个百分点以上，到2020年，**中国占世界总量比重会从2014年的13.3%提高至20%左右**；二是按购买力平价方法计算，今后占世界总量的比重每年会提高0.65个百分点，到2020年，**中国占世界总量比重会从2014年的16.6%提高至20%以上**。即无论用哪种方法计算，**到2020年中国占世界总量比重将达五分之一左右；到2030年，将达到世界总量比重的三分之一左右**。这是我们对中国长期发展的趋势性预测。如果中国达到这一比重，那么中国对世界的直接影响、间接影响都相当于现在的2倍到3倍。

问：针对超级中国的崛起，周边国家应该如何应对呢？

答：无论是中国成为世界第一大贸易体，还是将来成为第一大经济体，都是周边国家之福，这是指它所产生的货物贸易外溢性、旅游等服务贸易外溢性、基础设施及网络外溢性等。作为中国的邻国，就是抓住“中国机会”变成自己的机会、开发“中国市场”变成自己的市场、与“中国兴盛”同成长。

从中国方面已经将周边外交基本方针界定为**与邻为善、以邻为伴，坚持睦邻、安邻、富邻**。

中国与韩国的睦邻友好关系就是最成功的案例，在金融危机的大背景下，双边货物进出口总额从2008年的1 860亿美元上升至2014年的2 905亿美元，增长了56%。今年就有可能超过日本，成为中国第四大贸易伙伴，排在欧盟、美国和东盟之后。

问：普遍认为，中国以国家为主导的体制在长期发展过程中很难超过美国。请问您是否同意这一观点呢？

答：中国超过美国已经是基本事实。2011年中国发明专利申请量超过了美国，2014年中国发明专利授权量也超过了美国；2013年中国货物贸易进出口额就超过了美国；2014年中国GDP（PPP）也超过了美国，当年中国的综合国力已经超过了美国。这已经不是同意不同意的问题，而是一个基本事实的问题。在基本事实面前有一个认不认同的问题。

问：中国的崛起将如何影响地缘政治秩序？

答：中国已经走进世界经济舞台、政治舞台的中心，当然会影响和改变世界经济格局、政治格局、科技格局，以及地缘政治。不过，中国不会搞殖民主义、帝国主义、霸权主义，而是主张**和平主义、发展主义、共赢主义**。

当然，国际上可能不认可，但是把中国和美国作比较就比较清楚了。第二次世界大战之后，美国已经先后打了六场战争，其中本世纪就打了两场战争。而中国，被迫抗美援朝、支持北越，当然也进行了对越自卫反击战，不过那是三十多年前的事情了。现在中国是越南第一大贸易伙伴，力争到2015年将双边贸易额提高到600亿美元；中国是越南最大的国外入境游客来源地，2013 年 190 万中国人赴越旅游。

问：到 2020 年，中国要达成的核心目标有哪些呢？

答：到 2020 年，中国的核心目标就是**如期实现全面建成小康社会目标**。其重要的标志：一是中国人均 GDP 从 2014 年的 7 380 美元提高至 1. 2—1. 3 万美元，即接近高收入国家的门槛；二是中国人类发展指数将从 2014 年的世界 186 个国家和地区中的第 91 位，上升至第 63 位，其中，人口出生时预期寿命从 76 岁提高至 77 岁，人口平均受教育年限从 10 年提高至 13 年以上；三是消除绝对贫困人口，按国际贫困线，每人每日支出 1. 25 美元的标准，从 2014 年的 7 000 万人到全部消除；四是基本社会保障全体人口全覆盖；五是节能减排取得重大进展，实现经济增长与煤炭消费、主要资源消费、主要污染物排放彻底脱钩，环境质量有明显改善。

后记[1]

本书是我与世界对话系列的第三本，收录了2011年至2015年与国际人士的谈话或采访，如实反映了这一时期国际人士关注中国什么问题，我又是怎样在对话过程中客观地介绍中国发展情况，详细说明中国发展政策，认真解答他们对中国的各种问题或质疑。在大多数情况下，都是他们提出各种问题，我也不回避问题，力图针对性地回答，其目的是增进相互交流，相互沟通，相互理解，如同公共外交中的沟通者，我也是有意识地充当“民间大使”，因为每个中华人民共和国公民都可以在国际交往中成为“民间大使”，不过我还有作为中国大学教授的身份，还可以在国际学术交流中成为“学术大使”，我还有作为中国大学智库一员的身份，在国际智库交流中成为“智库大使”，更好地讲好中国故事，发出中国声音。为此，留下这一本白纸黑字。

从更广大的国际背景看，与世界对话不止是一个个人的下意识的行为，而是公共外交的有意识的行为。这既是我个人学术研究的对外扩展，更是中国走向世界经济舞台中心的必然结果。早在1991年我到美国耶鲁大学经济学系做博士后就强烈意识到，中国要对外开放，中国的学者要带头对外开放；中国要走出去，中国的学者要带头走出去；中国要影响世界，中国的学者要带头影响世界。

公共外交是经济全球化、区域一体化以及对外开放过程中特有的外

1 此文系作者对《中国声音》一书的后记，写于2015年8月2日。

交方式，也超越了传统的国家间、政府间的外交，有着更广泛的人士参与，其目的是增进相互了解，相互理解，表达和传播本国的观点、态度，同时也改善外国公众对本国的观点、态度。

对中国的公共外交而言，核心是讲好中国故事、传播好中国声音。那么，什么是中国故事？怎样才能讲好中国故事？谁来传播中国声音？怎样才能传播好中国声音？

清华大学国情研究院作为中国最著名大学的智库，既是当代中国研究的基地，也是中国政府决策的咨询机构，更是当代中国的“代言人”。我非常有意识地开展开放性的学术交流、学术对话、学术争鸣，旨在通过讲好中国故事、传播好中国声音，让外国人更好地认识当代中国。

事实上，随着中国成为世界第二大经济体、第一大贸易体，国际社会也好，不同国家的人士也好，都越来越关注中国。

我所接待的外国人来自四面八方，都会提出各种不同的问题，也都反映了他们对中国的关注，这就需要主动沟通，特别是与那些政府和智库领导人、学术领导人、媒体领导人的战略沟通、学术沟通、媒体沟通。

所谓战略沟通，就是基于“中国内部研究者”的决策咨询优势，与其他大国智库或官员清晰地表达中国发展目标、发展战略，专业性地解读中国发展规划、发展政策，前瞻性地预测中国发展走向、发展趋势，在很大程度上是“拨错反正”。所谓“错”，就是纠正对中国的主观认识、片面认识、错误认识，特别是来自西方人士的误读、误解、误判。所谓“正”，就是形成对中国的客观认识、全面认识、正确认识。说到底，本质上还是“实事求是”，既要指出中国所存在的问题和挑战，还要说明中国是如何解决问题和应对挑战。

所谓学术沟通，就是基于长期的当代中国研究的学术优势，与其他国际同行进行学术交流和对话。不仅是因为我们长期（距今已 30 年时间）专注研究当代中国，而且我们也先后出版了各类中文专著、合著几十部、英文著作十几部、日文著作十几部，总文字量超过上千万字，也形成了我们对当代中国研究的专业知识、系统知识、整体知识，这就有别于“瞎子摸象”式的中国研究。[1]

所谓媒体沟通，就是基于十分丰富的国情信息优势，与国际媒体进行频繁交流和平等对话。这是因为中国已经成为世界各国最大的利益相关者，不止是世界最大的贸易体，还是世界两百多个国家或地区的主要贸易伙伴，世界各国及读者都想了解一个真实的中国，特别是那些南方国家或周边国家：中国到底发生了什么？对世界及各国影响了什么？未来中国又会发展到什么程度等。显然，这就需要了解中国学者是怎么看的？又是怎么回答的？我也是对海外媒体（包括港澳台地区）采访，来者不拒，多多益善。

那么，怎样才能讲好中国故事，发出中国声音？当然没有一定之规，也因人而异。我是采取了毛泽东的做法：“到什么山上唱什么歌。”对不同的人弹不同的琴。[2] 这里我也简要地谈一点体会。

不管是唱什么歌，弹什么琴，主题还是中国，或者说当代中国。这就需要有耐心地“唱歌弹琴”，我也是一个个地谈，一篇篇地写，才有了与世界对话的系列。由于中国永远是世界之话题，我还会一个个地谈

1　“瞎子摸象”即“盲人摸象”，典故出自《大般涅槃经》第三十二。用来比喻对事物了解不全面，固执一点，乱加揣测。

2　毛泽东在《反对党八股》一文指出：“俗话说：‘到什么山上唱什么歌。’又说：‘看菜吃饭，量体裁衣。’”“射箭要看靶子，弹琴要看听众。”《毛泽东选集》第三卷，人民出版社 1991 年版，第 834、836 页。

下去，一篇篇地写下来。

不管是唱什么歌，弹什么琴，总不能张嘴就唱，动手就弹。如同唱歌、弹琴，还是要有乐谱，那么讲好中国故事，传播好中国声音，还是要以当代中国的学术研究作基础。在我的与世界对话系列中，所有的对话，都不是张口就来，而是基于我们长期的大量的国情研究的信息积累、知识积累、政策咨询积累。

不管是唱什么歌，弹什么琴，总不能自己唱，自己弹。每次谈话我都会让我的学生陪同参加，请他们旁听、记录、翻译、整理，再由我来修改，传给他们阅读，以便对照。这是一个深度国际交流的完整过程。有时我在与对方交流的过程中，还会请我的学生来回答问题，因为他们可以代表新一代人是怎样看待中国的。这常常也会使对方感到惊讶。这是我特意给他们提供的一个独特的国际交流机会，通常我把它称为“课外课”，作为一个严格的学术训练和国际交往的实践课，不仅要亲自了解国际人士是怎么想的，还要直接了解我是怎么准备的，又是怎么回答的，还有怎么修改的。这样的话将来他们毕业后独立参与国际交往时，就晓得如何了解对方，又如何回答对方问题。

总之，我们在一个日益对外开放、经济全球化的大背景下，在日益国际化及国际交往过程中，需要更加自觉、自信、自强地开展公共外交，对那些关键性的人物进行战略沟通、学术沟通、媒体沟通，让世界了解中国，也让中国了解世界，让世界理解中国，也让中国理解世界。

胡鞍钢

于清华大学

2016 年 1 月 2 日

图书在版编目(CIP)数据

中国声音/胡鞍钢著. —上海:东方出版中心,2016.5

ISBN 978-7-5473-0935-3

Ⅰ.①中… Ⅱ.①胡… Ⅲ.①中国—概况 Ⅳ.①K92

中国版本图书馆CIP数据核字(2016)第049541号

中国声音

出版发行:东方出版中心
地　　址:上海市仙霞路345号
电　　话:(021)62417400
邮政编码:200336
经　　销:全国新华书店
印　　刷:昆山亭林印刷有限责任公司
开　　本:890×1240毫米 1/32
字　　数:236千字
印　　张:10
版　　次:2016年5月第1版第1次印刷
ISBN 978-7-5473-0935-3
定　　价:38.00元

东方出版中心邮购部　电话:(021)52069798